時尚・可愛・慢步樂活旅

北歐

這是什麼呢？

（答案見P2）

Lala Citta是義大利文的「城市＝La Citta」，

和享受輕快旅行印象綜合而成的用語。

書中匯集了能貼近北歐設計的藝術景點、

時尚雜貨，以及美味的著名料理等…

不可錯過的旅遊時尚新主題

當你在想「今天要做什麼呢」時

就翻翻這本書吧。

歡樂旅遊的各種創意都在書中。

Lala Citta
北歐
Contents

別冊MAP

可以拆下使用

〔本書標示〕

E 有諳英語的店員
E 有英文版的菜單
R 有餐廳
P 有泳池
F 有健身房

交 交通
MT 地鐵站
住 地址
H 飯店
☎ 電話號碼
時 開館時間•營業時間
休 公休
金 費用
URL 官網網址

〔其他注意事項〕

○本書所刊載的內容及資訊，是基於2014年10月～2015年
2月時的取材、調查編輯而成。書籍發行後，在費用、營業
時間、公休日、菜單等營業內容上可能有所變動，或是因
臨時歇業而有無法利用的狀況。此外，包含各種資訊在內
的刊載內容，雖然已經極力追求資訊的正確性，但仍建議
在出發前以電話等方式做確認、預約。此外，因本書刊載
內容而造成的損害賠償責任等，弊公司無法提供保證，請
在確認此點之後再行購買。
○地名、建築物名在標示上參考政府觀光局等單位提供的
資訊，並盡可能貼近當地語言的發音。
○本書的地址依循當地的標示刊載。當地的樓層標示，基
本上以GF、L為台灣的1樓，1F為台灣的2樓，2F為台灣的3
樓…以此類推。（也有部分建築物的標示方式與台灣相
同）
○休息時間基本上僅標示公休日，省略聖誕節、新年期
間、國定紀念日等節日。
○費用的標示基本上為成人的費用。

〔本書的用法〕

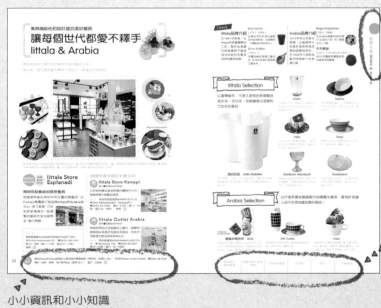

類型檢索

區分為「赫爾辛基」
「哥本哈根」「斯德
哥爾摩」「奧斯陸」
「自然之旅」等5大
類型。若已決定好旅
遊目的，即可從中選
擇符合自己的主題。

區域檢索

當有符合頁面內區域的店
家和景點時，區域名便會
出現標示。當你想到「我
現在人在○○，這一帶有
什麼？」時，就可以由這
裡反向檢索過去。

小小資訊和小小知識

介紹和該頁面的主題和景點有關的有用資訊
以及旅遊的知識。

北歐
區域Navi

\ 出發前預習 /

北歐，是以斯堪地那維亞半島為中心的歐洲北部地區總稱。雖然台灣目前並無直飛北歐的班機，但可透過香港、日本等亞洲國家或歐洲城市轉機，最快約13小時可抵達北歐。本書將為大家介紹冰島外的北歐四國之旅。

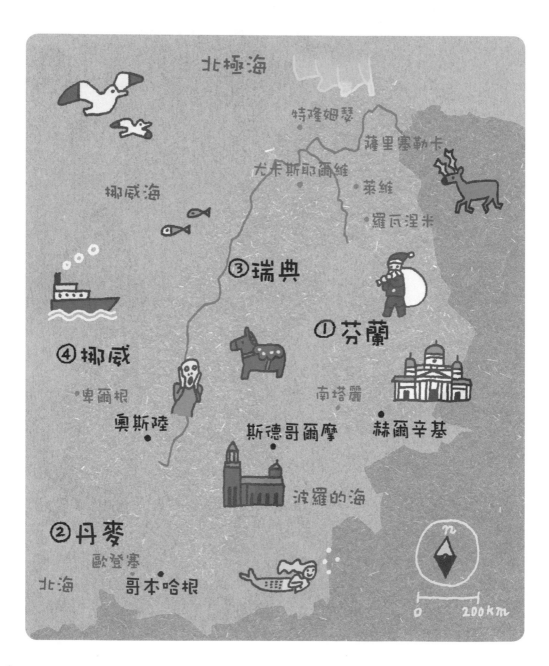

北極海

特隆姆瑟

薩里塞勒卡

尤卡斯耶爾維

萊維

羅瓦涅米

挪威海

③瑞典

①芬蘭

④挪威

卑爾根

奧斯陸

南塔麗

斯德哥爾摩

赫爾辛基

波羅的海

②丹麥

歐登塞

北海   哥本哈根

n

0   200km

北歐周遊計畫Q&A

Q. 周遊需要天數？

A. 每個城市以1～2日為基準
因為時差的關係，返回台灣可能已經是翌日清晨，因此來回移動實際上需要花上3天。若只停留1個國家至少要5天，周遊2個國家的話為6～7天，4個國家則最好安排9天。

Q. 從台灣到各城市的交通？

A. 台灣須透過轉乘飛往北歐各國
從台灣並無直飛北歐國家的班機，須先至香港、曼谷、東京等亞洲城市，再轉乘飛往北歐各國。丹麥進出以哥本哈根為主，芬蘭為赫爾辛基、挪威為奧斯陸、瑞典則是斯德哥爾摩，飛行時間13～16小時，也可安排A國進B國出。

Q. 需準備的通行貨幣？

A. 台灣僅能兌換瑞典克朗、芬蘭歐元
4個國家的使用貨幣都不一樣，所以必須兌換成當地的通行貨幣。芬蘭使用歐元，瑞典克朗可在台灣銀行兌幣，不過其他北歐國家的貨幣需到當地以歐元或美金兌換。周遊旅行時可與信用卡併行使用，盡量將貨幣的兌換額度降到最低。

Q. 旅遊的最佳季節？

A. 峽灣5～9月、極光12～2月
峽灣觀光的旺季在7～8月，若於10～4月的淡季有時交通工具會暫停營運。雖然9～3月也能看到極光，但還是比較推薦能同時體驗雪上戶外活動且夜晚時間較長的冬季。

---

1 芬蘭
Finland / 別冊 MAP ● P2-7

藝術與自然合而為一
擁有豐富的大自然，國土約80%面積為森林和湖泊。北部有多個觀測極光的據點，能見到聖誕老公公的小村莊也很受歡迎。位於南部的首都赫爾辛基，因美麗的景緻而素有「波羅的海女兒」之稱。還有，絕不可錯過Marimekko等世界知名的設計品牌！

● 首都…赫爾辛基（→P15）
● 貨幣、入境等資訊（→P17）

赫爾辛基大教堂

2 丹麥
Denmark / 別冊 MAP ● P8-13

安徒生童話的故鄉
由與德國相鄰的日德蘭半島以及大大小小400座以上的島嶼所組成的國家。國土大多為富饒的農業地帶，酪農業也很興盛。在擁有超過千年歷史的哥本哈根，四通八達的運河、充滿韻味的城市景觀、北歐首屈一指的時尚設計，都讓人感到驚艷。

● 首都…哥本哈根（→P49）
● 貨幣、入境等資訊（→P51）

散發悠閒氣息的新港

3 瑞典
Sweden / 別冊 MAP ● P14-21

豐沛綠意與古都共存
半島呈南北向延伸，為北歐面積最大的國家。平原綿延的南部與森林廣布的北部，瑞典擁有兩種迥異的景觀。還保有中世舊城區的首都斯德哥爾摩有「北方威尼斯」的美譽，也以每年冬天舉辦諾貝爾獎頒獎典禮的重鎮而聞名。

● 首都…斯德哥爾摩（→P81）
● 貨幣、入境等資訊（→P83）

舊城區的街景

4 挪威
Norway / 別冊 MAP ● P22-27

令人嘆為觀止的自然景觀
地處斯堪地那維亞半島西部，自然景觀豐沛的國家。一年到頭吸引許多觀光客，前來欣賞因冰河侵蝕所形成的峽灣海岸線以及北極圈的極光。挪威也以鮭魚、鯖魚等漁獲量豐富的海產類而遠近馳名。

● 首都…奧斯陸（→P111）
● 貨幣、入境等資訊（→P113）

占地寬廣的國會大廈

北歐玩家強力推薦

旅行
Key Word

從舒適度過漫長寒冬的智慧所衍生出的溫暖設計、美食以及生活家飾…。就由達人們來為大家介紹孕育自壯闊大自然與文化的北歐魅力吧。

1.Kay Bojesen的木製玩具　2.販售優質古董的Wigerdals Värld（→P88）3.Louis Poulsen的PH Artichoke　4.Lisa Larson的公仔也有充滿北歐風的作品　5.路易斯安那現代藝術博物館不僅收藏豐富，地點也很棒　6.阿納‧雅各布森的天鵝椅

Key Word 1

往年的名作！

1

已融入日常的眾多知名作品
宛如視覺饗宴的
北歐設計

→P54（Illums Bolighus）、P28（阿瓦奧圖）

推薦人

設計專欄記者

萩原健太郎

若想充分感受北歐設計的魅力，就先前往Illums Bolighus等綜合家飾店吧！能在此欣賞到許多簡潔無過多裝飾、極富巧思的商品。隨意漫步在巷弄間時，也能發現品味出眾的藝廊或古董店。若逛累了，就走進咖啡廳小憩片刻，有時還可能會驚覺原來自己竟然坐在阿納‧雅各布森或阿瓦‧奧圖等大師所設計的椅子上呢。雖然全世界我最喜愛的美術館是「路易斯安那現代藝術博物館（→P79）」，但赫爾辛基的「設計博物館（→P30）」等也十分推薦。

PROFILE
大阪出身，曾留學丹麥，歷經ACTUS等公司的磨練後獨立。執筆的內容以設計、家飾為中心，有『走訪北歐，遇見設計』、『北歐設計現場』等著作。URL www.flighttodenmark.com

2

3

5

©Kentaro Hagihara

好可愛

4

6

增添日常生活的色彩

五顏六色的布料！

→P20（Marimekko）、P94（布料）

推薦人

織物設計師

鈴木勝

北歐的冬天既漫長又酷寒，為了讓待在室內的時光能多些開朗、愉悅的氣氛，因此偏好選擇鮮豔、大面積圖案的布料。北歐各國都有代表性的布料品牌，但在亞洲最有名氣的應該非芬蘭的Marimekko莫屬。於赫爾辛基當地的人氣度也很高，走在街上經常可看到擦身而過的人就是揹著Marimekko的包包，不愧是芬蘭的國民品牌。來到這裡絕不可錯過台灣未引進的商品款式！

PROFILE

一方面經營自創的布料品牌OTTAIPNU，同時也參與Marimekko、Lapuan Kankurit等北歐織品製造商的設計工作。目前是OTTAIPNU的設計總監及東京造形大學教授。

1．Marimekko於赫爾辛基市中心有5家店鋪　2．在赫爾辛基若想尋找古董寶物，就前往希塔拉赫蒂跳蚤市場（→P33）　3．印上Stig Lindberg圖騰的布料品（→P94）　4．Marimekko的經典罌粟花圖案「Unikko」　5．以動植物圖案佔多數也是北歐布料的特徵　6．用色鮮豔的10 Gruppen（→P88）

瓶身標籤也是亮點

不刻意的自然設計更顯出色

以包裝取勝的日用品

→P38、72、102（超市）

推薦人

雜貨收藏家 森井由佳

北歐的包裝設計也是家飾的一部分。瑞典的超市「ICA」內，以插畫為主的「gott liv」系列包裝是最大焦點。丹麥的雜貨連鎖店「TIGER」中，尤以T恤、膠帶和卡片等寫上丹麥語而具有強烈訊息傳遞效果的商品最為推薦。至於語意就請上翻譯網站查詢吧。

1．設計性高的「gott liv」系列，甚至還有人將包裝放入裱框內當成裝飾　2．以可愛女孩做為商標的丹麥超市Irma　3．丹麥品牌Tiger的商品很受歡迎　4．挪威Jordan公司的牙刷製品，顏色和款式都很豐富　5．Bliw的洗手乳

PROFILE

立體造型師兼雜貨收藏家，將製作與珍藏小東西的嗜好當成工作。著有『迷超市』系列、『開始一個人去旅行：學會安排行程的第一本書』等。
URL www.yuka-design.com

Key Word 4

自然恩澤孕育而生的美味

北歐料理

→P34、66、100、120（北歐美食）

推薦人

文案／北歐雜貨屋老闆 森百合子

說到北歐特有的風味，那就是馴鹿、麋鹿料理了。以燉煮方式搭配馬鈴薯泥一起享用，或是麋鹿漢堡等都是比較能夠輕易嘗試的菜色。鮮魚料理的話，以大量牛油烹調的嫩煎鯡魚、奶油口味的鮭魚湯都很推薦！此外，在北歐還能品嘗到由世界頂尖水準的咖啡師所沖泡的頂級咖啡喔。

1．魚卵一般會搭配酸奶油一起享用　2．醋漬鯡魚也是北歐特有的佳餚　3．北歐是世界咖啡師大賽冠軍輩出的咖啡先進國　4．配上奶油白醬和越橘果醬的肉丸　5．必吃的肉桂捲！

PROFILE

文案：有『肉桂卷與豬肝醬：丹麥挪威的美味驚艷』、『鯡魚與莓果：瑞典芬蘭的美味驚艷』等著作，同時於東京的田園調布經營雜貨屋『Sticka』，並且是情報網站『北歐Book』的負責人。URL hokuobook.com

1

2

3

4

5

©Moomin Characters™

1

在街坊間感受奇幻世界

童話故事的舞台

→P48（嚕嚕米）、P80（安徒生）、P110（阿思緹・林格倫）

Key Word 5

推薦人

北歐雜貨屋老闆／室內設計師 齋藤志乃

北歐有許多耳熟能詳的童話故事，如『嚕嚕米』和『長襪皮皮』等受到大家喜愛的卡通角色，以及『小美人魚』之類的著名安徒生童話。而能夠體驗這般童話世界的場所之一，就是位於赫爾辛基南塔麗的「嚕嚕米世界（Moomin World）」。當你身處其中，就彷彿自己也成了姆明谷的居民般。開園的期間有限，造訪前請先確認。

PROFILE

負責營運網路商店「Studio101」，介紹親自到當地精選而來的北歐雜貨，同時選擔任家飾雜誌等北歐雜貨的造型設計。日文著作有『北歐童話與雜貨』、『北歐的可愛寶藏』等。URL studio101.org

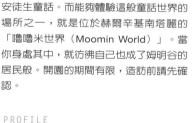

© Moomin Characters™ Theme Park created by Dennis Livson

我是皮皮！

1．超市商品也能看到嚕嚕米包裝（→P38）
2．重現故事場景中的嚕嚕米住家和司那夫金帳蓬的「嚕嚕米世界」（→P48）　3．小美人魚像（→P80）是哥本哈根的觀光名勝　4．在舊城區發現的皮皮人偶

3

4

1　©VisitFinland

Key Word 6

看過一次便永生難忘
壯觀的自然風景
→P128（極光）、P132（峽灣）

推薦人
北歐雜誌記者＆協調專員
堀紋子

北歐一年四季都能盡情享受大自然的美景。永晝的夏天可到森林中健行或露營，也可以到挪威搭乘渡輪周遊峽灣；冬天則可前往北極圈的拉普蘭地區觀賞神秘極光。於挪威的特隆姆瑟、芬蘭的羅瓦涅米、瑞典的基魯納等交通方便的觀光地，皆可輕鬆欣賞到極光。

PROFILE
於瑞典學習玻璃的技術及設計，回日本後擔任北歐情報誌的當地協調員和企劃。目前從事北歐企業的商業顧問、公關等工作，業務領域多元。

1. 芬蘭國內有羅瓦涅米、薩里塞勒卡、萊維等極光勝地散佈其間
2. 因冰河侵蝕而形成的峽灣地形
3. 4. 在冬天的極光勝地，白天可體驗狗拉雪橇、馴鹿雪橇或冰釣等活動

©Visit Bergen
4

1
悠閒悠哉

2

3

打造和家人共度的舒適空間
北歐風格的慢活
→P32（市場）、→P98（Fika）

Key Word 7

推薦人
北歐雜貨屋老闆 **長田由香里**

北歐人很重視舒服愜意的生活空間，以及與家人相處的時間。一到夏天，就會前往位於鄉間的夏日小屋享受閱讀、三溫暖的樂趣，度過悠閒時光。至於行程緊湊的旅人，則不妨試試在咖啡廳享受來杯咖啡、忙裡偷閒的'Fika'習慣。另外，也不妨抓住機會，前往當地人常去的市場逛逛，能從季節食材、手工藝品等一窺北歐人自然質樸的生活模樣。

1. 當地人會在全身發燙的三溫暖後縱身躍入湖水降溫　2. 在市集廣場（→P33）發現的手繪火柴盒　3. 位於達拉納省的夏日小屋，四周有白樺森林和湖泊環繞（2、3照片：長田由香里）4-5. Cafe Saturnus的特大號肉桂捲（→P99）

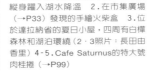
4

5

PROFILE
北歐雜貨線上商店SPOONFUL的店長。從2010年開始每年都會企劃、舉辦「北歐雜貨之旅」，深獲北歐雜貨愛好者的好評。日文著作有『北歐瑞典的旅遊手帖』、『北歐雜貨手帖』（皆為Anonima Studio出版）。

夏天的北歐四國周遊之旅

9天7夜的標準行程

既然都已經遠道而來，就以一個城市約停留1～2天的時間，來規劃4個國家的周遊之旅吧。以下是能流暢遊覽各城市的觀光焦點，還能前往挪威欣賞壯闊峽灣景色的行程範例！

Day 1 第一天從芬蘭啟程

● 20:00
抵達赫爾辛基萬塔國際機場

🚌 機場巴士30分

21:00
飯店Check in後外出吃晚餐

以芬蘭的民族史詩『卡勒瓦拉』為主題的設計飯店「Klaus K Hotel」

Day 2 在赫爾辛基欣賞北歐設計

Helsinki

好漂亮！

● 9:00
遊逛哈卡涅米市場（→P32）
推薦 ▶ Marimekko（→P20）

👟 步行約15分

可在Marimekko買到Unikko系列的馬克杯！

10:45
造訪赫爾辛基的著名地標
・赫爾辛基大教堂（→P40）
・烏斯本斯基東正大教堂（→P40）

👟 步行約5分

推薦鮭魚的開放式三明治

● 12:15
在愛斯普拉納地享用午餐
推薦 ▶ Marikahvila（→P37）

🚋 路面電車約5分

13:30
漫遊設計區（→P24）
商店巡禮

👟 步行約5分

**【and more…
行程編排】**
想延長赫爾辛基停留時間的人，可搭飛機前往斯德哥爾摩（約需1小時）。不妨預約最晚的航班，利用時間到Iittala採購餐具或是享受北歐美食。

15:00
設計博物館（→P30）
鑑賞藝術

👟 步行約10分

● 16:00
抵達奧林匹亞碼頭
搭詩麗雅郵輪（→P137）
前往斯德哥爾摩（留宿船上）

1.哈卡涅米的市集廣場也是電影的拍攝取景地　2.擁有左右對稱優美外觀的赫爾辛基大教堂　3.Johanna Gullichsen的旗艦店（→P25）　4.設計博物館1樓的常設展示　5.搭乘時間約需16小時30分鐘的船旅

1

2

5

·Day 3 在斯德哥爾摩四處閒逛

閃閃發亮☆

到諾貝爾博物館買
金幣巧克力吧

9:30
抵達斯德哥爾摩Värtahamnen港，
前往飯店Check in

🚗 車程約10分

10:30
漫步舊城區
推薦 ▶ 諾貝爾博物館（→P97）

👣 步行約15分

12:00
到南島購物＆午餐
推薦（購物）▶
10 Gruppen（→P88）
推薦（午餐）▶
Café String（→P89）

🚌 巴士約30分

14:00
前往郊外的古斯塔夫堡（→P90）

🚌🚇 巴士和地鐵約50分

19:00
品嘗諾貝爾獎晚宴的佳餚
推薦 ▶ Stadshuskällaren（→P100）

**[and more…
行程編排]**

不打算去古斯塔夫堡
的人，可到新城區逛
逛設計店。若想縮短
逛街的時間，也可直
接前往NK（→P95）
等百貨公司簡單採買
後，再到咖啡廳吃個
點心享受一下Fika時
光。

1.還保留中世風情石板街道的舊城區
2.南島有許多當地人常光顧的咖啡廳
3.若想看衛兵交接儀式，先確認好時間
並提早到皇宮前等候　4.Gustavsberg
的暢貨中心內也有豐富的Lisa Larson作
品

Stockholm

4

·Day 4 在奧斯陸觀賞巨匠的藝術作品

Oslo

甜點

到藝術家鍾愛的咖啡廳
品味蛋糕♪

**不來的話
我會生氣喔**

園內隨處可見
維格蘭的出色作品

9:00
從斯德哥爾摩阿蘭達機場出發

✈️ 飛機約1小時

10:00
抵達奧斯陸加勒穆恩國際機場
往市區移動，到飯店Check in

👣 步行約10分

12:00
閒逛卡爾約翰斯大道＆午餐
推薦 ▶ Grand Café（→P125）

🚇 地鐵約10分

14:00
前往孟克博物館欣賞『吶喊』

🚋🚇 路面電車和地鐵約20分

16:00
到維格蘭雕塑公園（→P117）
觀賞『憤怒的小孩』

🚋 路面電車約15分

19:00
享用挪威鮭魚晚餐
推薦 ▶
Engebret Cafe（→P120）

**孟克的最高
傑作！**

1.漫步於一路延伸至皇宮
的大道　2.名作『吶喊』
有一幅收藏在國立美術
館，另有兩幅在孟克博物
館（→P117）3.油脂豐
富的挪威鮭魚讓人讚不絕
口！

11

· Day 5 　2天1夜的松恩峽灣之旅

Let's Go

渡輪僅夏天運行，迫力十足的景觀讓人滿心期待！

[and more···
行程編排]
也可以從米達爾行經沃斯，前往平緩山稜相連的哈丹格峽灣（→P135），能體驗約3小時精彩行程的峽灣遊船，旅遊季節5～9月。

8:05
從奧斯陸中央車站出發
　🚃 電車約5小時30分　絕景！

12:39
抵達米達爾，搭乘弗洛姆鐵路
　🚃 弗洛姆高山鐵路約1小時

14:30
抵達弗洛姆
午餐後，搭渡輪
觀光峽灣（→P132）
　🚢 渡輪約2小時

17:30
抵達古德凡根
　🚌 巴士和鐵路約2小時30分

21:08
抵達卑爾根
飯店Check in後，外出用晚餐

1.航程中盡是壯闊的大自然景觀　2.搭乘鐵道迷垂涎的弗洛姆鐵路，從車窗欣賞絕景
ⓒVisit Flåm / Kyrre Wangen

· Day 6 　漫步世界遺產卑爾根

請享用

到魚市場大口吃份開放式三明治吧

9:00
漫步世界遺產布里根&午餐
之後前往卑爾根弗雷斯蘭機場
　✈ 飛機約1小時30分

17:30
抵達哥本哈根卡斯托普國際機場
　🚃 鐵路約15分

18:00
飯店Check in後，外出用晚餐
推薦▶Café Sommersko（→P68）

可愛的街景！

1.絕不容錯過的世界遺產布里根木造建築群（→P136）　2.享受從弗洛伊恩山眺望的宜人美景
Bergen

· Day 7 　遊覽哥本哈根的經典觀光景點

份量紮實

配料多到幾乎看不到麵包的丹麥三明治

9:30
搭運河遊船觀光（所需60分→P62）
　 步行約10分

10:40
到Illums Bolighus（→P54）
感受北歐設計
　 步行約15分

12:00
享用丹麥三明治當午餐
推薦▶Ida Davidsen（→P64）
　 步行約15分

來趟悠閒的船旅吧

1.從新港搭遊船出發　2.喜愛設計的人一定要去Illums Bolighus朝聖

Copenhagen

樂高商店讓人眼睛一亮！

皇室御用
品牌！

1．在斯托格也屬熱鬧地段的阿瑪爾廣場 2．趣伏里公園內有復古的旋轉木馬和摩天輪等

皇家哥本哈根的「唐草系列」傑作

人潮絡繹不絕的行人步道區

● 13：00
到斯托格（→P58）恣意閒逛
　　👟👟 步行約15分

● 15：00
在皇家哥本哈根的咖啡廳
（→P59）小憩片刻
　　👟👟 步行約10分

● 16：00
前往趣伏里公園（→P75）
遊玩重返童心
　　👟👟 步行約10分

18：00
到便宜又優質的店家
尋找分送親友的伴手禮
推薦 ▷
Irma（→P72）、Tiger（→P73）
　　👟👟 步行約20分

19：30
找間美食餐廳
享受最後一頓大餐
推薦 ▷
Kødbyens Fiskebar（→P67）

[and more…
行程編排]
對古物有興趣的人可以前往骨董街所在的北橋區，若想尋找可愛雜貨則可造訪西橋區的商店。

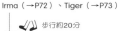

3．在丹麥版的39元店「Tiger」發現的穴道按摩器
4．Irma紅茶的味道和香氣都是有口皆碑
5．丹麥料理正吹起一股新風潮！

 **Day 8**　最後一天的上午前往郊外

Nordsjaelland
©Visit Denmark

9：00
從飯店出發
　　🚃 哥本哈根中央車站搭鐵路約45分

10：00
前往北西蘭島參觀古城
・腓特烈堡宮（→P79）或者
・克倫堡宮（→P79）
　　🚃 鐵路約45分

12：00
回飯店拿行李
前往機場前簡單吃個午餐
　　🚃 鐵路約15分

● 13：30
抵達哥本哈根卡斯托普國際機場
辦理報到手續

✈ 機場設施的
小補充

由於辦理退稅手續的隊伍有可能會大排長龍，若有退稅需求的話，建議預留多些時間提早前往機場。此外，機場的出境航廈內有Illums Bolighus等許多店家進駐，即使在候機時間也能盡情享受購物樂趣。

1．17世紀前葉落成的腓特烈堡宮
2．發源於丹麥的道地丹麥麵包

正統風味！

 **Day 9**　返回台灣

10：00
抵達桃園國際機場

歡迎回家

Arrival

搭芬蘭航空去北歐

芬蘭航空是目前台灣前往歐洲飛行時間最短、最便捷的航空。
需行經香港轉機，每天都有航班，也可在此同日轉乘至40多個歐洲城市。

機身也是北歐設計！？

2012年連結赫爾辛基和亞洲大城市的航線，採用了Marimekko（→P20）最具代表性的罌粟花圖案裝飾新機，2014年還加入了新圖案。

新造型的A330空中巴士

很適合當伴手禮的限定商品

©Moomin Characters™

機內能買到的限定商品

機內的購物型錄有販售嚕嚕米以及Marimekko的限定商品。由於人氣很高，建議先上網預購。

機內到處可見Marimekko製品

機內全部艙等的餐具和毛毯都是出自Marimekko的設計。針對商務艙和經濟艙舒適座位區的旅客，還會提供Marimekko花樣的盥洗用品。

以白色和藍色為基調的設計

\ 冬天的極光觀賞之旅 /

6天4夜的標準行程

芬蘭極光＆聖誕老人的搭配（→P128～）是最主流的北歐行程。
由於極光不一定每天都能看到，所以最好安排至少3天的觀測機會。

[and more… 行程編排]

可以安排參加從羅瓦涅米出發的旅行團，搭乘獨特的三寶號破冰船（Sampo）航行，還能體驗在結冰的大海中游泳。

\ 很好玩喔♪ /

馴鹿雪橇也是北極圈特有的活動之一

Day 1	午前	桃園機場出發（經赫爾辛基）
	傍晚	抵達羅瓦涅米
	晚上	觀賞極光

Day 2	上午	造訪聖誕老人村
	傍晚	從羅瓦涅米走陸路到薩里塞勒卡
	晚上	觀賞極光

| Day 3 | 整天 | 體驗雪上戶外運動（狗拉雪橇等） |
| | 晚上 | 觀賞極光 |

| Day 4 | 上午 | 搭飛機前往赫爾辛基 |
| | 下午 | 抵達赫爾辛基 安排市內觀光等活動 |

| Day 5 | 上午 | 遊逛赫爾辛基市區 |
| | 下午 | 赫爾辛基出發 |

| Day 6 | 上午 | 抵達桃園機場 |

Aurora
請選擇沒有光害的地方進行觀測

從機艙內就能看到極光！？

8月底到4月初的西伯利亞上空，從機艙內的窗戶就有機會能看到極光。在地面上沒有觀賞到極光的人，不妨賭一下機艙內的最後機會吧！

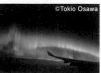
©Tokio Osawa

從芬蘭航空機艙內所看到的極光

赫爾辛基

看到Marimekko、嚕嚕米的可愛雜貨

讓人購物火力全開！

阿瓦奧圖建築、美術館和赫爾辛基大教堂等

必訪景點也絕不可錯過。

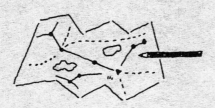

赫爾辛基
區域Navi

赫爾辛基是地處芬蘭南部的港灣城市，市內的主要觀光景點集中，一天就能大致掌握城市的基本樣貌。遊覽方式，可徒步或是搭乘路面電車，享受隨心所欲的漫遊樂趣。

③ 中央車站
中央車站周邊

赫爾辛基
大教堂周邊
②

⑤
康比

①
愛斯普拉納地
周邊

④
設計區

⑥
市區南部

SILJA LINE

芬蘭堡

---

1 愛斯普拉納地周邊
Esplanadi ●別冊 MAP/P7

名店林立的熱鬧商圈

以愛斯普拉納地公園為中心的地區，南北走向的街道兩旁，北歐代表性品牌的旗艦店比鄰而立。若是以購物為目的，第一站就先來這兒吧。

最近車站 路面電車ALEKSANT
ERINKATU站、KAUPPATORI站

2 赫爾辛基大教堂周邊
Tuomiokirkko ●別冊 MAP/P7

赫爾辛基的象徵

除了城市地標的大教堂外，還有美術館等觀光景點散布其間。愛斯普拉納地與中央車站都在步行範圍內，能輕鬆前往其他地區。

最近車站
路面電車SENAATINTORI站

③ 中央車站周邊
Rautatieasema ●別冊 MAP/P6

旅程的起點從這裡開始

赫爾辛基的陸路門戶。曾經是西伯利亞鐵路的終點站，充滿風情的車站內有旅遊諮詢中心、兌幣所，地下樓層還有超市進駐，相當便利。周邊則聳立著中央郵局、國會大廈等公共設施。

最近車站
中央車站、路面電車RAUTATIEASEMA站

④ 設計區→P24
Design District ●別冊 MAP/P6

最新潮流的發信地

聚集許多活躍於第一線的創作者，為赫爾辛基最有活力的地區。藝廊、流行時尚等獨具品味的店家比比皆是，還有欲瞭解北歐設計時絕不能遺漏的設計博物館（→P30）也在該區。

最近車站
路面電車FREDRIKINKATU站

⑤ 康比
Kamppi ●別冊 MAP/P6

以當地居民生活密切相關的大型購物中心「Kamppi」為中心的地區。有多家營業至深夜的餐廳，夜間娛樂的選擇性相當多元。

最近車站
Ⓜ或路面電車KAMPPI站

⑥ 市區南部
Eteläinen Alue ●別冊 MAP/P4-5

可以眺望清爽海景的地區。尤其是綠草如茵的凱伊沃公園，已成為市民的最佳休憩場所。海邊沿岸還有舒適宜人的咖啡廳。

最近車站
路面電車KAIVOPUISTO站

稍微走遠一些

芬蘭堡→P46
Suomennlinna ●別冊 MAP/P5

已於1991年登錄為世界遺產。擁有抵禦瑞典和俄羅斯的軍事歷史背景，也因綠意盎然而吸引許多前來野餐的市民。

赫爾辛基Profile

出發前 Check！

赫爾辛基

○**正式國名／首都**
芬蘭共和國／赫爾辛基

○**人口／面積**
約61萬2000人（2014年）
約719 km²

○**言語**
芬蘭語、瑞典語
觀光景點的飯店和餐廳
大多能用英語溝通

○**通行貨幣與匯率**
歐元（€）
€1＝約34台幣
（2019年12月時）
通行貨幣的種類→P146

○**時差**
-6小時
※比台灣慢6小時。3月最後一個週日～10月最後一個週日施行夏令時間，與台灣的時差為-5小時。

○**小費**
基本上不需要。
大多已內含服務費，搭計程車若有使用後車廂，則將車資尾數無條件進位。

○**最佳旅遊季節**
6～8月左右
推薦日照較長的夏天，觀賞極光則於9～10月、2～3月左右。
氣溫、降雨量與節日→P148

○**入境條件**
護照有效期限…預計離開申根公約國時，最少需有3個月以上的有效期

簽證…6個月內停留期間不超過90天，可享入境免簽證
其他的入境條件→P138

\ and more…行程編排 /

半日標準行程 ×2

Helsinki

除了造訪熱門觀光地以及能欣賞北歐設計的景點外，行程空檔之餘還可享受採買雜貨和紡織品的樂趣，也別忘了找間品味獨具的咖啡廳小歇片刻！

Plan 1　巡訪熱門觀光景點

[and more…行程備案]

若時間充裕也可跳過Fazer，改到電影『海鷗食堂』的取景地Kahvila Suomi（→P36）享用午餐也不錯。

\ 買來當伴手禮♪ /

秤重計價的巧克力可自行選擇要買多少

9:00
從赫爾辛基大教堂（→P40）眺望上議院廣場
↓ 🥾 步行5分

9:30
參觀烏斯本斯基東正大教堂（→P40）
↓ 🥾 步行3分

10:30
遊逛活力十足的在地市場
推薦▶市集廣場（→P33）
↓ 🥾 步行5分

12:00
到知名巧克力店購物&休憩
推薦▶Fazer（→P42）
↓ 🚃 路面電車15分

13:30
前往神秘的岩石教堂（→P40）

城市的地標

1．夏天是長椅、冬天會變成白雪溜滑梯的大教堂階梯　2．岩石教堂的岩石牆面很有特色！　3．在市場採買大顆藍莓！

鮮嫩欲滴！
3

Plan 2　欣賞北歐設計&購物

[and more…行程備案]

設計區內有許多當地創作者群集的餐廳（→P25）。可找一家坐下來休息喘口氣。

\ 溫暖療癒♡ /

木製雜貨可到 Aarikka（→P26）尋找

13:00
到設計博物館（→P30）吸收知識
↓ 🥾 步行10分

14:00
在設計區恣意閒逛
推薦▶Kauniste（→P24）
↓ 🚃 路面電車5分

15:30
挑家知名的咖啡廳小歇
推薦▶Café Aalto（→P37）
↓ 🥾 步行3分

16:30
前往愛斯普拉納地尋找中意雜貨
推薦▶Marimekko Marikulma（→P20）
↓ 🥾 步行5分

18:00
收集嚕嚕米商品♪
推薦▶Moomin Shop（→P48）

令人著迷的設計

1．特展也很引人入勝的設計博物館
2．帶有手作溫度的雜貨是必買之物
3．享用Café Aalto的甜點，讓身心放鬆一下　4．嚕嚕米圖案的餐具能在littala（→P22）買到
©Moomin Characters™

\ 好好吃♥ /

知道賺到
旅行 Happy Advice

分享當地的交通方式、觀光好康情報和小小秘訣。
介紹本書編輯親自走訪、實地踏查後的心得感受！

 **"一日觀光
就用赫爾辛基卡"**

飯店、機場和遊客中心
（別冊MAP／P7C2）
均有販售

想讓觀光更有效率的人，可使用方便的赫爾辛基卡，提供市內約100個主要景點免費入場，還能省下逐次購買門票的時間。而且可不限次數搭乘路面電車、巴士和地鐵。卡共有3種，分別為24小時€44、48小時€54、72小時€64。

 **"市場是
便宜美食的寶庫"**

想花小錢吃美食的
話就出發吧！

對於想盡量以輕鬆方式品嘗芬蘭美食的人，建議可前往市場（→P32），能吃得到鮭魚湯和烤魚等使用新鮮食材、現點現做的在地佳餚。與餐廳相比氣氛更休閒放鬆、價格更便宜，讓人心滿意足。

 **"郵局的
珍貴商品"**

也有販售嚕嚕米的全張郵票€4.80

郵局產品是芬蘭的隱藏版人氣商品。與Finlayson等知名品牌合作的便利箱€2.80，甚至有觀光客買來當成收納盒使用。中央郵局（別冊MAP／P6B1）交中央車站步行3分 住Elielinaukio 2 ☎020-071-000 時8～20時（週六10～16時、週日12～16時）休無

 **"到暢貨中心
大肆採購"**

止規公司貨起碼下殺7折！

芬蘭的折扣季一般會於夏天和冬天各舉辦一次，不過暢貨中心的商品即使在非折扣季期間也能以驚人的低價買到手！附設在工廠內的Iittala Outlet Arabia（→P22），絕版品與次級品的標價幾乎是定價的5～7折，是一次購齊Arabia和Iittala餐具的最佳機會！

 **"方便觀光的路面
電車2&3號線"**

不妨來趟悠閒的車窗觀光之旅吧

路面電車不僅是赫爾辛基市民的代步工具，對觀光客而言的使用頻率也很高。尤其是相連的2號線和3號線在市內以8字形循環行駛，只要坐上車即可環繞市區一圈。這兩條線同時也是巡迴各著名觀光景點的路線，是最適合「搭車觀光」的交通工具。搭乘方式和行駛路線請參照別冊P2-3。

到最受歡迎的 Marimekko盡情選購♪

不因流行而影響設計的Marimekko，長久以來受到各年齡層的愛戴。
運用繽紛色彩布料所製成的雜貨和服飾，吸引來自各國的廣大粉絲

©Marimekko Corporation

1．床包等寢具的色系也很豐富　2．以罌粟花為主題的Unikko系列　3．也陳列許多能為用餐時光增添華麗氣氛的餐具類商品
4．由Marimekko的設計師介紹如何製作衣物和雜貨的手工藝書€37　5．流行配件類也很齊全

愛斯普拉納地周邊	別冊MAP P7C2	**Marimekko Marikulma**

讓人想再三造訪的旗艦店

芬蘭人最為熟悉的服飾雜貨品牌，當中又以Marikulma店擁有最大規模的樓板面積。在台灣以雜貨類最受歡迎，但本店的1樓以紡織品和新商品為主，2樓才是雜貨和條紋圖案的基本款商品。

DATA
交路面電車ALEKSANTERINKATU站步行3分
住Pohjoisesplanadi 33　☎09-686-0240
時10～20時（週六～17時）、5～9月中旬、11～12月的週日12～17時　休1～4、10月的週日　E

[赫爾辛基市區的主要分店]

Marimekko Aleksinkulma
愛斯普拉納地周邊●別冊MAP/P7C2

2012年11月開幕，以服飾用品為主力商品。

DATA　交路面電車YLIOPPISTALO站步行1分
住Aleksanterinkatu 50　☎044-719-4834　時10～20時（週六～18時、週日12～18時）　休無　E

Marimekko Kamppi
康比●別冊MAP/P6B2

設在與地鐵站直通的大型購物中心內。

DATA　交M或路面電車KAMPPI站步行1分
住Urho Kekkosenkatu 1（Kamppi內）　☎010-344-3300　時9～21時（週六～18時、週日12～18時）　休無　E

Marimekko Hakaniemen Kauppahalli
哈卡涅米市場周邊●別冊MAP/P5C1

位於逛市集也很方便的地點，人氣度高。

DATA　交M或路面電車HAKANIEMI站步行1分　住哈卡涅米市場（→P32）內　☎09-753-6549　時9時～17時30分（週六～15時）　休週日　E

小小資訊　位於郊區的Marimekko總公司，設有販售次級品和絕版品的Factory Outlet（工廠直營店）。交MHERTTONIEMI站步行10分　住Kirvesmiehenkatu 7　☎09-758-7244　時10～18時（週六～16時）休週日。別冊MAP/P5D1

Check

Marimekko品牌介紹

1951年創業，以用色大膽、充滿個性的印花為特色。已故的約翰甘迺迪於1960年出馬競選美國總統時，賈桂琳夫人身穿Marimekko的服飾亮相而讓該品牌一躍成名。Marimekko有「瑪莉的洋裝」之意。

Unikko　1964年發表上市，為Marimekko最具代表性的系列。

Maija Isola
(1927-2001)

被Marimekko的創辦人一手發掘，直至1987年均以首席設計師的身分活躍於業界。除了代表作「Unikko」外，還發表超過500種以上的設計織品。

人氣商品Selection

客廳、廚房和書桌等，所有可用於日常生活中的品項大集合！

©Marimekko

咖啡杯
€15.90
搭配同色系的迷你碟（另售€16.90）更顯時尚感

襪子 €10.90
名為PALLO的基本款圓點襪，設計可愛有趣

麥片碗 €16.90
可用來盛湯或放前菜、甜點的萬用小碗

增添餐廳美感

高腳杯 €34
以彷彿脫下襪子時的模樣為特徵的杯子

也很適合當筆袋

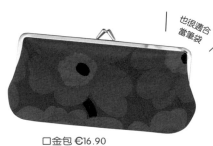

口金包 €16.90
紙鈔不需折放即可收納的大型口金包，有3種尺寸

抱枕套 €29.50～
顏色、圖案繽紛多元的人氣商品，最受歡迎的是Unikko圖騰（抱枕另售）

背包 €119
掀蓋式的肩背包，黑白色調的Unikko營造出時尚質感

客用毛巾
€8.90
除了小毛巾（30×50cm）外，浴巾等各種尺寸也很齊全

針織上衣 €59
Marimekko的經典款條紋衣Tasaraita，為中性款式

收納空間大

讓每個世代都愛不釋手
Iittala & Arabia

機能美感與永續性設計兼具的兩大餐具品牌。
高性能、高品質的餐具價格平易近人，最適合日常使用！

Moomin CharactersTM

1．投射出Marimekko可愛元素的Maribowl　2．有各式各樣的顏色和設計　3．一整排色彩繽紛的玻璃製品和瓷器　4．嚕嚕米餐具廣受各年齡層的喜愛　5．每天都想使用、百看不厭的設計為最大特色

愛斯普拉納地周邊　別冊MAP P7C2

Iittala Store Esplanadi

繽紛妝點餐桌的理想餐具

地處愛斯普拉納地中央位置的旗艦店。以Fiskars集團旗下的品牌Iittala和Arabia為中心，除了食器、刀叉和居家雜貨外，玻璃製的藝術作品也很齊全，魅力無窮。

DATA　交路面電車ALEKSANTERINKATU站步行3分　住Pohjoisesplanadi 25　☎0204-393-501　時10～19時（週六～17時、週日12～17時）　休無　E

[赫爾辛基市區的主要分店]

Iittala Store Kamppi
康比●別冊MAP/P6B2

位於與地鐵站直接相連的購物中心內，營業時間比旗艦店更長。

DATA　交M或路面電車KAMPPI步行1分　住Urho Kekkosenkatu1（Kamppi內）　☎0204-39-3580　時9～21時（週六～18時、週日12～18時）　休無　E

Iittala Outlet Arabia
郊外●別冊MAP/P5D1

附設於阿拉比亞地區的工廠內，能買到絕版品以及幾近完美的次級品。本店才有販售的限定版馬克杯€12。

DATA　交路面電車ARABIANKATU站步行3分　住Hämeentie 135　☎0204-39-3507　時10～20時（週六、日～16時）　休無　E

小小資訊　製造Arabia和Iittala瓷器的工廠有提供導覽服務（預約制，約需1小時）。交住同Iittala Outlet Arabia　☎0204-39-5326　時8～18時　休無　金1梯次€40（最多10人），週六、日€95　E

Check

Iittala品牌介紹

於1881年創業，以Iittala村技藝嫻熟的工匠，製作出美麗口吹玻璃與不隨波逐流的設計而廣受好評的餐具品牌。

Kaj Franck
(1911-1989)
以顏色和形狀相互調配的作品為特色，也被譽為「芬蘭設計界的良心」。

Oiva Toikka
(1931-)
芬蘭自傲的玻璃工藝巨匠，於1972年推出玻璃鳥工藝系列。

Arabia品牌介紹

1873年成立的著名窯場。以超越時代的設計美感與高品質的瓷器為特色，於1930年代發展為歐洲規模最大的瓷器工廠。

Birger Kaipiainen
(1915-1988)
在Arabia貢獻50餘年創作生涯的大師，有「陶藝王子」之稱。

石本藤雄
Fujio Ishimoto(1941-)
2010年獲頒芬蘭藝術家的最高等級勳章。

Iittala Selection

以富機能性、可長久使用的玻璃製品為主流。近年來，也陸續推出瓷器和刀叉系列產品。

湖泊花瓶　Aalto Maljakko
阿瓦奧圖（→P28）於1936年設計，隔年在巴黎萬國博覽會中亮相的傑作（照片中的產品高95mm）
€61.40～

Kartio
1958年上市，兼具減少浪費的設計與耐久性的Kaj Franck代表作。兩個€32.80

Taika
以奇幻的世界觀為特色，與其他系列的搭配性也很高。咖啡杯€15.90，碗公€26.70

Maribowl Mariskooli
與Marimekko合作開發的商品，可作為餐具、花器或家飾用品等用途多元。粉紅款€44.50

Teema
屏除華麗裝飾、力求極簡的Kaj Franck代表作。碗公€14.30，盤€16.20～

Origo
精簡外型加上多重條紋的人氣系列。碗€24.90，盤€17.50～

Kastehelmi
1964年誕生的名作，水滴狀的設計是以露珠為意象。碗€12.60，盤€14.60～

Arabia Selection

以作者原畫為基礎製作的嚕嚕米餐具，還有許多讓人忍不住想收藏採買的商品！

©Moomin CharactersTM

嚕嚕米馬克杯　Muki
外型設計出自大師Kaj Franck之手。從上而下依序為Hattivatti、Moomintroll on ice、Love、Snufkin，各€18.80

24h Tuokio
將經典的24h系列加上藍色裝飾的設計款。杯€13.80，碟€31.90

Koko
繽紛多彩的顏色搭配讓人看了賞心悅目的人氣作品。即使不同顏色疊放在一起也很合拍，真是不可思議。各€11.60

在前衛潮店培養時尚品味
前往潮流的發信地設計區

藝廊、流行時尚等具高度藝術性的店家比鄰而立的「設計區」。
前進能貼身感受創作者熱情的設計最前線！

A **Kauniste**

溫暖設計風格的紡織品

2008年由日籍老闆所成立的織物品牌。以白色為基調的店內，陳列著原創商品以及從歐洲各國收集而來的日用雜貨。除了包飾、毛巾、毯子等商品外，也販售布料。每一季都會有新作推出。

DATA 交路面電車FREDRIKINKATU站步行2分
住Fredrikinkatu 24 ☎不公開 時11～18時（週六～16時）休週日、一 E

1. 可作為室內裝飾元素的毯子€110
2. 動物圖案的廚房毛巾€15 3. 花樣瀰漫北歐風格的抱枕套€24
4. 以芬蘭夏日小屋為意象的店內

B 別冊 MAP P6B4 **Pino**

實用性高的環保設計

精選兼顧生態環境的素材與設計，商品來源以北歐各國為大宗的生活用品店。不僅有以布料、木材、紙製成的手作雜貨和文具，家具、家飾類也很齊全。

DATA 交路面電車ISO ROOBERTINK.站步行1分住Fredrikinkatu 22 ☎09-6227-0070 時11～18時（週六～15時）休週日 E

1. 也有燈具和收納用品等商品 2. 可洗滌的紙袋€12～ 3. 琺瑯杯€7～

C 別冊 MAP P6B4 **Galateia Liisa Saarni**

魚皮的手工製品

販售由店長Liisa一個一個親手製成的皮革製品店。以淡水魚江鱈的魚皮為主要素材，獨特的光澤與紋理極具個性。

DATA 交路面電車ISO ROOBERTINK.站步行3分住Iso Roobertinkatu 35-37 ☎040-068-4606 時10～17時 休週六、日 E

1. 店長製作魚皮革的經歷已長達20年以上 2. 包飾€240～以鱈科的淡水魚皮製成，有皮包、皮帶和鑰匙包等商品

---

24 每週五會舉辦由英語導遊介紹設計區的活動「Design Tour Helsinki」，詳情請參照P145。

小憩片刻spot

Tori
●別冊MAP/P6B4

除了名產肉丸€14外，還有義大利麵、漢堡等多樣菜色的餐廳。夏日晴朗好天氣時，還會在店前廣場鋪設露天座。

DATA 交路面電車ISO ROOBERTINK.站步行5分 住Punavuorenkatu 2 ☎09-6874-3790 時11～20時（週六、日12～19時） 休無 E E

Café Ekberg
●別冊MAP/P6B3

1852年創業的老咖啡店。提供開店時持續供應至今的拿破崙千層派€5.70等，展示櫃中隨時備有約20款的糕點。

DATA 交路面電車FREDRINKINKATU站步行1分 住Bulevardi 9 ☎09-6811-8660 時7時30分～19時（週六8時30分～17時、週日9～17時） 休無 E E

D 別冊 MAP P6B4 ## Johanna Gullichsen

E 別冊 MAP P7C3 ## Urban a*

不退流行的優質手織品

幾何學圖案與簡約色調的紡織品，廣受全世界的歡迎。布料具優越的耐久性，有廚房毛巾、餐墊、收納袋、包飾等產品。

DATA 交路面電車ISO ROOBERTINK.站步行2分 住Fredrikinkatu 18 ☎09-637-917 時11～18時（週六～15時） 休週日

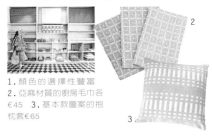

2

1.顏色的選擇性豐富
2.亞麻材質的廚房毛巾各€45 3.基本款圖案的抱枕套€65

3

深受當地人喜愛的精品店

販售台灣較罕見的丹麥、瑞典等諸多北歐品牌的商品。別具個性的圖案、符合該地氣候特性的素材質感等，充滿北歐風格的品項豐富多元。

DATA 交路面電車KOLMIKULMA站步行2分 住Erottajankatu1-3 ☎09-621-6887 時11～19時（週六～17時） 休週日 E

1.也有包飾、太陽眼鏡€150等配件
2.推薦給想要掌握北歐各國最新潮流的人

🐾 遊逛POINT

「設計區」擁有約200家的加盟店，廣大的範圍以Uudenmaankatu街為中心，南到設計博物館周邊、北到愛斯普拉納地。以路面電車FREDRINKINKATU站為起點，往Uudenmaankatu街一路遊逛這是最有效率的方式。地區詳細資訊請參考 URL www.designdistrict.fi/en

以此為標誌！

DESIGN DISTRICT HELSINKI

會貼在加盟店的玻璃窗上

天然的溫潤質感讓人擁有好心情

在赫爾辛基發現的溫暖雜貨精品店！

使用木頭、羊毛氈、布料等天然素材製成的雜貨，能增添生活的質感。
嚕嚕米、馴鹿等北歐的可愛卡通角色也極具療癒效果。

1.精靈模樣的手掌大小裝飾品，左€10.20、右€18.50 **A**
2.羊毛氈製的手工酒瓶套€89 **C** 3.將嚕嚕米原畫轉印
製成的廚房毛巾，3條一組€30 **B** 4.以白樺樹皮手工編
織的籃子€39 **C** 5.天然木燭台€95和蠟燭€8 **A**

©Moomin Characters™

A ●愛斯普拉納地周邊

Aarikka

別冊 MAP/P7C2

愛惜自然與環境的手作雜貨
屋，販售手工刨削用木材製成的
雜貨和飾品。天使、雪人等造
型的裝飾品不論任何季節都廣
受歡迎。

DATA
交路面電車 ALEKSANTERINKATU站
步行3分 住Pohjoisesplanadi 27
☎09-652-277
時10～19時
（週六～17時、
週日12～17時）
休無 **E**

B ●愛斯普拉納地周邊

Finlayson

別冊 MAP/P7C3

1820年創業的老字號布料店，
為銷售嚕嚕米圖案毛巾和寢具
的正式授權製造商。也可依量
計價採買布料，嚕嚕米圖案1公
尺約€22。

DATA
交路面電車 ALEKSANTERINKATU站
步行5分 住Eteläesplanadi 14
☎020-721-
3706 時10～
18時（週六～
16時）休週日
E

C ●愛斯普拉納地周邊

Taito Shop Helsky

別冊 MAP/P7D2

堅持國內生產的手工藝寶庫，
收集活躍芬蘭各地的80多位藝
術家的手工藝品。毛線、手藝
用品也很豐富。

DATA 交路面電車SENAATINTORI站
步行1分 住Aleksanterinkatu 26
☎050-3508-470 時10～18時（週
六～16時、
7・8・12月
12～16時）
休週日 **E**

  小小情報 在販售阿瓦奧圖設計大型家具作品的Artek（→P29）店內也能買到廚房雜貨，提供隔熱手套、鍋墊等簡單好用的多樣商品。

三溫暖用品專賣店

 赫爾辛基大教堂周邊　別冊MAP P7C2
Sauna Market

販售三溫暖大國芬蘭的三溫暖相關商品，想尋找獨特衛浴用品，或是想深入瞭解三溫暖文化的人絕不可錯過。

D A T A
交 路面電車SENAATINTORI站步行1分
住 Aleksanterinkatu 28（Kiseleffin Talo內）
☎ 050-341-2065　時 10～18時　休 週日　Ⓔ

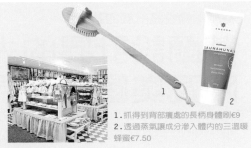

1.抓得到背部廣處的長柄身體刷€9
2.透過蒸氣讓成分滲入體內的三溫暖蜂蜜€7.50

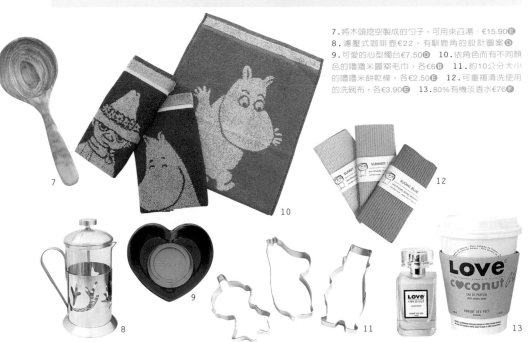

7.將木頭挖空製成的勺子，可用來舀湯。€15.90Ⓔ
8.濾壓式咖啡壺€22，有馴鹿角的設計圖案Ⓓ
9.可愛的心型燭台€7.50Ⓓ　10.依角色而有不同顏色的嚕嚕米圖案毛巾，各€6Ⓑ　11.約10公分大小的嚕嚕米圖案餅乾模，各€2.50Ⓔ　12.可重複清洗使用的洗碗布，各€3.90Ⓔ　13.80%有機淡香水€76Ⓕ

7
10
12
8
9
11
13

Ⓓ ●康比
Pentik
別冊 MAP/P6B2

以馴鹿圖案博得人氣的家飾專賣店。孕育自拉普蘭地區的設計商品，能讓人感受到壯闊的大自然風味。店內以廚房、衛浴用品和瓷器為主。

D A T A　交 M或路面電車KAMPPI站步行1分　住 Urho Kekkosenkatu 1（Kamppi內）　☎ 020-7220-380
時 9～21時（週六～18時、週日12～18時）　休 無
Ⓔ

Ⓔ ●設計區
Chez Marius
別冊 MAP/P6B3

蒐集全世界的優質調理器具以及方便好用的雜貨，是一間專業廚師也會上門光顧的專賣店。除了樣式豐富的調理用具外，製作糕點、咖啡相關的用品也很多。

D A T A
交 路面電車FREDRIKINKATU站步行1分　住 Fredrikinkatu 26
☎ 09-612-3638　時 10～18時（週六11～15時）
休 週日　Ⓔ

Ⓕ ●設計區
Nudge
別冊 MAP/P6B2

由在不同領域嶄露頭角的創作者所共同開設的店，陳列許多使用再生素材、公平貿易的製品等愛護地球的環保商品。

D A T A
交 路面電車YLIOPPILASTALO站步行5分　住 Yrjonkatu 30
☎ 045-230-0525
時 11～19時（週六～18時）
休 週日　Ⓔ

芬蘭指標性設計師的軌跡

芬蘭設計界的大師
阿瓦奧圖的世界

阿瓦奧圖的領域橫跨建築、室內設計、都市計畫，在全世界享有盛名。
可巡訪阿瓦奧圖在市內留下的眾多作品，例如個人的住家、經手策劃的店鋪等。

PROFILE

阿瓦·奧圖
Alvar Aalto (1898-1976)

出生於芬蘭中西部的庫奧爾塔內。赫爾辛基工業專科學校（現在的奧圖大學）畢業後，陸續發表家具、燈具和建築物等作品。基於「增添居家生活美感」的理念，以自然為意象的美麗創作，與兼具機能性的設計廣受世界好評。

[代表作] 湖泊花瓶→P23

Tank Chair
因渾厚的外型而有此別名，正式的名稱為 Armchair 400

Chair 66
以白樺木彎曲成L型的四腳為特徵。椅背較高，適合餐廳使用

Golden Bell
為了Ravintola Savoy（→P29）而設計的黃銅製吊燈

●郊外

宅邸　別冊 MAP P5D1

阿瓦奧圖宅邸
Riihitien Talo

與自然相互融合的住家

於1936年完成的阿瓦奧圖晚年故居。兩層樓建築的外觀以不同材質搭配，極具特色，內部裝飾則運用大量的木製家具統一風格。1樓有客廳、餐廳和工作室，2樓為寢室空間。每間房都有陽光穿透進來、相當明亮，至今依然感受得到當時的生活氛圍。

DATA 交路面電車LAAJALAHDENAUKIO站步行5分
住Riihitie 20 ☎09-481-350 時導覽行程－13、14、15時（5～7月、9月增設16時，8月增設16、17時）休2～7月、9～11月的週一，12～1月的週日～五 金€17 E

1F 餐廳

裝飾重點為阿瓦奧圖所製作的紅色燈具，桌巾上擺放的玻璃餐具與餐櫃內的物品也很值得一看！

1F 書房

比客廳平面還要高一些的工作室，置有阿瓦奧圖愛用的書桌。

1.將阿瓦奧圖的設計圖面原封不動保存了下來
2.挑高天花板的空間規劃

1F 客廳

擺設Tank Chair等家具，可以從大片落地窗眺望蔥鬱庭院。

1.陽光灑落、充滿溫度感的空間 2.書櫃和燈具都是阿瓦奧圖的代表作，與妻子的合照也讓人感到一絲暖意

2F 寢室

家人所使用過的寢室，以天然色系為主，簡單樸實。

28

小小知識 離聖誕老人村很近的羅瓦涅米（→P130）就是依照阿瓦奧圖的都市計畫所打造的地方，因城鎮的形狀而取名為「馴鹿角計畫」，市民會館和圖書館等也都是出自阿瓦奧圖之手。

也別忘了工作室

阿瓦奧圖工作室

Alvar Aallon Ateljee ●郊外●別冊MAP/P5D1

1955年在自宅附近所興建的工作室。目前是阿瓦奧圖財團法人的辦公室，若要入內參觀，必須參加導覽行程。

DATA　交路面電車TIILIMÄKI站步行5分　住Tiilimäki 20
☎09-481-350　時5～9月11時30分、12時30分2個梯次(10～4月僅11時30分)　休8月除外的週日、一　金€17　E

2樓的工作室現在是作品展示空間

書店　別冊MAP P7C2　●愛斯普拉納地周邊

學院書店

Akateeminen Kirjakauppa

精心設想顧客動線的大型書店

1969年完工，地上3樓、地下1樓的建築物中央大廳為挑高空間，每個樓層都能眺望整排的書架。從窗戶和燈具即可一窺阿瓦奧圖在設計上的講究。2樓的咖啡廳（→P37）也是阿瓦奧圖所打造。

DATA　交路面電車YLIOPPILASTALO站步行2分
住Pohjoisesplanadi 39　☎09-1211　時9～21時（週六～18時、週日12～18時）　休無　E

天窗

有三扇仿書本翻開後形狀的巨大天窗

書架

旁邊置有閱讀用的椅子，亦為阿瓦奧圖的作品

入口

走道上的燈具採用充滿高級感的復古設計

白天的賣場空間，大量的自然光線會透過大型天窗透射進來

商店　別冊MAP P7C3　●愛斯普拉納地周邊

Artek

阿瓦奧圖設計家具大集合！

展示販售代表作的扶手椅、椅凳等大型家具和燈具的店鋪，廚房用品類的雜貨也很豐富。

DATA　交路面電車ALEKSANTERINKATU站步行5分
住Etelàesplanadi 18　☎010-617-3480　時10～18時（週六～16時）　休週日 E

1.位於愛斯普拉納地公園旁　2.圖案簡單的鍋墊€9　3.阿瓦奧圖設計的隔熱手套€14.50

餐廳　別冊MAP P7C3　●愛斯普拉納地周邊

Ravintola Savoy

同時品味料理與阿瓦奧圖建築

1937年由阿瓦奧圖所設計的頂級餐廳，也因為這家店才催生出著名的湖泊花瓶。午間套餐€67～，需預約。

DATA　交路面電車ALEKSANTERINKATU站步行5分
住Etelàesplanadi 14　☎09-6128-5300　時11時30分～14時30分、18～24時（週六僅夜間營業）　休週日 E E

1.在芬蘭的美食比賽中獲獎無數　2.也設有可眺望街景的露天座

咖啡廳＆商店也深富質感
在特色博物館
細細體會藝術之美

市中心有許多集芬蘭歷史文化大成的博物館＆美術館。
欣賞藝術之餘，還能到高雅的咖啡廳與陳列特色產品的商店逛逛。

  ## 設計博物館
別冊 MAP P7C4　Designmuseo

認識工業設計的歷史

為設計區核心焦點的博物館。展示Marimekko
和Nokia等芬蘭代表性品牌的產品及歷史沿
革。1樓為常設展、2樓以企畫展為主，可逐
一欣賞現代化的設計。

DATA
交路面電車JOHANNEKSEN KIRKKO站步行1分
住Korkeavuorenkatu 23　☎09-622-0540　時11
～18時（9～5月週二～20時）　休無（9～5月休
週一）　金€10　E

1. 建築物的前身是學校
2. 地下1樓和2樓會不定
期舉辦企畫展　3. 推薦
到古典氛圍的咖啡廳小歇
片刻　4.1樓的常設展示空
間，可瞭解Marimekko和
Iittala等品牌的歷史

Cafe & Shop

 ### Cafebar Luomus

位於1樓，約30個座位的
咖啡廳。只提供輕食類菜
單，店內採用Iittala等品
牌的餐具。

DATA　☎09-6220-5423
時休準同博物館

咖啡€2.50，
糕點€5.50

 ### Design Shop

引進風格獨特的雜貨和新銳設
計師的作品，與企畫展相關的
書籍也很充實。就位於咖啡廳
旁。

DATA
☎時休準同博物館

動物拼圖€42，完成圖即芬
蘭的國土形狀

 小小
資訊　出示赫爾辛基卡（→P19）即可免費入場的景點，有設計博物館、雅典娜美術館、Kiasma當代藝術博物館、阿拉比亞
設計博物館、國立博物館（→P41）、芬蘭堡的博物館等。

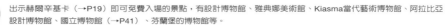

稍微走遠一些

阿拉比亞設計博物館
Design Museum Arabia ●郊外 ●別冊 MAP/P5D1

設於知名瓷器品牌Arabia（→P22）瓷器廠9樓的博物館。除了珍貴的收藏品外，還能參觀底款用章的變遷以及企畫展等。

DATA　交路面電車ARABIANKATU站步行3分
住Hämeentie 135　☎020-439-5357　時12～18時（週六、日10～16時）　休週一、二（4～9月僅休週一）　金€4 E

也收藏中國瓷器等19世紀作品

中央車站周邊　別冊 MAP P6B1

Kiasma當代藝術博物館
Nykytaiteen Museo Kiasma

1.現代風格設計的Cafe Kiasma，餐點以輕食為主　2.建築物旁的曼納海姆銅像很引人注目
3.企畫展會定期更換展示內容

時代與文化交錯的現代藝術

由美國建築師史蒂芬·霍爾親自設計的美術館，Kiasma在希臘文中代表「交錯」之意。介紹活躍芬蘭國內外的1950年代後藝術家企畫展，相當受到歡迎。

Shop
藝術相關書籍眾多！

 Kiasma Shop

除了美術和藝術方面的書籍、攝影集、音樂CD外，還販售企畫展的相關商品。

DATA　☎0294-500501　時休準同美術館

DATA
交路面電車LASIPALATSI站步行3分
住Mannerheiminaukio 2　☎0294-500501　時10時～20時30分（週二、日～17時，週六～18時）　休週一
金€12 E

中央車站周邊　別冊 MAP P7C2

雅典娜美術館
Ateneumin Taidemuseo

國內外的古典美術品齊聚一堂

1887年興建的兩層樓美術館。以18世紀中葉到20世紀中葉的芬蘭當地美術品為主，同時也展示了部分塞尚等國外畫家的作品及日本的版畫。

1.常設展示中還有以民族史詩『卡勒瓦拉』為題材的作品
2.矗立於中央車站廣場的南側

DATA
交中央車站或路面電車RAUTATIEASEMA站步行3分　住Kaivokatu 2　☎0294-500401　時10～18時（週三、四～20時，週六、日～17時）　休週一
金€13 E

Cafe
也供應午間自助餐

 Tablo Ateneum

設於1樓的自助式咖啡廳，提供輕食和其他餐點。週三、四的夜間還有酒吧營業。

DATA　☎040-5308-818　時休準同美術館

感受當地人的生活步調 遊逛人氣市場

從充滿生活味的市場，能貼近芬蘭人的實際生活樣貌。
採買些水果、麵包等食物，回住宿處開個小派對也很有樂趣！

逛逛市場的重點

1.攜帶現金
室外搭棚營業的店家大多無法提供刷卡服務，所以請備妥現金。多準備些小額紙鈔和硬幣會比較方便。

2.自備購物袋
芬蘭的塑膠袋要另外付費，因此店家大多會直接將商品交到顧客手上，若隨身攜帶環保袋就派得上用場。

3.留意扒手
通道、用餐區等人潮擁擠的場所，要特別留意扒手和小偷。包包絕不可離身，而且最好抱在身前。

哈卡涅米站周邊　別冊MAP P5C1

哈卡涅米市場
Hakaniemen Kauppahalli

曾做為電影取景地的室內市場

當地居民和周邊餐廳也常光顧的大型市場，約有70家店舖。隨時都人聲鼎沸的1樓食材街，以及位於2樓雜貨區的Marimekko（→P20）等人氣店家都很值得一逛。

> **DATA**
> 交Ⓜ或路面電車HAKANIEMI站步行1分
> 住Hakaniemi　☎09-310-23560　時8～18時（週六～16時）　休週日

建議TIME
營業時間視店家而異，尤其2樓大多都10～11時才開店，中午過後再去比較適合。

1.可愛雜貨吸引人目光的2樓　2.建築物前的市場廣場就是電影『海鷗食堂』的取景地（時6時30分～15時休第一週以外的週日）　3.巨大的磚造建築物　4.或許能在肉店買到馴鹿肉！？

建議TIME
可搭配市集廣場一同造訪，最適合前往的時段為食材多元齊全的上午。

1.也有許多前來採購食材的當地人，可一窺居民的日常生活模樣　2.復古的紅磚建物

愛斯普拉納地周邊　別冊MAP P7D3

老農貿市場
Vanha Kauppahalli

網羅美食的私藏人氣市場

市集廣場旁的室內型市場，主要販售生鮮食品和配菜類，以品質優良著稱。

> **DATA**
> 交路面電車KAUPPATORI站步行2分
> 住Etelasatama　☎視店家而異
> 時11～18時　休週日

小小資訊　在哈卡涅米市場中，最推薦的是1樓販售多種果醬和醬料的「Parhiala」以及2樓販售天然手工香皂而十分受歡迎的「Saippuakauppias」。

在市場能看到的水果圖鑑

蔬菜、水果基本上都是秤重販售。雖然標示出1公斤的價格，但只要告知數量或克數也能少量購買。另外也有以袋裝販賣的方式。

山桑子 mustikka
北歐代表性莓果，又稱山桑子，與藍莓同屬。產季8月

覆盆莓 vadelma
不僅可直接生吃，還能做成果醬。產季在8月

草莓 mansikka
芬蘭出產的草莓，顏色和味道都很濃郁。產季在7月

櫻桃 kirsikka
體型稍大，顏色也較深。產季在6～7月

愛斯普拉納地周邊　別冊MAP P7D3

市集廣場
Kauppatori

地處市中心的海邊露天市集

於愛斯普拉納地公園旁廣場所開設的市集。臨海區以食品為主、臨路區則是民藝品，也有許多攤販兜售當地生產的蔬菜和水果，大約1～2小時就能逛完。

建議TIME
午餐時段相當擁擠！有時小吃店甚至找不到座位，最好避開這個尖峰時間。

DATA
交路面電車KAUPPATORI站步行1分
住Eteläsatama ☎09-3102-3550
時6時30分～18時（週六～16時、週日開市僅限夏季10～17時）休夏季以外的週日

1.南港前並排著五顏六色的帳棚　2.將顧客點餐的魚放在大型平底鍋上一次煎烤　3.莓果可依照自己需要的份量秤重結帳　4.產自北極圈的手工馬克杯「KUKSA」

建議TIME
由於大多商品僅此一件，建議一大早就來，最遲不要超過中午。此外，冬季有時店家數量會比夏季少許多。

市區南部　別冊MAP P6A4

希耶塔拉赫蒂跳蚤市場
Hietalahdentori

古董＆跳蚤市場愛好者的聚集地

地點稍微遠離市中心的古董露天市集。由於全年營業的跳蚤市場在這裡相當罕見，也吸引不少當地民眾和觀光客一大早就前來尋找二手商品，有機會還能發現台灣從未見過的懷舊雜貨。

DATA
交路面電車HIETALAHDENTORI站步行1分
住Hietalahdentori ☎09-310-23580
時8～18時（週六～16時）、5～9月為8～16時（週日10時～）休冬季的週日、雨天

1.2.大規模的跳蚤市場對當地人而言也彌足珍貴，與攤販主間的交談互動也很有意思　3.隔壁的建築物內有販售食材　4.如藥罐般的空瓶GET！

 在食材寶庫芬蘭體驗美食

來自大地的恩澤！
實力派芬蘭菜

雖然受到瑞典和俄羅斯的影響，芬蘭仍發展出獨特的飲食文化。
來品嘗看看名廚們運用大量當地食材所精心烹調的美味佳餚吧。

市區南部	別冊 MAP P5C4

Ravintola Sea Horse

傳承80年歷史的正統風味

吃得到使用波羅的海鯡魚等芬蘭特有食材的傳統料理老店。每道主菜還會搭配馬鈴薯、櫛瓜等當地摘採的繽紛蔬菜，享受視覺與味覺的雙重饗宴。

Chef's Comment

Janne
持續守護創業以來的傳統食譜。菜色口味溫和，博得消費者的好評。

DATA
交 路面電車KAPTEENINKATU站步行3分
住 Kapteeninkatu 11　☎010-837-5700　時 10時30分～24時（週五、六～翌1時、週日12時～）　休 無
☑ 有諳英語的店員　☑ 有英文版菜單
☐ 需預約

1.嫩煎波羅的海鯡魚€17.90，夏季會選用Muikku（歐白鮭）　2.1940年代所繪的海馬壁畫即店名的由來。有著裝規定

Chef's Comment

料理長 Ari
使用當地食材以及採納北歐諸國精髓的Nokka獨創風格，受到廣大饕客的支持。

赫爾辛基大教堂周邊	別冊 MAP P5C2

Ravintola Nokka

著正式服裝品嘗創意獨具的套餐料理

充滿厚重歷史風情、評價首屈一指的高級餐廳，以向在地小農購買食材烹調而成的套餐Helsinki Menu為招牌。3道＋當地產乳酪€62～，還可加點嚴選葡萄酒4杯€44～。

DATA
交 路面電車TOVE JANSSONIN PUISTO站步行3分
住 Kanavaranta 7F　☎09-6128-5600
時 11時30分～24時（週六18～）　休 週日
☑ 有諳英語的店員　☑ 有英文版菜單
☑ 需預約

1.直接向漁夫購買汁多肉厚的白鮭魚佐香菇醬，搭配托斯卡尼產區的白葡萄酒很對味　2.店內改裝自超過150年歷史的磚造貯藏庫

34　小小知識　所謂的Helsinki Menu，是指堅持使用芬蘭在地食材、地產地消的套餐料理，以深受法國菜影響為特色。大多會配合食材的時令變換菜單，並推薦適合該道菜餚一同享用的葡萄酒。

Ravintola Olo

愛斯普拉納地周邊 別冊 MAP P7D2

米其林也掛保證的名店

總料理長擁有長年入選Bocused'Or國
際廚藝大賽代表的精湛手藝。時令食材加
上當天的構想，每天都會推出創新又細
膩的套餐料理。午餐2道€35〜、晚餐4道
€69〜。

Chef's Comment

料理長 Jari

正因為國土不大，才
能輕鬆取得頂級新鮮
食材，每天研發出超
乎想像的美味料理。
訂位請趁早！

DATA
交路面電車RAITARIHUONE站步行即到
住Pohjoisesplanadi 5 ☎010-320-6250 時11時
30分〜15時、18〜24時 休週日、一、週六午間
☑有諳英語的店員 ☑有英文版菜單
☑需預約

1.以花朵裝飾的越橘甜點
2.店內呈現簡單卻不失沉穩的裝飾格局，
有著裝規定

Owner's Comment

Irina

店內各處的擺飾品和
繪書都是常客的作
品，亦是本店長年以
來受到藝術家愛戴的
證明。歡迎各位來電
預約。

Kosmos

設計區 別冊 MAP P6B2

名流鍾愛的傳統風味

留存1924年創業當時氛圍的老店。除了
保有復古風的裝潢擺飾，同時還在候位區
和店家櫥窗裝飾上藝術家所設計的現代藝
術品。經典的好味道與充滿藝術感的空
間，吸引不少客人再三光顧。

DATA
交路面電車YLIOPPILASTALO站步行1分
住Kalevankatu 3 ☎09-647-225
時11時30分〜翌1時（週六16時〜） 休週日
☑有諳英語的店員 ☑有英文版菜單
☑需預約

1.電影導演阿基·郭利斯馬基最愛的焗烤白
梭吻鱸與螯蝦€26
2.店內氣氛沉穩，有著裝規定

Kuurna

赫爾辛基 大教堂周邊 別冊 MAP P7D2

飄散法國菜芳香氣味的口袋餐廳

以芬蘭菜為基本，再加入法國菜精髓的創
意料理，只提供每週更換菜色的優惠全餐
（2道€36、3道€42），每項可從3種料
理中自選，也可點單杯葡萄酒（1杯€7〜
15）。

DATA
交路面電車RITARIHUONE站步行3分
住Meritullinkatu 6 ☎010-281-8241 時18時〜22時
30分（週六16〜23時） 休週日、7月的週五〜日
☑有諳英語的店員 ☑有英文版菜單
☑需預約

Chef's Comment

料理長 Heikki

由於店內的座位數不
多，所以採完全預約
制。請大家來品嘗在
別家店吃不到的現代
芬蘭菜。

1.將雞油菌菇、蔬菜和奶油白醬等餡料用可
麗餅包起來的一道菜 2.葡萄酒等當日推薦
菜單請瀏覽柱上的黑板

在獨具氣氛的Kahvila 享受 ♥ 咖啡時光

「Kahvila」在芬蘭語中代表咖啡廳之意。
芬蘭人最愛邊喝咖啡邊聊天，走在街上到處都能看到裝潢雅緻的Kahvila。

市區南部　別冊MAP P4B4

Kahvila Suomi

因電影而聲名大噪的話題店家

電影『海鷗食堂』場景所在地的餐廳，店家的玻璃窗上還留有「海鷗食堂」的簽名。瀰漫空氣間的悠閒感與電影中的氛圍如出一轍，能在此吃到鮭魚、香腸、肉丸等芬蘭著名的樸實家常菜。電影中出現的肉桂捲則是該店的原創食譜配方，為了品嘗這香味四溢的肉桂捲，甚至吸引不少日本觀光客在開店前就來排隊。

```
DATA
交 路面電車VIISKULMA站步行5分
住 Pursimiehenkatu 12　☎09-657-422
時 9～21時　休 週六、日
☑ 有諳英語的店員　☑ 有英文版菜單
```

 movie

『海鷗食堂』

描述名為幸江的日本女性在赫爾辛基街角開了一家餐廳「海鷗食堂」。幸江身邊有群看似尋常卻又帶點怪異的人們，並發展出一段令人懷念又溫馨的奇妙故事。

1.嫩煎鮭魚€14.60（後）與名產肉桂捲€2.30　2.建議挑選麵包剛出爐的早上時段前來　3.店外設有露天座　4.點餐櫃台還掛著電影海報

肉桂捲的製作流程

1 將麵糰切成梯形

加入豆蔻後讓麵糰發酵，再撒上肉桂粉和砂糖捲成圓筒狀，切成每塊不一的梯形。

2 用小指按壓

底較小的那一面朝上，將麵糰像是往內側折疊般按壓中央處，此即芬蘭獨特的肉桂捲塑形方式。

3 完成♪

不像美式肉桂捲會上一層糖衣，而是撒上珍珠糖後放入烤箱，烤至金黃色就可以出爐了！

 小小知識　芬蘭的肉桂捲通常會在進烤箱前，於麵糰中央處向下按壓，因其獨特的扁平外觀而被稱為「Korvapuusti（被拳頭重擊的耳朵）」。

Marikahvila

愛斯普拉納地周邊　別冊MAP P7C2

清一色Marimekko的療癒空間

位於Marimekko Marikulma（→P20）店後方的咖啡廳。不僅沙發上的抱枕套，連玻璃杯、盤子也全是Marimekko的製品。工作人員態度親切，店內供應甜麵包、開放式三明治等餐點。

1.以鳥鳴聲為背景音樂，宛如置身大自然般的空間　2.季節甜塔€6.30與卡布奇諾€3.70

```
DATA
交 路面電車ALEKSANTERINKATU站步行3分
住 Pohjoisesplanadi 33（Galleria Esplanad內）
☎09-6128-6900　時10～19時（週六～18時）休週日
☑有諳英語的店員　☑有英文版菜單
```

赫爾辛基 在Kahvila享受咖啡時光

1.店門口附近會比較吵雜，也有許多顧客會拿著剛購買的新書入內閱讀　2.草莓蛋糕與草莓塔各€7.90

Café Aalto

愛斯普拉納地周邊　別冊MAP P7C2

適合靜心閱讀的沉靜氛圍

咖啡廳就設在也曾於電影『海鷗食堂』中登場的學院書店（→P29）2樓。店內為簡約時尚的裝修風格，牆上的藝術展示也很值得細細品味。除了咖啡外，早餐菜單€8.10～和酒精類飲料也很豐富。

```
DATA
交 路面電車YLIOPPILASTALO站步行2分
住 Pohjoisesplanadi 39, 2F　☎09-121-4446
時9～21時（週六～18時、週日12～18時）
休無
☑有諳英語的店員　☑有英文版菜單
```

Cáfe Ursula

市區南部　別冊MAP P5C4

宜人海風輕拂的露天咖啡廳

位於海岸邊凱伊沃公園內的咖啡廳。從大白天起客人就絡繹不絕，還有不少人～中午就開始暢飲啤酒。附飲料的午餐€9.50～（11～14時）以及開放式三明治€6.70～、沙拉€12.50～等輕食都很受歡迎。

```
DATA　交 路面電車KAIVOPUISTO站步行7分
住 Ehrenströmintie 3　☎09-652-817
時9～22時（週日～18時，視季節有所調整）
休無
☑有諳英語的店員　☑有英文版菜單
```

1.如風帆般的屋頂為明顯標誌，可一望海景的露台是最受歡迎的觀景特別座　2.草莓蛋白霜蛋糕€7很受歡迎

包裝美！價格優！
想大量採購時
一定要來！超市伴手禮

芬蘭有眾多包裝設計精美的商品，即使是便宜的伴手禮也擁有高品質。
只要前往當地人也會光顧的超市，就能發現一大堆可愛的商品

食 品

肉丸＆馬鈴薯泥 €4.90
用微波爐就能輕鬆
品嘗芬蘭名菜 B

甘草糖 盒裝
€1.22～、條裝€0.30
苦味、甜味、鹹味
參雜的複雜味道，號稱
「全世界最難吃的糖」A

薑餅€3.65（200g）
芬蘭的基本款餅乾，
是多家廠商都會
推出的商品

軟糖 €1.35
以嚕嚕米卡通人物
為造型的可愛糖果 A

**卡布奇諾
咖啡** €4.95
出自芬蘭咖啡大廠
Robert's Coffee B

糖果 €0.62～
包裝盒上有嚕嚕米的插畫，
內含木糖醇成分 B

醬料包
€1.89
在家重現
芬蘭家庭菜
的風味！ B

南非國寶茶
€2.39
精緻包裝盒內
有各式各樣
不同風味的茶包 B

芥末醬
€2.37
很有質感的容器！
可搭配香腸享用 B

奶油 各€1.25
幾何學圖案
很吸引人目光！
有原味（上）和赫味 B

優格 €0.52
芬蘭最大乳製品
廠牌Valio的產品 B

© Moomin Characters™

高級美食伴手禮

康比 別冊 MAP P6B2

Ecoshop Ruohonjuuri Kamppi
Ecoshop Ruohonjuuri Kamppi

從食品到美妝品等環保概念商品一應俱全。店內幾乎都是有機栽培製品，也深受當地人的信賴。還附設一間小咖啡廳。

DATA　交 Ⓜ路面電車KAMMPI站步行2分　住Salomonkatu 5　☎09-445-465　時9～21時（週六～18時、週日12～18時）　休無　Ⓔ

1.有機越橘果乾€3.45　2.有機穀片€5.90　3.山桑子洗面皂€6.95

生活雜貨

牙膏各€1.85
有草莓、綜合水果等果香口味，適合小孩使用 Ⓑ

隨身包面紙€1.25
嚕嚕米圖案的包裝設計。內含6小包，適合拿來分送親友 Ⓐ

洗髮精€1.95
潤髮乳€2.09
由Marimekko前任CEO所設計的瓶身 Ⓐ

牙刷　€3.09
挪威Jordan公司的製品，握柄很可愛 Ⓑ

餐巾紙€2.10～
發現Marimekko的廚房雜貨！ Ⓐ

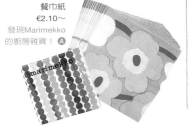

A 別冊 MAP P6B2　●康比

K-Supermarket

與地鐵站相連的大型超市

在赫爾辛基市內擁有眾多分店的大型超市，其中又以康比店的賣場面積最大，食品區的選項十分多元。

嚕嚕米環保袋€3.95有3種款式

DATA　交 Ⓜ 或路面電車KAMPPI站步行1分　住Urho Kekkosenkatu 1 A24(Kamppi內)　☎09-252-6060　時7～22時(週日10時～)　休無　Ⓔ

B 別冊 MAP P6B1　●中央車站周邊

S-Market

食品種類繁多！市民廚房的化身

庶民氛圍極具魅力的大型店，店內生鮮食品種類豐富，可以選購沙拉、配菜的熟食區也十分受好評。

大多數人會自行攜帶環保袋，塑膠袋收費€0.19

DATA　交中央車站或路面電車RAUTATIEASEMA站步行2分　住Mannerheimintie 9　☎010-766-1000　時7～22時(週日10時～)　休無　Ⓔ

徹底遊逛環海城市的各個角落

赫爾辛基的吸睛焦點總複習

赫爾辛基的觀光景點多集中在約4公里見方的範圍內，徒步即可全部逛遍。
若再搭配四通八達的路面電車，只需一天就能飽覽整個城市的全貌。

別冊
MAP
P7D2

●赫爾辛基大教堂周邊
赫爾辛基大教堂／上議院廣場
Tuomiokirkko ja Senaantintori

赫爾辛基的象徵地標

擁有美麗雪白外牆與5個圓頂的福音路德教派大教堂，設計出自德國建築師恩格爾（Carl Ludvig Engel）之手，與廣布於階梯下方的上議院廣場同屬這座城市的地標性建築。

DATA 交路面電車SENAATINTORI站步行即到
住Unionkatu 29 ☎09-2340-6120 時9～18時（6～8月為～24時） 休無 金免費 E

夏天會有許多人坐在廣場的大階梯上歇息

別冊
MAP
P7D2

●赫爾辛基大教堂周邊
烏斯本斯基東正大教堂
Uspenskin Katedraali

山丘上的芬蘭東正教教堂

建於俄羅斯統治時期的1868年，由俄羅斯籍建築師戈爾諾斯塔耶夫（Aleksey Gornostayev）設計，為北歐最大規模的芬蘭東正教大教堂。聳立於小山丘上，紅色磚瓦與閃閃發光的圓頂，即使從遠方眺望依然醒目。內部可參觀，斯拉夫拜占庭樣式的大祭壇是焦點所在。

DATA 交路面電車TOVE JANSSON PUISTO站步行2分
住Kanavakatu 1 ☎09-8564-6200 時9時30分～16時（週六10～15時、週日12～15時） 休週一 金免費

1.祭壇上裝飾著聖像畫 2.利用在克里米亞戰爭中毀損的建築物紅磚瓦重新堆砌而成

別冊
MAP
P6A1

●康比
岩石教堂
Temppeliaukion Kirkko

採用鑿空岩石的大膽設計

1969年完成的福音路德教派教堂。由於是開鑿岩盤打造而成，而有了「岩石教堂」的暱稱。上方覆蓋著以銅絲盤結架成的圓形屋頂，造型獨特、外觀看起來就像是一艘太空船般。岩石與屋頂之間鋪有玻璃。

DATA 交路面電車KAUPPAKORKEAKOULUT站步行3分
住Lutherinkatu 3 ☎09-2340-6320 時10～17時（週日11時45分～），6～8月～17時30分（週日11時45分～）休宗教儀式期間（時間視活動而有所調整） 金免費

1.有自然光灑落的內部。岩石是一種音響效果極佳的材質 2.內側壁面呈現岩石外露的狀態

 小小知識　赫爾辛基大教堂落成的1852年當時是在俄羅斯的統治之下，原本命名為「聖尼古拉教堂」，於1959年後才變更為現今的名稱。

國立博物館
Suomen Kansallismuseo
●中央車站周邊　別冊MAP P4B2

建築物也很有欣賞價值的博物館

民族浪漫主義建築樣式的博物館，於芬蘭獨立前的1916年開始對外開放參觀。建築物仿效教堂和城堡而建，內部裝飾則以新藝術風格為主。從具高度史料價值的繪畫、雕刻、服飾等展示物，可一窺芬蘭與瑞典、俄羅斯之間的歷史動盪波瀾。

DATA　交路面電車KANSALLISMUSEO站步行即到　住Mannerheimintie 34　☎040-128-6469　時11～18時　休週一　金€9　E

1.以民族史詩『卡勒瓦拉』為題材的濕壁畫　2.令人印象深刻的紅褐色尖塔為明顯地標

西貝流士公園
Sibeliuksen Puisto
●市區北部　別冊MAP P4A1

『芬蘭頌』作曲家的因緣之地

1945年，為了紀念芬蘭作曲家西貝流士的80歲誕辰而以其命名的公園。以不鏽鋼管製成的雕刻及西貝流士的肖像浮雕前，都是熱門的拍照景點。

DATA　交路面電車TÖÖLÖN HALLI站步行10分　住Mechelininkatu　☎時休無　金免費

Kotiharjun Sauna
●市區北部　別冊MAP P5C1

以泡湯氣氛體驗正統三溫暖！

平價大眾化的公共三溫暖，是少數能體驗使用木材燒水的傳統三溫暖浴場。建物雖然古老，但內部設施乾淨整潔。三溫暖浴場男女有別，毛巾需自備。

DATA　交路面電車KÄENKUJA站步行5分　住Harjutorinkatu 1　☎09-753-1535　時14～20時　休週一　金€12

Globe Hope
●愛斯普拉納地周邊　別冊MAP P7C2

倡導追求道德時尚

以使用再生材料的個性派環保時尚為特色將軍服重新製成充滿男子氣概的衣著、利用剩餘布料縫製成洋裝等，商品樣式豐富。或是利用帆船的帆布或車用安全帶等厚實素材製作包包等，兼具設計感與耐用性的配件類也相當推薦。

DATA　交路面電車SENAATINTORI站步行1分　住Aleksanterinkatu 28（Kiseleffin Talo內）　☎050-305-1115　時11～19時（週六～17時）　休週日　E

1.男女適用的包包等回收製成改造配件也很豐富　2.使用庫存的人造絲布料製成的洋裝€95

Check! 夏季限定的酒吧路面電車

芬蘭是世界數一數二的啤酒大國。由啤酒廠商「KOFF」於夏天推出的路面電車，可是能在車內品嘗啤酒等飲料的特別車廂。在經典造型的車廂內待上約40分鐘，來趟暢飲美味啤酒及享受窗外美景的旅程。別冊MAP/P7C1

DATA　交中央車站廣場發車　☎020-123-4800　時14、15、17、18、19、20時　休週日　金車資€9（飲料費另計）

1.酒吧路面電車是夏天特有的風景　2.可在專用吧檯點飲料。KOFF啤酒€7　3.車內設有面對面的桌椅座和站著喝的吧檯

赫爾辛基 吸睛焦點 ❶

別冊 MAP P6B3 　●設計區

Ivana Helsinki

讓人愛不釋手的北歐女孩風品牌

由設計師Paola Ivana Suhonen與姊姊共同創立的服裝品牌。靈感來自芬蘭的傳統衣物和斯拉夫民族服飾，設計出復古、可愛的印花布料。北歐特有的色彩搭配與富故事性的圖案樣式，除了運用在服裝產品外，也將設計元素納入配件、雜貨中。

DATA　交路面電車FREDRIKINKATU站步行3分　住Uudenmaankatu 15　☎050-505-1624　時11～19時（週六～16時）　休週日　E

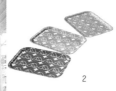

1.北歐風格的自然時尚很受年輕人喜愛
2.共3種顏色的帳篷圖案托盤各€21.95

別冊 MAP P7C2 　●愛斯普拉納地周邊

Nanso

體驗舒適觸感與懷舊風味

芬蘭的老字號時尚品牌，一貫化的生產流程皆於國內進行。合身的剪裁線條與質地優良的素材廣受好評，帶給人愉悅心情的繽紛款式深具魅力。特別是其活潑大膽的花色，更被Bliw公司的洗手乳採用，儼然已成為該品牌的代名詞。

DATA　交路面電車ALEKSANTERINKATU站步行3分　住Mikonkatu 2　☎020-125-8590　時10～19時（週六～17時）　休週日　E

1.復古樣式的洋裝也很受歡迎　2.Nanso最著名的大塊花紋針織上衣€47.90

別冊 MAP P7C2 　●愛斯普拉納地周邊

Fazer

選購當店的招牌巧克力

芬蘭指標性零食大廠於市中心創立的店面＆咖啡廳，設有巧克力秤重計價區（€1.90／100g）以及許多適合當伴手禮的禮盒包裝。依季節還會推出與嚕嚕米合作開發的品項，由於特製商品不會鋪貨到一般超市，因此推薦給想收集限定款的人。

DATA　交路面電車ALEKSANTERINKATU站步行3分　住Kluuvikatu 3　☎020-729-6701　時7時30分～22時（週六9時～、週日10～18時）　休無　E

1.附設咖啡廳的人氣巧克力店
2.種類豐富的巧克力磚€3.10

別冊 MAP P4B4 　●市區南部

Moko Market & Cafe

可作為室內設計的範本

從衣服到家飾用品、園藝雜貨等涵蓋多元領域的生活用品店。如展示中心般的寬敞店鋪後方，還附設了咖啡廳，營造出讓人忍不住想久待的舒適空間。尤其是芬蘭人家必備的蠟燭，樣式多到不可思議！

DATA　交路面電車TELAKKAKATU站步行1分　住Peramiehenkatu 10　☎09-4150-4500　時9～18時（週六10～17時）　休週日（指定日期除外）　E

1.離市中心有點遠但相當值得一訪
2.以漂亮容器裝盛的洗手乳€8.50

小小資訊　在Fazer附設的咖啡廳裡，能享用熱巧克力€3.80～、辣巧克力蛋糕€6.50等使用自家招牌巧克力所製成的甜點。

●赫爾辛基大教堂周邊

別冊 MAP P5C2

Kolme Kruunua

洋溢鄉愁滋味的家常菜

從調味到裝盤都承襲1952年創業當時的食譜,並因應時代潮流持續研發創新口味的正統派芬蘭菜餐廳。家具、燈飾和窗上的彩繪玻璃,都還保留開店當時的樣貌。隱約飄散出一股懷舊和哀愁的獨特氛圍,也以阿基·郭利斯馬基導演作品的拍攝地點為人所知。

- - - - - - - - - - - - - - - - - - - -

DATA　交路面電車SNELLMANIKATU站步行3分
住Liisankatu 5　☎09-135-4172　時16時~翌1時(週五、六~翌3時、週日14時~翌1時)　休無 E E

1.與黑麵包很對味的傳統鮭魚湯€9.20　2.品味獨具的氛圍廣受各年齡層的消費者喜愛

●中央車站周邊

別冊 MAP P6B3

Lappi

老字號的拉普蘭菜餐廳

由出身拉普蘭地區的老闆所推出的道地拉普蘭菜。運用產自托爾尼奧溪谷的鮭魚、嚴選的馴鹿肉等,食材講究的料理有口皆碑。以松木材質打造成小木屋風格、具厚重感的室內裝潢,不僅氣氛佳也吸引許多觀光客上門。

- - - - - - - - - - - - - - - - - - - -

DATA　交路面電車YLIOPPILASTALO站步行5分
住Annankatu 22　☎09-645-550　時16~24時(週六13時~)　休週日 E E

1.招牌菜為馴鹿沙朗排€39及鮭魚湯€10~
2.內部為木質風格

●設計區

別冊 MAP P7C4

Juuri

以小碟供應的Sapas備受喜愛

Sapas是由西班牙小菜Tapas演變而來,意指芬蘭風味小菜。以少量、能品嘗多款開胃菜的方式,博得小食量女性顧客的歡迎。使用芬蘭在地食材製作的Sapas備有12~13種,一碟€4.60、價格實在。提供單杯葡萄酒(€6/120ml)。

- - - - - - - - - - - - - - - - - - - -

DATA　交路面電車JOHANNEKSEN KIRKKO站步行3分
住Korkeavuorenkatu 27　☎09-635-732　時11~23時(週六12時~、週日16時~)　休無 E E

1.Sapas€4.60~,
有鮭魚等各式各樣菜色　2.以紅色為基調的時尚裝潢讓人印象深刻

Check 造訪電影拍攝地

以赫爾辛基為背景、最廣為人知的就是日本電影『海鷗食堂』。自2006年上映後,前往拍攝地造訪的觀光客絡繹不絕。除了Kahvila Suomi(→P36)外,還有Café Aalto(→P37)、Cáfe Ursula(→P37)等諸多在電影中亮相的景點。此外,芬蘭電影中最具知名度的便是阿基·郭利斯馬基導演的作品,如中央車站等電影中的場景,幾乎都取材自赫爾辛基。

1.曾做為郭利斯馬基導演電影拍攝地的Kolme Kruunua(左上)　2.『海鷗食堂』故事背景的Kahvila Suomi
3.『海鷗食堂』中採買馴鹿肉的場景取景自哈卡涅米市場(→P32)

●赫爾辛基大教堂周邊

別冊 MAP P7C2

Cafe Engel

從早到晚都高朋滿座的人氣咖啡廳

咖啡廳的天使看板，是由設計赫爾辛基大教堂的建築師恩格爾所設計，吸引行人的目光。佇立於從窗邊座位即可眺望大教堂的絕佳位置，前身為煙斗工廠的所在地。在這棟建於1765年的歷史悠久建築物內，能品嘗到以蛋糕為主的自製餐點。

DATA 交路面電車SENAATINTORI站步行即到
住Aleksanterinkatu 26 ☎09-652-776 時8～21時（週六9時～、週日10～19時） 休無 E E

1.House Tea€3.40與馬卡龍各€3吃起來十分對味 2.能眺望赫爾辛基大教堂的好位子是最佳首選

●愛斯普拉納地周邊

別冊 MAP P6B2

Stockmann

北歐最大規模的百貨公司

矗立於愛斯普拉納地一隅的百貨公司。除了北歐雜貨外，也是集中採買伴手禮的便利場所。地下樓的熟食區也絕不容錯過。

DATA 交路面電車YLIOPPILASTALO站步行即到 住Aleksanterinkatu 52 ☎09-1211 時9～21時（週六～18時、週日12～18時） 休無 E

Check! 當地的速食

雖然不像台灣和美國般流行，但芬蘭也擁有速食連鎖店「HESBURGER」。赫爾辛基市內到處都有分店，也提供有機裸麥漢堡等北歐風味十足的健康餐點。薯條＆飲料的套餐約€8左右。

市中心區在Kamppi和Stockmann內皆有分店

●設計區

別冊 MAP P6B2

Atelijee Bar

赫爾辛基位置最高的酒吧

Solo Sokos Hotel Torni的屋頂酒吧，以四面開闊的景觀視野自豪。露台有裝設暖氣，即使在冬天也能舒適享受品酒時光。只提供飲料，啤酒€7.50～、單杯葡萄酒€9.80。

DATA 交路面電車YLIOPPILASTALO站步行3分
住H Solo Sokos Hotel Torni（→P45）內 ☎010-784-2080 時14時～翌1時（週五～翌2時、週六12時～翌2時、週日14～24時） 休無 E E

1.也備有簡約風格的室內桌椅區 2.喝完可將杯子帶回家的雞尾酒「Aalto」€56為該店招牌

●中央車站周邊

別冊 MAP P6B2

Bar Socis

在沉穩氛圍的空間中喝一杯

中央車站附近飯店內的酒吧。店內牆上掛著品味別緻的海報、中央的圓頂型天花板，散發出優雅的氛圍。可享用啤酒€8、雞尾酒€12等飲料，一邊度過悠閒的片刻時光。下酒菜€8～。

DATA 交路面電車RAUTATIEASEMA站步行2分
住Kaivokatu 12 ☎09-691-4006 時16～23時（週五、六～24時） 休週日、一 E E

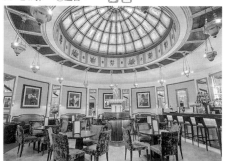

美麗的室內裝修設計也是魅力之一

小小資訊 若要在Stockmann地下樓購買熟食，必須先在櫃檯旁的取票機抽號碼牌，等到櫃檯上的電子螢幕顯示自己的號碼時再上前點餐。

地點方便又舒適

赫爾辛基的飯店

人氣飯店皆集中在市中心，不論住哪一家交通都不是問題。
類型相當多元，從設計飯店到歷史悠久的飯店應有盡有。

 愛斯普拉納地周邊 ｜ 別冊 MAP P7C2

赫爾辛基坎普豪華精選酒店
Hotel Kämp

廣受名人愛戴的五星級飯店

1887年創業的飯店，西貝流士和阿瓦奧圖曾是常客。
還維持當時樣貌的新藝術風格裝潢以及挑高的大廳，
飄散出一股高級氣息。

DATA
交 路面電車ALEKSANTER
INKATU站步行4分
住 Pohjoisesplanadi 29
☎ 09-576-111 金 豪華
雙床房€255 ～179室
Ⓔ Ⓡ Ⓕ

 愛斯普拉納地周邊 ｜ 別冊 MAP P7C2

GLO Hotel Kluuvi

提供完善舒眠服務的現代化飯店

商務旅客眾多、機能性也很高的設計飯店。不僅可選
擇枕頭、毛毯的材質，還備有精油、眼罩、耳塞等用
品。

DATA
交 路面電車ALEKSANTER
INKATU站步行1分
住 Kluuvikatu 4 ☎ 010-
3444-400 金 GLO雙床
房€144 ～184室
Ⓔ Ⓡ

 設計區 ｜ 別冊 MAP P6B3 ## Klaus K Hotel

以芬蘭民族史詩『卡勒瓦拉』為主題的設計飯店，設有兩間
餐廳、酒吧和夜店。
DATA 交 路面電車EROTTAJA站步行1分 住 Bulevardi
2-4 ☎ 020-770-4700 金 DESIRE 雙床房€230～
169室
 Ⓔ Ⓡ Ⓕ

 中央車站周邊 ｜ 別冊 MAP P7C1 ## 赫爾辛基麗笙廣場飯店
Radisson Blu Plaza Hotel

雖然離中央車站很近，但隔音、防盜措施相當周全。客房於
2012年重新裝潢，以新摩登風格呈現。
DATA 交 中央車站步行5分 住 Mikonkatu 23
☎ 020-123-4703 金 標準雙床房€150 ～302室
 Ⓔ Ⓡ Ⓕ

 中央車站周邊 ｜ 別冊 MAP P6B1 ## Holiday Inn Helsinki City Centre

位於赫爾辛基中央車站旁，價格實惠的商務飯店，設備齊全
而吸引許多商務人士入住。
DATA 交 中央車站步行1分 住 Elielinaukio 5
☎ 09-5425-5000 金 標準雙床房€125～
174室
 Ⓔ Ⓡ Ⓕ

 設計區 ｜ 別冊 MAP P6B2 ## Solo Sokos Hotel Torni

外觀十分搶眼的14層樓飯店，從頂樓酒吧（→P44）可眺望
赫爾辛基的街景。
DATA 交 路面電車YLIOPPILASTALO站步行3分
住 Yrjönkatu 26 ☎ 020-123-4604 金 標準雙人房
€172～ 152室
Ⓔ Ⓡ

 康比 ｜ 別冊 MAP P6B2 ## Scandic Hotel Simonkenttä

中央車站附近的便利地理位置。玻璃帷幕的外觀相當顯眼，
客房則是擁有溫潤木質觸感的空間。
DATA 交 路面電車SIMONKATU站步行1分
住 Simonkatu 9 ☎ 09-68-380 金 標準雙床房€240～
360室
Ⓔ Ⓡ Ⓕ

 設計區 ｜ 別冊 MAP P6A3 ## GLO Hotel Art

極具個性的設計飯店，擁有石造建築的外觀以及宛如中世紀古
堡般的大廳。客房則完全相反，以都會洗練風格為設計主軸。
DATA 交 路面電車ALEKSANTERIN TEATTERI站步行3
分 住 Lönnrotinkatu 29 ☎ 010-3444-100 金 GLO 雙
床房€167～ 171室
Ⓔ Ⓡ

[符號說明] Ⓔ 英語OK、Ⓡ 餐廳、Ⓟ 游泳池、Ⓕ 健身房

從赫爾辛基市區稍微走遠一些

前往芬蘭堡
野餐一日遊

芬蘭堡曾經具有防禦瑞典和俄羅斯的戰略性地位，已於1991年登錄為世界遺產。
可於豐沛的自然環境中，享受恣意漫步的樂趣。別冊MAP／P5D2

\ 主碼頭步行10分 /

1 MAP P47

芬蘭堡博物館
Suomenlinna-museo

島內觀光啟程前先來這兒預習一下

前身是1780年代建作為要塞用途而建的設施。除了展示18世紀以後芬蘭堡歷史的博物館外，參考資料也很豐富。同建築物內設有遊客服務中心，出發遊逛前先來一趟吧。

DATA 交主碼頭步行10分 住Suomenlinna 74 ☎09-684-1850 時10～18時（10～4月為10時30分～16時30分）休無 金€6.50 E

1.6～8月的11時和14時會有英語導覽解說 2.每個小時的30分會播放影片（有中文版）

↓ 步行10分

2 MAP P47

維斯科潛艇
Sukellusvene Vesikko

深入保疆衛國的潛水艦內部！

展示1930年代～第二次世界大戰期間活躍於芬蘭沿海守備任務的維斯科潛艇。可進入艦內參觀船員的生活空間和相關器械裝置等，一窺當時的技術。

DATA 交遊客服務中心步行10分 住Tykistö lahti, Suomenlinna ☎0299-530-260 時5月中旬～9月的11～18時 休10～5月上旬 金€5

1.德國製的潛水艦，戰爭當時還有另外4艘 2.內部還有船員使用過的廚房等設備

↓ 步行10分

3 MAP P47

桑德爾棱堡
Bationi Zander

面海的觀景點

在要塞時期的遺跡中，尤佔有重要地位的就是庫斯坦米耶卡地區的這座城塞。旗幟飄揚的沙洲城牆上有成排的炮台。

DATA 交遊客服務中心步行20分 住Suomenlinna A ☎029-53-38410（遊客服務中心）時休金自由參觀

1700年代於瑞典製造的炮台

↓ 步行10分

4 MAP P47

Kahvila Piper

築於18世紀的建築物

佇立於英國式庭園內的夏日咖啡廳，各式糕點及平日的湯品午餐€8.50都很受歡迎。

DATA 交遊客服務中心步行10分 住Suomenlinna C40 ☎09-684-1850 時6月～8月中旬的10～19時（5月10～17時、8月中旬～9月中旬11～17時）休9月下旬～4月 E

糕點€3.50和咖啡€2.50

46 小小資訊 歷史悠久的世界遺產芬蘭堡擁有悠閒靜謐的環境，吸引許多新進藝術家紛紛在此地成立藝廊或工作室。古老的建築物、充滿綠意的自然景觀，似乎也能為藝術家帶來不少創作的靈感。

Check!

Viaporin Taidekäsityöläiset Kesäkauppa b34

MAP ● P47

由芬蘭堡藝術家協會經營的商店。有藝術家的介紹以及販售紡織品、餐具、衣服、飾品等高藝術性的作品。還有小河流水的庭院等，營造出多樣風情。

DATA 交遊客服務中心步行8分 住Suomenlinna B34 ☎050-408-2902 時5月中旬～9月11時～17時30分 休10月～5月上旬

1.牛奶杯（大）€34～53
2.還有具北歐特色的小模型船等商品 3.藝術作品與民藝品的賣場各自獨立

---

5 MAP P47 厄倫斯瓦德博物館
Ehrensvärd-museo

一睹海軍將令的豪華生活

位於原本作為歷任要塞司令官邸場所的博物館。可參觀首任海軍上將奧古斯丁‧厄倫斯瓦德時代的生活模樣，1760年代的豪華家具用品相當值得一看。

DATA 交遊客服務中心步行5分 住Suomenlinna B40 ☎09-684-1850 時5月中旬～9月中旬的11～16時（6～8月～18時） 休9月下旬～5月上旬 金€3 E

1.重現餐廳的房間
2.厄倫斯瓦德的墓園就在博物館的正前方

6 MAP P47 芬蘭堡教堂
Suomenlinnan-Kirkko

可愛的白牆建築

1854年建造的俄羅斯東正教教堂，芬蘭獨立後改為福音路德教派教堂。從島上任何方位都看得到綠色的尖塔。

DATA 交遊客服務中心步行5分 住Suomenlinna C43 ☎09-2340-6126 時5月中旬～9月中旬的12～16時 休9月下旬～5月上旬 金免費

1.福音路德是芬蘭信眾人數最多的教派 2.高聳尖塔是島上的地標

往市集廣場◀　　▶往市集廣場

海軍學院●
主碼頭 — 走過棧橋後即可看到小島的簡圖。
Hostel Suomenlinna●
⑥芬蘭堡教堂
⑤厄倫斯瓦德博物館
馬內基軍事博物館
遊客服務中心
Viaporin Taidekäsityöläiset Kesäkauppa b34
海關博物館● ①芬蘭堡
④Kahvila Piper
戶外劇場 ②維斯科潛艇
大炮博物館
芬蘭灣
N
國王大門（碼頭）
0　300m ③桑德爾棱堡

🚢 從赫爾辛基前往的交通方式

從市集廣場碼頭（別冊MAP／P7D3）搭赫爾辛基市交通局渡輪前往主碼頭（來回€5），或是搭JT-LINE前往國王大門（來回€7），所需約15分鐘。赫爾辛基市交通局渡輪6時～翌2時，JT-LINE 8時～19時（夏季～23時），約每隔40分鐘～1小時發船。

主碼頭的船隻停泊處

🐾 島上遊逛POINT

移動方式只能靠雙腳。光是參觀橫跨8個島上所興建的要塞，就出乎意外地累人。不過觀光景點多集中在北側，走在柏油路上也還算輕鬆，若是環繞主要景點一圈約3小時左右。

從童話看北歐①
朵貝・楊笙的世界

風靡全世界的卡通人物

自幼受到藝術薰陶、15歲以插圖畫家出道的朵貝・楊笙，最具代表的作品便是『嚕嚕米』系列。在台灣雖以溫馨、適合小孩觀賞的卡通和繪本廣受歡迎，但其實原作蘊藏了更深層的涵義，一方面富含哲學性的寓意，有時也會出現荒謬的情節，不單單只是奇幻童話，是連大人也能看得津津有味的故事。

PROFILE **朵貝・楊笙**
Tove Jansson（1914～2001）

集畫家、插畫家、諷刺漫畫家、小說家、童話作家於一身，誕生於雕刻家父親及畫家母親的藝術家庭。15歲就開始替雜誌繪製插圖而開啟事業，1945年發表嚕嚕米系列的處女作『小托魯與大洪水』，之後在長達26年間總共出版了9部著作。除了嚕嚕米系列外，還有繪本、適合大人閱讀的小說、繪畫等作品問世，並獲頒國際安徒生大獎等眾多殊榮。於2014年百年誕辰之際，還將她度過幼年時期的卡達亞諾伽地區的公園改名為朵貝楊笙公園，她的作品至今依然受到各年齡層的喜愛。

嚕嚕米的相關SPOT

康比 **別冊 MAP P6B2** # Moomin Shop

粉絲垂涎的珍貴商品大集合

位於赫爾辛基中央車站附近的購物中心FORUM內。布偶、文具等雜貨豐富多樣，還能買到最新產品。

DATA 交路面電車YILOPPILASTALO站步行1分 住Mannerheimintie 20（FORUM內） ☎040-191-0720 時9～21時（週六～18時、週日12～18時） 休無 E

1.行李吊牌€6，還有其他卡通人物款 2.環保袋€20
3.如掌心般大小的迷你布偶€12～ 4.吸水＆快乾效果俱優的海綿擦拭布各€4

稍微走遠一點 ┿━┿━┿━┿━┿━┿━┿━┿━┿━┿━┿━┿━┿━┿━┿━┿━┿━

南塔麗 **別冊 MAP P28B2** # 嚕嚕米世界
Muumimaailma

整座小島成了姆明谷！

位於赫爾辛基西邊約150公里的南塔麗，是一間體驗型的博物館。可於重現姆明谷的園內，與童話中的角色人物共度美好時光。僅夏季開放。

DATA 交中央車站搭IC約2小時到圖庫爾TURKU，從土庫搭巴士6、7、7A號約40分終點站下車後步行20分 住Kailon saari ☎02-511-1111 時2015年6月6日～8月9日為10～18時、8月10日～8月23日為12～18時 休指定日期除外 金1日票€27 E

©Moomin Characters™ Theme Park created by Dennis Livson

小小資訊 坦佩雷有朵貝・楊笙授權的博物館「姆明谷博物館」。能欣賞到原畫等作品（2015年2月於坦佩雷市立美術館公開展示中）。前往坦佩雷的交通方式交赫爾辛基中央車站搭IC約1小時45分，別冊MAP／P28B2

哥本哈根

漫步在安徒生鍾愛的美麗街道

以及能欣賞許多北歐雜貨的斯托格徒步區♪

品嘗令人讚不絕口的美味丹麥三明治後，

再搭乘運河遊船來趟城市巡遊之旅吧。

哥本哈根區域Navi

\ 出發前Check！/

哥本哈根的市中心範圍不大，只需一天就能徒步逛完。除了必訪的歷史建築物、美術館、博物館外，近幾年急速竄紅的熱門潮流地區也絕不可錯過！

⑦ 北橋

0 500m

⑧ 東橋

④ 皇宮周邊

③ 新港

② 斯托格周邊

① 市政廳周邊

中央車站

趣伏里公園

⑤ 西橋

⑥ 克里斯蒂安港

---

① 市政廳周邊

Rådhus ●別冊MAP／P12

哥本哈根觀光的起點

西南邊有中央車站和趣伏里公園，東北邊與斯托格徒步區相連的一帶，有大型美術館和博物館散布其間。於市民休憩去處的市政廳廣場附近，矗立著一座安徒生的銅像。

最近車站 中央車站

---

② 斯托格周邊 →P58

Strøget ●別冊MAP／P12-13

全長約1公里的購物街

從市政廳一路延伸至國王新廣場的行人徒步區。除了比鄰而立的名牌老店和大型百貨公司外，旁邊的岔路上還有雜貨屋和咖啡廳。

最近車站
MKONGENS NYTORV站

③ 新港 →P63
Nyhavn ●別冊 MAP／P13

17世紀興建的港都

吸引觀光客目光的繽紛街景與風情洋溢的帆船,已成為城市的象徵圖騰。現在不僅是觀光船的起訖站,還聚集許多可眺望運河美景的餐廳。

最近車站 ⓂKONGENS NYTORV站

④ 皇宮周邊
Amalienborg Slot／Rosenborg Slot ●別冊MAP／P11、13

以兩座宮殿為中心的地區

皇室居城所在的阿美琳堡宮,以及佇立於花園內的羅森堡宮等典雅建築物,都很值得一訪。

最近車站 ⓂNØRREPORT站

⑤ 西橋
Vesterbro ●別冊 MAP／P10

年輕藝術家和創作者聚集的地區,除了雜貨屋、藝廊外還有多家餐廳。新興地區的肉品加工區也極具魅力。

最近車站 中央車站、DYBBØLSBRO站

⑥ 克里斯蒂安港 →P63
Christianshavn ●別冊 MAP／P11

與市中心以運河相隔的地區,16～17世紀曾經是興盛的商業重鎮。搭乘熱門的運河遊船,即可眺望林立於水路沿岸的17世紀美麗建築物群。

最近車站 ⓂCHRISTIANSHAVN站

⑦ 北橋
Nørrebro ●別冊 MAP／P10

小型設計師店與價格平實的餐廳集中的街區。對二手商品或古董品有興趣的人,千萬不可錯過有 "古董街" 之稱的Ravnsborggade街。

最近車站 ⓂNØRREPORT站

⑧ 東橋
Østerbro ●別冊 MAP／P11

位於北部的高級住宅區。有許多販售極簡風格家飾與獨立設計師商品的店家。這裡也以公園眾多聞名,綠地環境規劃完善。

最近車站 ⓂØSTERPORT站

哥本哈根Profile 出發前 Check！

哥本哈根

○正式國名／首都
丹麥王國
哥本哈根

○人口／面積
約57萬人(2014年)
約88.25 km²

○語言
丹麥語
觀光景點的飯店和餐廳大多能用英語溝通

○通行貨幣與匯率
丹麥克朗(Dkr.)
1DKK＝約4.5台幣
(2019年12月時)
通行貨幣的種類→P146

○時差
−7小時
※比台灣慢7小時。3月最後一個週日～10月最後一個週日施行夏令時間,與台灣的時差為−6小時。

○小費
基本上不需要。
若接受特別服務時,給點小費也無妨。飯店的門僮可給10Dkr.左右,搭計程車時則將尾數無條件進位。

○最佳旅遊季節
6～8月左右
推薦日照較長的夏天。
氣溫、降雨量與節日→P148

○入境條件
護照有效期限…預計離開申根公約國時,最少需有3個月以上的有效期

簽證…6個月內停留期間不超過90天,可享入境免簽證
其他的入境條件→P138

半日標準行程 ×2

Copenhagen

從經典觀光景點到美食、購物都魅力無窮的哥本哈根。
停留天數有限的人，請先決定旅遊的主題，才能規劃出最有效率的行程。

Plan 1 熱門觀光景點大集合！

[and more…
行程備案]
若還有2～3小時的充裕時間，也可安排前往展示皇家所有寶物、傑出工業設計等文物的博物館或美術館（→P60）

10:00
與市政廳（→P74）旁的安徒生雕像合影留念
↓ 步行20分
10:30
新港運河遊船（→P62）
↓ 步行10分
12:00
到阿美琳堡宮（→P74）
參觀衛兵交接儀式
↓ 步行15分
●13:00
親眼一睹小美人魚像（→P80）
↓ 步行15分
13:30
較遲的午餐就來份丹麥三明治
推薦▶Ida Davidsen（→P64）

要來看我喔！

在卡斯特雷特堡疊現的小美人魚像前拍照留念！

God dag！

1.邊欣賞色彩繽紛的街景，邊來趟小小船旅　2.衛兵交接儀式從12時開始，請提早到場佔位置　3.丹麥開放式三明治光一盤便很有飽足感！

Plan 2 遇見丹麥的可愛製品

[and more…
行程備案]
若要增加遊逛景點，可選擇到可愛的遊樂園──趣伏里公園。除了春天和夏天，萬聖節和聖誕節等節慶期間也會營業

13:00
遊逛斯托格周邊
（→P58）
↓ 步行5～10分
●14:30
前往設計的寶庫
Illums Bolighus（→P54）
↓ 步行3分
15:30
到Irma（→P72）
購買自有品牌商品
↓ 步行3分
16:00
在溫馨的咖啡廳小歇一會兒
推薦▶The Royal Smushi Cafe（→P59）
↓ 步行10分
17:00
在Tiger（→P73）
挖掘平價設計雜貨

溫暖療癒♡

在Illums Bolighus發現的木雕人偶

小巷弄也好可愛

1.不妨到斯托格徒步區後方的小巷逛逛　2.Illums Bolighus有許多北歐設計巨匠的作品　3.小女孩Irma的商標產品是必買之物！　4.使用皇家哥本哈根的餐具品味下午茶時光

知道賺到
旅行 Happy Advice

分享當地的交通方式、觀光好康情報和小小秘訣。
只要事先掌握這些重點，就能讓哥本哈根之行更加順利愉快！

"哥本哈根卡" 是觀光客的好幫手

24小時359Dkr.、
72小時589Dkr.

這張卡不但能不限次數搭乘市內交通工具，還提供超過70間美術館、博物館的免費門票，甚至包括趣伏里公園的門票、運河遊船的船票、合作店家的優惠折扣，絕對物超所值。可於機場、火車總站、遊客服務中心、飯店等處購買，詳情查詢 URL www.copenhagencard.com

Advice 2 "好天氣就騎 City Bike上路吧！"

天氣晴朗時
騎起來很舒暢！

反方向轉動腳踏板
即可剎車

在街道平坦的哥本哈根市內，騎Bycyklen電動自行車最方便，觀光客也能以1小時25Dkr.的金額租借。若想租借，請前往遊客服務中心、中央車站前等市內各處的自行車停放區。必須事先上網登錄信用卡等相關資訊，詳情請參照 URL www.bycyklen.dk/

Advice 3 "週日就前往 藝術景點"

新嘉士伯藝術博物館

從週六午後一直到週日，大多數的商店都不營業，雖然憲法修正後自2012年10月起已經准許週日開店營業，但觀光上還是不太方便。這個時候，照常開館的美術館和博物館就顯得更加珍貴了。尤其是新嘉士伯藝術博物館（→P61）僅於週日提供免費入館，豈有錯過的道理！

Advice 4 "街上也有 免費Wi-Fi"

丹麥皇家圖書館新館也有Wi-Fi可以使用

除了飯店外，市內的咖啡廳等地多有免費Wi-Fi熱點。斯托格的咖啡連鎖店Baresso Coffee（別冊 MAP / P13C2）則會提供密碼給顧客。另外，只需輸入出發地和抵達地的地址、站名、預定時刻，即可查詢交通工具和距離等資訊的網站REJSEPLANEN URL www.rejseplanen.dk/，遊逛街區時相當好用。

Advice 5 "一年兩次 折扣季"

超值購物的最佳時機！

在1月和7月的折扣季期間，能讓人暫時忘記高物價而大肆採購。尤其是冬天，每當聖誕節一過就隨即進入折扣季，就連Magasin和Illum等大型百貨公司，到最後倒數的期間幾乎下殺到5折。其中也有打從一開始就打5折的當季商品，絕不可錯過。

知名設計師＆品牌一覽
丹麥皇室御用的
Illums Bolighus

眾多大師、新銳設計師和品牌輩出的丹麥，在皇室認證的店家Illums Bolighus內，從知名作品到可愛雜貨，各式各樣產品一應俱全。

| 斯托格
周邊 | 別冊
MAP
P12B2 | **Illums Bolighus** |

讓人想直奔掃貨的北歐設計寶庫

矗立於一流名店聚集的斯托格中心地區的4層樓百貨公司，集結丹麥代表性設計師所打造的家具、燈具，以及風格簡約又兼具功能性的名牌生活雜貨等商品。在風格新潮的廚房用品和精緻餐具中，還有許多是台灣沒有進口的品牌。

1.優美的白牆建築
2.中央處挑高的開放性設計

DATA 交MKONGENS NYTORV站步行7分 住Amagertorv 10 ☎3314-1941 時10～19時（週日～18時）※視季節有所調整 休10～4月的第1、最後一週以外的週日 ☑有諳英語的店員

大型家具・燈具

3、4樓是陳列Illums Bolighus、Fritz Hansen等著名品牌家具與燈飾照明的展示中心，可一次將北歐的代表性傑作一網打盡。

簡潔洗練的寬敞空間

Designer

阿納・雅各布森
Arne Jacobsen
（1902～1971）

不僅僅活躍於家具設計的領域，同時也是經手Radisson Blu Royal Hotel Copenhagen（→P78）等建築物的知名設計巨匠。代表作有螞蟻椅、7號椅等。

外型看起來像天鵝、藝術性十足的天鵝椅22485Dkr.

Designer

保羅・漢寧生
Poul Henningsen
（1894～1967）

以光影呈現立體感，奠定新照明設計的「現代燈具之父」，有代表作PH5及總計超過200種以上的作品問世。

Louis Poulsen的PH松果吊燈49000Dkr.（60×58cm／不鏽鋼）

Designer

維諾・潘頓
Verner Panton
（1926～1998）

師承阿納・雅各布森。除了一體成型的塑膠椅潘頓椅外，在家具、燈具等諸多領域的商品設計都留下知名作品。

顏色多樣的花盆吊燈1495Dkr.～

 Illums Bolighus的2樓還設有流行商品區。以雨鞋著稱的ILSE JACOBSEN等國際名流也愛用的丹麥知名品牌，都是不可錯過的焦點！

Check! 還有其他能購買設計商品的百貨公司

斯托格周邊 **別冊 MAP P13C2** **Illum**

4樓有豐富的北歐設計雜貨、廚房&衛浴用品，地下樓還有人氣超市Irma（→P72）進駐，相當便利。

DATA 交MKONGENS NYTORV站步行5分 住Østergade 52 ☎3314-4002 時10～19時（週五～20時、週日11～16時） 休第1、最後一週以外的週日 E

斯托格周邊 **別冊 MAP P13C2** **Magasin**

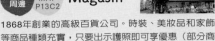

1868年創業的高級百貨公司。時裝、美妝品和家飾等商品種類充實，只要出示護照即可享優惠（部分商品除外）。

DATA 交MKONGENS NYTORV站步行到即 住Kongens Nytorv 13 ☎3311-4433 時10～19時（週五～20時、週六～18時、第1週日12～16時） 休第1週以外的週日 E

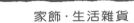
家飾・生活雜貨

擁有高知名度的擺飾品、飾品陳列在1樓，衛浴用品和布料在2樓，抱枕等大型居家用品和兒童玩具在3樓，依商品類型區分各樓層賣場。

1.丹麥品牌的衛浴用品
2.廣受喜愛的「ferm LIVING」在3樓

Brand

Kay Bojesen Denmark
從原本推出復刻生產品的Rosendahl獨立出來的品牌，製作出設計大師Kay Bojesen（1886～1958）的木製玩具系列商品。代表作木頭小猴為1951年設計的傑作。

←1942年問世的衛兵人偶重出江湖！499.75Dkr.

→顏色搭配呈現北歐時尚質感的壁鐘300Dkr.

Brand

Normann Copenhagen
商品範疇從大型家具到新穎家飾小物，商品類型五花八門的設計公司，也設有直營店（→P71）。

↘ Holmegaard的燭台149.95Dkr.

←人氣歷久不衰的木頭小猴，表情十分可愛，小799.75Dkr.

Brand

Rosendahl
廣邀阿納・雅各布森等多位著名設計師，推出造型簡潔又具實用性的製品。如復刻設計款時鐘等家飾小物也很豐富。

阿納・雅各布森→所設計的鬧鐘695Dkr.

↑曾於1970年代盛行的玩具重新復活！Hoptimist 199Dkr.

瓷器品牌「ferm LIVING」的→海報199.95Dkr.

廚房用品

1樓陳列著北歐風格的廚房用品，從一流品牌餐具到設計新穎、使用方便的產品一應俱全。各家廠商所注重的機能性及百看不厭的設計品味，都讓人嘆為觀止！

1. Rosendahl的商品也很豐富
2. 餐具風格多元，可自由挑選

Brand

menu
於1979年成立的設計公司，從極具創造力的構思所研發出來的廚房用品，每一樣都很有特色。不僅具備設計感，實用性方面也非常優異。

↓設計樸實的奶油收納盒249.95Dkr.

←出自吹玻璃師傅之手曲線迷人的葡萄酒杯199.95Dkr.

Brand

Holmegaard
1825年從製造起家的老字號玻璃品牌。手吹玻璃師傅的高超技藝與優美設計，獲得皇室御用品牌的稱號。

↗使用100%再生玻璃製成的小杯子，兩個一組149.95Dkr.

Brand

Stelton
1960年所創業的不銹鋼製造商，由阿納・雅各布森、曼格努森（Erik Magnussen）等大師設計的作品魅力如今依然不減。

↓不銹鋼材質的刀叉組549Dkr.

←啄木鳥保冰保溫瓶299.95Dkr.，為1977年上市後熱銷至今的保溫瓶

Brand

Georg Jensen
1904年創業，以高品質的銀飾珠寶和居家用品聞名的皇室御用品牌。經過百年歲月依舊經典的設計以及工匠的精湛技術，博得全世界的好評。

←家具品牌「Tripp Trapp」的沙拉匙399.55Dkr.

「Bjørn Wiinblad」的→馬克杯129.95Dkr.

Brand

eva solo
Eva Denmark公司的主要品牌。品質、功能和設計齊備的廚房用品，廣受全世界消費者的愛戴。

→彩漾水瓶299.75Dkr.為其代表作

 小小資訊　與Illums Bolighus比鄰的皇家哥本哈根本店（→P57）和Georg Jensen本店在館內即可互通，不須走出店外即可穿梭往來。

丹麥最具代表性的瓷器品牌

斯托格
周邊　別冊
MAP
P12B2
皇家哥本哈根
Royal Copenhagen

跨越時代人氣不墜的白×藍

推出優雅品味餐具的瓷器品牌。鈷藍色花漾彩繪的「唐草系列」等透過工匠精巧技藝所打造出的作品，廣受全世界消費者的喜愛。本店除了新作商品外，經典款式也很齊全。

DATA 交MKONGENS NYTORV站步行7分
住Amagertorv 6 ☎3313-7181
時10～18時（週五～19時、週六～17時、週日11～16時）休第1、最後一週以外的週日
☑有諳英語的店員

1.飄散著穩重氣息的磚造建築
2-3.新舊設計可混搭使用的名窯

平邊唐草（Blue Fluted Plain）的咖啡杯&碟599Dkr.

使用目的多元的手掌大小糖罐749Dkr.

將傳統花紋放大的大唐草（Blue Fluted Mega），長方盤549Dkr.

皇家哥本哈根罐裝特調紅茶79Dkr.是頗受好評的伴手禮

在收藏家眼中與年度紀念盤（Year Plate）齊名的人氣紀念鈴599Dkr.（2012年版）

裝飾著底部蓋印的印記系列（Fluted Signature），馬克杯兩個一組399Dkr.

Brand History

1775年誕生的丹麥皇室御用窯場，技藝嫻熟的工匠至今依然堅守傳統的製法與彩繪技術。底部蓋印上的3條波紋是自創業以來的商標，代表環繞丹麥的海峽。

只有在開窯首款設計的平邊唐草才會印上1.的字樣

顏色繽紛的彩趣系列（Fluted Contrast），1個149Dkr.價格實惠

小巷內有許多吸引人目光的店家
到購物大街斯托格
盡情逛街採買

以全長1公里的行人徒步區——斯托格為中心的地區，集結了號稱「設計聖地」的哥本哈根當地人氣店家，可漫步在石磚道上隨心所欲遊逛。

A 別冊MAP P12B2 Notre Dame

便宜又可愛的商品正是選購目標！

從居家&廚房用品到園藝、嗜好等豐富雜貨羅列的全方位商店。以色彩繽紛的流行商品為大宗，當中也有如Cath Kidston等人氣進口商品。

DATA 交MNØRREPORT站步行6分 住Nørregade 7 ☎3315-1703 時9時30分～18時（週五～19時、週六10～16時）休週日 E

1.房屋造型的保存罐108Dkr.
2.園藝用肥皂38Dkr.

B 別冊MAP P13C2 Casa Shop

想找時髦設計就來這兒

以簡潔俐落風格的大型家具和燈具為主力商品的家飾店。地下樓層還陳列有設計性高的雜貨，能感受有如逛藝廊般的樂趣。

DATA 交MKONGENS NYTORV站步行5分 住Store Regnegade 2 ☎3332-7041 時10時～17時30分（週五～18時、週六～15時）休週日 E

1.可愛的香草盆289Dkr. 2.繽紛多彩的鍋墊199Dkr.

C 別冊MAP P12B2 LEGO

在門口迎賓的積木衛兵！

世界知名的樂高玩具就是出自丹麥。旗艦店內裝飾著以積木拼出的新港街景和馬賽克畫，連大人也能逛得盡興。伴手禮方面，則推薦印上地名的限定商品。

DATA 交MKONGENS NYTORV站步行10分 住Vimmelskaflet 37 ☎5215-9158 時10～18時（週五～19時、週六～17時）休 第1週以外的週日 E

1.可做出人偶造型冰塊的製冰盤92Dkr. 2.哥本哈根限定的鑰匙圈80Dkr.

D 別冊MAP P12B2 Stilleben

以白色為基調的樸實氛圍

由店主親自挑選質感溫潤自然的商品，顧客群不分男女、廣受好評。除了出自國內設計師之手的陶瓷器和織品小物外，裝飾著燈具和繪畫的2樓也很值得一看。

DATA 交MKONGENS NYTORV站步行10分 住Niels Hemmingsensgade 3 ☎3391-1131 時10～18時（週六～17時）休週日 E

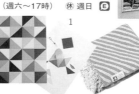

1.原創筆記本各45Dkr.
2.Silkeborg公司的100%羊毛毯750Dkr.

 小小資訊 斯托格行人徒步區禁止車輛進入，連自行車都必須下來用牽的。
若要將自行車停放、以徒步方式遊逛時，可多利用散佈於斯托格行人徒步區周邊的停放區。

map labels:

N
0 100m
▼往NØRREPORT站
SKT. PETRI HOTEL
Købmagergade
圓塔 P75
Krystalgade
北街
Skindergade
Perchs Tea Room P68
Café Sommersko P68
皇家哥本哈根 P57
B Casa Shop
E Summerbird Pure
H 國王新廣場
Hotel D' Angleterre P78
Norregade
聖母教堂
Skt. Peders Stræde
Studiestræde
Illums Bolighus P54
D Stilleben
G The Royal Smushi Cafe
Illum P55
Irma P72
Østergade
Bremerholm
Lille Kongens Gade
皇家劇院
A Notre Dame
C LEGO
聖靈教堂
阿瑪葛廣場
Magasin P55
M KONGENS NYTORV
步行約3分
Cafe Europa 1989 P69
F Meyers Bageri
Vestergade
Fredriksberggade
Cafe Sorgenfri P65
Gammel Strand
Vindebrogade
Børsgade
Slotskælderen hos Gitte Kik P65
Holmens Kanal
▼往市政廳廣場
▼往CHRISTIANSHAVN站▼

遊逛POINT
東邊是國王新廣場，西邊是連接市政廳廣場的斯托格行人徒步區，即使放慢腳步逛，單程也不過15分鐘。小型精品店多隱身於主街往內走的1、2條巷弄中。

E
別冊 MAP P13C2
Summerbird Pure

巧克力的甜蜜香氣令人垂涎

為人氣巧克力專賣店「Summerbird」唯一有販售蛋糕的店鋪。人氣傳統點心Flødeboller的甜度恰到好處。伴手禮的話，可挑選烘焙點心或綜合口味巧克力。

1.巧克力內包有棉花糖的Flødeboller售價35Dkr. 2.共9種口味的巧克力杏仁球120Dkr.

DATA 交MKONGENS NYTORV站步行5分 住Ny Østergade 9 ☎3313-1902 時10～18時（週六～17時）休週日 E

F
別冊 MAP P13C2
Meyers Bageri

美味道地的丹麥麵包！

在丹麥擁有多家店面、當地眾所皆知的丹麥麵包烘焙坊。除了各種丹麥麵包外，還有莓果蛋糕等產品。

DATA 交MKONGENS NYTORV站步行即到 住Magasin（→P55）地下1樓 ☎3318-2425 時7～20時（週六、日10時～）休無

丹麥麵包和蛋糕25～30Dkr.，也售有咖啡等飲品

G
別冊 MAP P12B2
The Royal Smushi Cafe

開放式三明治試吃大評比

位於皇家哥本哈根（→P57）中庭的咖啡廳。可於擺設可愛的店內，享用靈感來自壽司的開放式三明治「Smushi」，能以小份量嘗試多種口味，而頗受女性歡迎。

DATA 交MKONGENS NYTORV站步行7分 住Amagertorv 6 ☎3312-1122 時10～19時（週六～18時、週日11～17）休無 E E

Smushi每天備有6款，1個48Dkr.、3個138Dkr.

細細品味丹麥工藝與美術
引人入勝的 設計＆藝術景點

傲視全球的工業設計、資產家收藏的大規模美術作品等，哥本哈根當地有許多精彩絕倫的展示空間，一個景點約需預留1～2小時的參觀時間。

皇宮周邊　別冊MAP P11D2

丹麥設計博物館
Designmuseum Danmark

沉浸在世界級的設計與藝術之中

集丹麥最引以為傲的20世紀設計家具於一堂，能欣賞到阿納·雅各布森、維諾·潘頓、娜娜·迪索爾等多位大師作品。另外，還展示許多歐洲和中國的陶瓷器、家具、海報等。

> DATA
> 交 ØSTERPORT 站步行10分　住 Bredgade 68
> ☎ 3318-5656　時 11～17時（週三～21時）　休 週一
> 金 100Dkr.　☑有諳英語的工作人員

1.近未來風格的中世紀現代主義風格展示　2.阿納·雅各布森的介紹區　3.改裝自18世紀洛可可樣式的醫院建築　4.設計相關的書籍和商品也很豐富！

 稍微走遠一些

 Restaurant Paustian
●別冊MAP/P10A1

位於由設計雪梨歌劇院的建築師約恩·烏特尚所打造的白色建築內，是一家只供應午餐的餐廳。室內擺飾簡約洗練，可感受一下丹麥現代主義的風格。餐點提供開放式三明治85Dkr.。

DATA　交 巴士26號 STUBBELØBGADE站步行4分
住 Kalkbrænderiløbskaj 2
☎ 3918-5501　時 12～16時（日10時30分～15時）　休 無
E E

位於遠離市中心的北部郊外

克里斯蒂安港　別冊MAP P13D3

丹麥建築中心
Dansk Arkitektur Center

愛好建築者的必訪之地！

主辦都市建築相關企畫展的博物館。除了展覽場地外，設計資料充實的書店、以丹麥家具統一風格且視野絕佳的咖啡廳等附帶設施，也都很有人氣。

> DATA
> 交 M CHRISTIANSHAVN 站步行7分
> 住 Strandgade 27B
> ☎ 3257-1930　時 10～17時（週三～21時）　休 無
> 金 60Dkr.　☑有諳英語的工作人員

目標明顯的運河沿岸紅磚倉庫

 小小資訊　位於丹麥設計博物館中庭內的咖啡廳，綠意盎然的環境相當舒適宜人，是一處能欣賞北歐設計的私房景點，支付門票即可入內消費。

 市政廳周邊 別冊MAP P12B4

新嘉士伯藝術博物館
Ny Carlsberg Glyptotek

不僅收藏品連建築物也很引人注目

展示丹麥最具指標性的啤酒公司——嘉士伯第二代董事卡爾‧雅各布森個人收集的1萬多件美術品。除了古代雕刻外，19～20世紀的名畫和法國美術收藏也很豐富。還設有面中庭的咖啡廳和商店。

 名畫

DATA
交中央車站步行5分
住Dantes Plads 7
☎3341-8141
時11～17時　休週一
金75Dkr.(週日免費)
☑有諳英語的工作人員

還收藏了雷諾瓦、塞尚、梵谷、高更等多位大名鼎鼎的畫家作品。上方照片是高更的『拿花的女子』(1891年)，右方照片則是梵谷的『聖雷米的風景』(1889年)

1.訪客的中庭休憩區Winter Garden　2.集結具珍貴歷史價值的西元前4世紀希臘雕刻　3.1897年落成後又歷經多次的擴建

市政廳周邊 別冊MAP P13C4

丹麥皇家圖書館新館
Den Sorte Diamant, Det Kongelige Bibliotek

建築物美麗耀眼的知識寶庫

由Schmidt Hammer Lassen建築事務所設計的海濱建築物，其中一部份也開放給觀光客參觀。於中層樓還設有展示安徒生的親筆文書、托爾斯泰『戰爭與和平』的草稿以及馬諦斯的私人信件等收藏品的迷你空間(免費)。

DATA
交巴士9A號DET KONGELIGE BIBLIOTEK站下車即到
住Søren Kierkegaards Plads 1　☎3347-4747
時8～21時　休週日
金免費入場
☑有諳英語的工作人員

1.採光良好的曲線形中庭　2.耀眼炫目的黑花崗外牆

Gourmet Spot

 Søren K

以海鮮為食材的現代丹麥菜餐廳。從整片玻璃帷幕的店內可眺望運河風光，是很受歡迎的觀景點。午間套餐3道350Dkr.，晚間套餐5道500Dkr.。

DATA　住丹麥皇家圖書館新館1F
☎3347-4949　時12～24時　休週日 B E

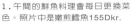
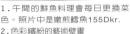

1.午間的鮮魚料理會每日更換菜色。照片中是嫩煎鱈魚155Dkr.
2.色彩繽紛的藝術壁畫

令人雀躍的新舊設計和可愛街道

緩緩繞行觀光焦點的運河遊船

隨船會有導遊介紹各主要景點的運河遊船。
伴著涼爽微風輕拂，盡情享受一趟短程船旅吧。

舊灘乘船處

離斯托格行人徒步區和克里斯蒂安堡宮很近。交Ⓜ KONGENS NYTORV站步行7分。
別冊MAP/P13C3

新港乘船處

這一帶設有多家餐飲店，總是熱鬧非凡。交Ⓜ KONGENS NYTORV站步行3分。
別冊MAP / P13D2

導遊會以英語和丹麥語兩種語言做導覽解說。船班運行狀況請於搭乘處確認

運河上還能見到悠閒划著獨木舟的人

\從船上能看到的景點/

D 克里斯蒂安堡宮
Christiansborg Slot

遊船會航行於環繞城堡周圍的水路。由於水位低，從船上大概只能看到城牆和尖塔
●DATA→P75

E 舊證券交易所
Børsen

荷蘭文藝復興建築的傑作之一，如四條龍纏繞般的尖塔相當出色。現在是丹麥商會的辦公室，內部不可參觀

F 丹麥皇家圖書館
Det Kongelige Bibliotek

從運河遊船上能看到的是外牆全黑的新館。陽光照射下的模樣，完全符合其「黑鑽石」的別名 ●DATA→P61

G 救世主教堂
Vor Frelsers Kirke

1696年創建。金色鑲邊的美麗螺旋狀尖塔，令人印象深刻。美景轉眼即逝，請仔細聆聽船上的廣播。內部可參觀

小小資訊 搭乘交通工具的水上巴士也能欣賞運河風光，會停靠皇家圖書館新館、歌劇院、新港和卡斯特雷特堡疊前，可直接在觀光景點附近上下船，相當方便。詳情→別冊P9

A 新港
Nyhavn

17世紀興建的人工港。當時的風貌彷彿還在眼前，如今依然停泊著大大小小的船隻。運河沿岸的繽紛街景，是讓安徒生也深愛不已的丹麥代表性名勝

B 腓特烈教堂
Frederikskirken

隔著噴泉能看見綠色的圓頂，前方的建築物即皇室成員的居所──阿美琳堡宮
●DATA→P74

C 小美人魚像
Den Lille Havfrue

眾所皆知是出自安徒生童話中的角色，但是從船上並無法欣賞到小美人魚充滿哀愁的背影 ●DATA→P80

哥本哈根 運河遊船

席德哈芬河 Sydhavnen

—— 新港起訖
—— 舊灘起訖

有些橋身較低，遊船行經時甚至觸手可及，絕對禁止起身站立！

H 克里斯蒂安港
Christianshavn

克里斯蒂安四世於17世紀所開發的貿易港。美麗的紅磚建築景觀保存依舊，雅緻的氛圍連船上都能感受到

I 歌劇院
Operaren

由被譽為「光影大師」的現代建築師Henning Larsen所設計的摩登建築，內部僅限團體參觀。別冊MAP／P11D3

🚢 哥本哈根 運河遊
Canal Tours Copenhagen

巡遊岸邊的觀光名勝

要遊逛哥本哈根這座港都，最有效率的方式就是搭船。以新港和舊灘為起點的運河遊船，廣受各年齡層遊客的喜愛。行程約1小時。依不同起訖站，路線也會有些許的差異，但景點幾乎一樣。船票不需預約，可直接在各乘船處的櫃台購買（也可指定時間）。

DATA ☎3296-3000 時3月中旬～2月上旬的9時15分～17時（時間、行駛班次視季節而異）休運行期間無休 金80Dkr. E

1.可攜帶食物上船，周邊也有販售熱狗、咖啡的賣店 2.色彩繽紛住家林立的新港搭乘處

1

2

值得一嘗的國民美食
丹麥三明治Smørrebrød

Smørrebrød在丹麥語中代表「抹上奶油的麵包」之意。是將切成薄片的裸麥麵包塗上一層薄薄的奶油或豬油，再放上蔬菜和魚、肉類的著名美食。

生鮭魚
130Dkr.

將麵包整個覆蓋住的鮭魚上方有螯蝦、蝦子，以及大量的魚卵！特製的茴香美乃滋味道很棒

\ 加碼推薦 /
小蝦　175Dkr.

麵包上鋪滿小蝦，再加上水波蛋、小黃瓜等配料。品嘗時佐以濃郁醬汁一起享用

皇宮周邊　別冊MAP P13D1　**Ida Davidsen**

傳承四代的Smørrebrød名店

至今研發出的食譜已多達350種以上！點餐時可從展示櫃中挑選，配料多到連麵包都看不見的Smørrebrød每天都會更換食材，光吃一盤就很有飽足感。

- -
DATA　交M KONGENS NYTORV
站步行8分　住Store Kongensgade
70　☎3391-3655
時10時30分～17時
休週六、日　需預約　E

希默蘭產澤西牛
韃靼牛肉
65Dkr

麵包上擺滿韃靼牛肉，再放上酸黃瓜、洋蔥和龍蒿。洋芋片則可增加口感！

\ 加碼推薦 /
油封豬肉　50Dkr

以低溫油封烹調的豬肉鮮嫩多汁，搭配新鮮蔬菜一起享用。李子、核桃等不同口感與風味的結合相當出色！

皇宮周邊　別冊MAP P11C2　**Aamanns Smørrebrødsdeli**

已前往紐約拓點的革命先鋒

將創新帶入經典傳統美食的未來新星。堅持使用當地食材與有機裸麥麵包的創意Smørrebrød，供應時段以午間為主（晚間的口味種類有限）。

- -
DATA　交M NØRREPORT站步行10分
住Øster Farimagsgade 10　☎3555-
3344　時11～20時（週六～16時30
分、週日12時～16時30分）　休無
E E

小小資訊　許多專賣店只營業午間時段，人氣店家若無事先預約也可能得排隊候位。由於店面也受理預約，對打電話預約沒信心的話可先繞過去一趟，告知想要用餐的時段後，再前往觀光行程或購物。

Smørrebrød 的用餐規則

🍴 點餐時

如同全餐般按照魚→肉的順序品嘗是丹麥人的習慣，但由於份量較大，可能一盤就飽了，點餐時可以參考展示櫃內的食物模型或是瀏覽菜單。

🍴 不可用手

雖說是開放式三明治，但用手拿著吃是違反禮儀的。配料很多，請用刀叉切小塊分食。

・招牌菜

酥炸魚排佐雷莫拉醬
84Dkr.

炸過的歐鰈（鰈魚類）與咖哩風味的雷莫拉醬是最佳組合，請趁熱享用

・招牌菜

丹麥傳統肉丸
90Dkr.

濃縮肉質美味的肉丸，正是人氣的秘訣，與加了美乃滋的馬鈴薯沙拉放在黑麵包上一起吃

\ 加碼推薦 /

醃製鯡魚 64Dkr

醃泡至入味的鯡魚最適合當成前菜，食用時一般會塗抹油脂以代替奶油

\ 加碼推薦 /

烤牛肉 65Dkr

搭配丹麥風味塔塔醬的一道料理，辣根與炒至焦糖色的洋蔥是提味關鍵

 | 別冊 MAP P12B3 | ## Cafe Sorgenfri

輕鬆品嘗經典風味的味覺饗宴

傳統、舒適氛圍的店內，提供多道丹麥最受喜愛的經典美食。營業直至晚上，所以也能在此享用晚餐。可2～3人分食的拼盤210Dkr。

 | 別冊 MAP P13C3 | ## Slotskælderen hos Gitte Kik

政治家也是座上賓的老店風味

創業已超過100年歷史、充滿懷舊氛圍的三明治專賣店。連同食物模型樣品在內，桌上陳列的Smørrebrød每天都備有60～80種，始終如一的超大份量很受消費者喜愛。

DATA ⊗VESTERPORT站步行10分 ⊕Brolæggerstræde 8 ☎3311-5880 時11～23時（週日12時～18時） 休無 需預約 E E

DATA ⊗KONGENS NYTORV站步行5分 ⊕Fortunstræde 4 ☎3311-1537 時11～17時（用餐11～15時） 休週日、一、7月 需預約 E

令人感動的美食世界
丹麥料理界的新氣象 次世代餐廳

一方面承襲傳統的丹麥料理，同時加入兼具大膽與細膩烹調方式的餐廳，近幾年在哥本哈根成為熱門的話題。用料方面也相當講究，堅持使用大量當地出產的食材。

市區西部 / **別冊 MAP P10A4** / **formel B**

洗練精緻的小品料理晚餐

結合北歐精華與傳統法國菜的高級餐廳，2004年以後連續獲得米其林一星的美譽。能從眾多獨創菜色（1道130Dkr.均一價）中任選組合成套餐，可自行調整份量來品嘗。

```
DATA
交 中央車站搭巴士6A號10分鐘，BARFODS
SKOLE站下車步行1分   住 Vesterbrogade 182
☎3325-1066   時17時30分～21時15分（預約截止）
休 週日
☑有諳英語的工作人員      ☑有英文版菜單
☑需預約
```

Sous-Chef's Comment

Frederik Alexander Rudkjøbing

進貨的當季食材都來自丹麥國內的契約農家和牧場，還能品嘗由侍酒師精選的葡萄酒。

1.淡水魚白梭吻鱸的檸檬醃生魚130Dkr.，煙燻乳酪慕斯散發出香氣　2.沉穩的大地色系店內全面禁菸，餐具則選用Georg Jensen品牌

Chef's Comment

David Johansen

從大自然獲取靈感，研發各種特色佳餚。週末用餐最高候位紀錄得等上3個月，所以請趁早預約喔。

皇宮周邊 / **別冊 MAP P11C2** / **Kokkeriet**

丹麥料理的重新建構

雖然採用傳統的食材與烹調方式，但出色的擺盤總是讓人驚艷的人氣全餐料理店。菜單設計上融合四季的風味，讓視覺和味覺都能感受北歐的大自然。用餐預算，全餐6道900Dkr.、附葡萄酒＋800Dkr.。

```
DATA
交 ØSTERPORT站步行8分
住 Kronprinsessegade 64   ☎3315-2777
時18～21（預約截止）   休 週日
☑有諳英語的工作人員      ☑有英文版菜單
☑需預約
```

1.以秋天森林為意象的鹿肉前菜，要享用之前再淋上清湯
2.佇立於閒靜地區的別緻店家，著裝規定為時尚休閒即可

小小資訊 提起次世代餐廳的佼佼者，以擁有英國餐廳雜誌（Magazine Restaurant）的「The World's 50 Best Restaurants」三連霸紀錄的Noma（別冊MAP/P11D3）最有名。所有美食家都在預約排隊，因此要有等上好幾個月的心理準備。

關於丹麥料理

🍴 傳統風味

魚貝類多為小蝦和鮭魚，肉類則以豬肉為主。如Smørrebrød、豬排、肉丸等簡單調理方式的傳統菜色居多。另外，丹麥身為酪農王國，乳酪、奶油的美味程度也很出名。

🍴 更多的新浪潮

具高度地產地消的意識，烹調火候等各方面的技巧也很細膩。不到嘴邊絕對想像不到味道的食材搭配、視覺上便能感受季節的裝盤方式等，在在都能看出主廚的手藝和品味。

1

皇宮周邊 **別冊 MAP P11D2**

Grønbech & Churchill

享受食材原始的色彩和風味

色彩繽紛的料理擄獲美食家芳心的米其林一星餐廳。平日午餐345Dkr.～，晚間套餐可從較輕食的「Grønbech」與以肉類為主的「Churchill」兩種（各4道500Dkr.）中選擇。著裝規定為時尚休閒。

Chef's Comment

Rasmus Grønbech

大量使用從當地契約農家直接進貨的蔬菜，菜單設計上以不會過飽的份量為原則。平日的午餐也很受好評。

```
DATA  交ØSTERPORT站步行10分
住Esplanaden 48  ☎3221-3230
時12時～14時30分、18～21時
休週六午餐、週日、一
☑有諳英語的工作人員
☑有英文版菜單  ☑需預約
```

2

1.Churchill套餐中有佐以菠菜醬的鴨胸肉（前方）、甜菜和菊苣的紅色沙拉 2.現代藝術裝飾風格的店內

西橋 **別冊 MAP P10B4**

Kødbyens Fiskebar

價格實在的海鮮專賣店

位於原本作為肉品加工廠而重新開發的地區，為以斯堪地那維亞等近海捕獲的魚貝類自豪的摩登餐廳，很受年輕人的歡迎。高品質與以細膩手藝烹調出的料理，以每日更換菜色的單品方式提供。

```
DATA  交DYBBØLSBRO站步行7分
住Flæsketorvet 100  ☎3215-5656  時17時30
分～24時（週五、六～翌2時）  休週日
☑有諳英語的工作人員  ☑有英文版菜單
☑需預約
```

1.撒上香芹粉的川燙青鱈215Dkr.，再搭配甜菜增添華麗感 2.店內置有飼養觀賞魚的水槽，簡潔洗練的氛圍相當舒服

2   1

Sous-Chef's Comment

Jacob Mønsted Holse

聚集曾於米其林星級餐廳歷練過的工作人員，是幹勁十足的一家店。只來酒吧消費的客人也很歡迎喔！

温暖的幸福空間

在咖啡廳體驗 "Hygge" 的悠閒時光

Hygge在丹麥語中代表人與人之間的互動下所營造出的舒適氛圍。
不妨透過美味的咖啡和甜點，度過一段愉悅的時光吧。

1

1

斯托格周邊

別冊
MAP
P12B2

1．一個人也能點的Perchs Tea
Stand，1人份225Dkr.（照片
為兩人份）　2．自製蛋糕和飲
料的套餐155Dkr.　3．茶壺招牌
即明顯標誌

斯托格周邊

別冊
MAP
P13C2

1．努力維持創業當時氣氛的店
家　2．光吃一個就很有飽足感
的燻鮭魚三明治125Dkr.　3．店
門口前還有露天座

Perchs Tea Room

啜飲一口皇室御用紅茶感受名流氣氛

由1835年創業的紅茶專賣店A.C.Perchs所直營
的茶點沙龍。登門的顧客大多是衝著傳統的下午
茶而來，套餐中的紅茶可從多達150種的口味自
由選擇。不僅可購買果醬和檸檬酪當伴手禮，1
樓的紅茶專賣店也值得逛逛。

DATA　交MKONGENS NYTORV站步行8分
住Kronprinsensgade 5, 1.sal　☎3315-3562　時11
時30分～17時30分（週六11～17時）　休週日
☑有諳英語的工作人員　☑有英文版菜單
☐需預約

Café Sommersko

1976年創業的休閒咖啡廳

呈現法國小餐館般氛圍的復古餐廳＆咖啡廳。從
早上營業至深夜，因此也吸引許多來吃早午餐或
較遲吃晚餐的當地人上門。推薦菜為份量飽滿的
三明治，可與啤酒38Dkr.～或含酒咖啡65Dkr.等
一起享用。

DATA　交MKONGENS NYTORV站步行8分
住Kronprinsensgade 6　☎3314-8189　時8～24時
（週四～翌1時、週五～翌3時、週六～翌2時）　休無
☑有諳英語的工作人員　☑有英文版菜單
☐需預約

小小資訊　丹麥最有名的咖啡連鎖店，就是以紅色烘焙豆為商標的「Baresso Coffee」。
街上到處可見分店，推薦給想要尋找低消費休憩場所的人。

1

1

2

3

1．牆上掛滿畢卡索等歐洲傑出人物和藝文人士的肖像　2．卡布奇諾47Dkr.和草莓塔59Dkr.　3．廣場的露天座位區約有150個座位

2

3

1．顏色鮮豔的吧檯　2．人氣的胡蘿蔔蛋糕30Dkr.、拿鐵咖啡27Dkr.　3．店家為1780年所蓋的建築物

斯托格周邊　別冊MAP P13C2

Cafe Europa 1989

料理也很充實的知名店家

地處斯托格行人徒步區最熱鬧的阿瑪爾廣場上，受到歐洲各國飲食文化影響的Platter Lunch為229Dkr.，集鹹派、薄切生牛肉、鮭魚等多國籍口味於一盤。該店也是在世界咖啡大師比賽中冠軍輩出的實力派咖啡廳，以美麗的拉花藝術著稱。

```
DATA  交MKONGENS NYTORV站步行7分
住Amagertorv 1  ☎3314-2889  時7時45分～24時
（週日9～22時）  休無
☑有諳英語的工作人員  ☑有英文版菜單
□需預約
```

皇宮周邊　別冊MAP P11D2

Kafferiet

如童話故事般的世界觀

位於幽靜的卡斯特雷特堡壘前的小咖啡廳，為The Royal Smushi Cafe（→P59）的姊妹店。人氣的秘密即自家烘焙咖啡。店內只有8個座位，但隨時可見不少站著品嘗或外帶的當地客。餐點方面，則提供份量十足的蛋糕及每日更換菜色的三明治45Dkr.等。

```
DATA  交ØSTERPORT站步行10分
住Esplanaden 44  ☎3393-9304  時7時30分～18時
（週六、日10時～）  休無
☑有諳英語的工作人員  ☑有英文版菜單
□需預約
```

離市區稍微遠一些的西橋、北橋等地，有許多備受當地女孩矚目的時髦流行區。
從出色的設計到珍貴的古董應有盡有，還可培養自己的審美觀。

1. 令人印象深刻的抱枕1125Dkr.～ Ⓐ
2. 插畫塑膠盤各75Dkr. Ⓑ
3. 顏色豐富的把手各30Dkr.～ Ⓑ
4. 1950年代的公仔350Dkr. Ⓒ
5. 印上城市名勝的餐具擦拭布85Dkr. Ⓑ
6. 手作布偶550Dkr. Ⓒ
7. 描繪著森林動物的蛋杯各115Dkr. Ⓐ
8. 果醬容器50Dkr.～ Ⓒ

Ⓐ ●西橋
Designer Zoo

別冊 MAP/P10A4

收集活躍於全球的丹麥創作者作品的精品店，還附設家具、陶瓷器和玻璃等工藝的工作室。

DATA 交中央車站搭巴士6A號10分，PLATANVEJ站下車步行1分
住Vesterbrogade 137 ☎3324-9493 時10時～17時30分（週五～19時、週六～15時） 休週日 Ⓔ

Ⓑ ●西橋
Girlie Hurly

別冊 MAP/P10B4

西橋當地最吸引人目光的家飾專門店。以廚房雜貨和居家用品為中心，懷舊甜美風格的精選商品相當出色。

DATA 交中央車站搭巴士10號5分，SAXOGADE站下車步行2分
住Istedgade 99 ☎3324-2241 時11時～17時30分（週五～18時、週六10～15時） 休週日 Ⓔ

Ⓒ ●北橋
Ingerslev Antik

別冊 MAP/P10B2

羅列1950～60年代的知名品牌餐具、家具和玻璃器皿等的古董用品店，也能找到如鈕扣、零頭布之類的服飾配件。

DATA 交NØRRE PORT站搭巴士5A號5分，RAVNSBORGGADE站下車步行8分
住Ravnsborggade 22 ☎3537-8889 時11時30分～17時30分（週六～15時） 休週日 Ⓔ

小小資訊 古董店的搜尋目標，是現今已經停產的瓷器品牌。最知名的有丹麥製的Lyngby、Søholm以及瑞典製的Gefle等品牌。

可愛的人氣品牌

Green Gate

提供花紋、圓點、格子圖案等可愛設計的家居＆廚房用品。杯子75Dkr.、湯匙39Dkr.**F**

Cathrineholm

挪威的琺瑯製品製造商，在北歐及世界各國都很受歡迎。Lotus系列的雙把手鍋455Dkr.**C**

Louise Kragh

陶瓷器獨特的光澤與充滿溫度感的素材，極具魅力的珠寶飾品名牌。手鍊250Dkr.、項鍊500Dkr.**A**

9

10

11

12

13

9. 塑膠碗3個350Dkr.**E**
10. Green Gate紙膠帶3個一組90Dkr.**F**
11. SOHOLM的水壺250Dkr.**D**
12. 各種緞帶10Dkr./m**F**
13. 節省空間的打奶泡棒100Dkr.**E**
14. 適合獨自品茶時使用的泡茶棒，共6色各100Dkr.**E**
15. Gefle的Lillemor系列200Dkr.**D**
16. 洗衣夾1個3Dkr.，價格划算**F**

14

15

16

D ●北橋 Ryesgade 2

別冊 MAP/P10B2

擺滿從丹麥各地蒐集而來的50～60年代古董品。雜七雜八的店內就像是一座倉庫般，但也藏有很多珍貴的餐具。

DATA 交⑩NØRRE PORT站搭巴士5A號5分，RAVNSBORGGADE站下車步行8分
住Ryesgade 2
☎2577-4469
時11～17時（（週六～16時）休偶數日的週日 **E**

E ●西橋 Normann Copenhagen

別冊 MAP/P11C1

設計簡潔、創新的名牌生活用品旗艦店。講求實用便利性的商品，從廚房用品到大型家具等多元領域一應俱全。

DATA 交⑥ØSTER PORT站搭巴士1A、15號5分，TRIANGLEN站下車步行1分
住Østerbrogade 70
☎3555-4459
時10～18時（週六～16時）休週日 **E**

F ●市區南部 Butik Chador

別冊 MAP/P11D4

繽紛的店面在Amagerbro地區相當顯眼，以復古少女風格的收納商品與小東西居多，人氣品牌Green Gate的餐具也很豐富。

DATA 交中央車站搭巴士2A、5A號10分，AMAGERBRO ST.站下車步行1分
住Holmbladsgade 5
☎2521-7262
時10時～17時30分（週六～14時）休週日 **E**

小心別買過頭了！？
前往Irma & Tiger
搜尋便宜又可愛的伴手禮

在高物價的丹麥，最感到頭痛的就是要挑選分送用的伴手禮。
此時前往超市或丹麥版39元店是最方便的方式，包裝和價格都很吸引人！

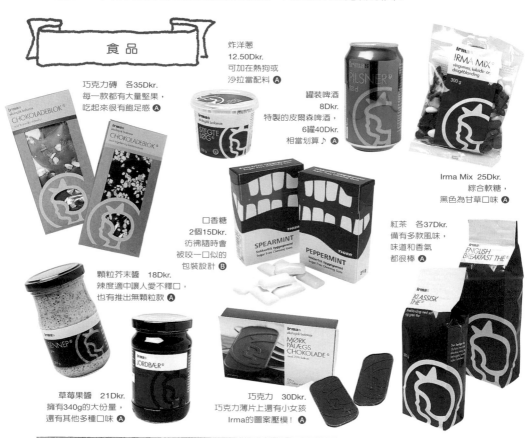

食品

炸洋蔥
12.50Dkr.
可加在熱狗或
沙拉當配料 A

罐裝啤酒
8Dkr.
特製的皮爾森啤酒，
6罐40Dkr.
相當划算♪ A

巧克力磚　各35Dkr.
每一款都有大量堅果，
吃起來很有飽足感 A

Irma Mix　25Dkr.
綜合軟糖，
黑色為甘草口味 A

口香糖
2個15Dkr.
彷彿隨時會
被咬一口似的
包裝設計 B

紅茶　各37Dkr.
備有多款風味，
味道和香氣
都很棒 A

顆粒芥末醬　18Dkr.
辣度適中讓人愛不釋口，
也有推出無顆粒款 A

草莓果醬　21Dkr.
擁有340g的大份量，
還有其他多種口味 A

巧克力　30Dkr.
巧克力薄片上還有小女孩
Irma的圖案壓模！ A

 A 別冊 MAP P13C2　●斯托格周邊
Irma

以娃娃頭髮型的小女孩為正字標記

丹麥當地的連鎖超市，以環保、公平貿易等兼具
附加價值的商品居多。其中最受歡迎的是超市吉
祥物「Irma」的自有品牌商品，從廚房用品、食
品標籤到餅乾點心都能看到小女孩的蹤影，儼然
已成為該超市的當家招牌。

設在Illum地下樓的店鋪
對觀光客也很方便

DATA
交 M KONGENS NYTORV
站步行5分
住 Illum(→P55)BF
☎ 3314-1556
時 10～20時（週日～18
時）　休 第1、最後一週以
外的週日
☑ 有諳英語的工作人員

  小小資訊　小女孩Irma於1907年首次問世，之後的造型也隨著時代而變遷。此外，在收據的背面也印有小女孩Irma的側臉圖案。

掛旗　10Dkr.
丹麥國旗圖案
的桌上型尺寸 **B**

環保袋也是焦點！

在丹麥，購物袋需另外付
費是理所當然的事，堅固
材質和時尚設計相當值得
推薦！

1.即使放入重物也不會變形的
布製托特包53Dkr. **A** 2.塑膠
材質就算遇到下雨也不用擔心，
1個3Dkr.，非常便宜！**B**

生活雜貨

便條本　10Dkr.
獨特對話框造型的
留言便利貼 **B**

廚房抹布
各39.50Dkr.
低調的Irma
圖案相當討喜 **A**

MEMOBLOKKE
MEMO PADS

線圈筆記本　10Dkr.
圖案豐富的原創設計
讓人愛不釋手 **B**

面紙
3包10Dkr.
可愛的包裝讓人
捨不得使用♥ **B**

穴道按摩器
10Dkr.
可放在寢室
或書桌上
的小型尺寸 **B**

沙拉匙
20Dkr.
純真的笑臉
與木質的觸感
讓人覺得溫暖 **B**

PLASTER
PLASTERS

OK繃
20Dkr.
有5款鮮豔的顏色，
功能性也很優 **B**

小物包　10Dkr.
小孩襪搖身一變
成了口金包！**B**

膠帶
各10Dkr.
獨特的丹麥字樣設計，
至於字義則是秘密♪ **B**

B 別冊 MAP P12B1　● 斯托格周邊 **Tiger**

以商品款式及均一價為賣點

過半商品皆定價10Dkr.再加上可愛的設計，連在
國外也引發話題的大型雜貨店。矗立於煤炭廣場
前的兩層樓旗艦店，由於商品種類豐富，汰換商
品的速度也很快，每天都能有新的發現而廣受好
評，要大量採購伴手禮時也很方便。

2樓擺滿著文具、CD和手工
藝用品等

DATA
交⊠NØRREPORT站步
行2分　住Kultorvet,
Frederiksborggade 1
☎3373-1516　時9時
30分～20時（週六10
時～、週日11時～）
休無
□有諳英語的工作人員

從經典觀光勝地到人氣話題店家

哥本哈根的
吸睛焦點總複習

主要的觀光景點、餐廳和商店都集中在市中心。
就利用地鐵、巴士、船和騎自行車，自由自在穿梭其間、飽覽城市風光吧。

別冊
MAP
P12A3
●市政廳周邊
市政廳
Rådhus

矗立於市中心的第六代市政廳

1905年落成，建築樣式融合了古代丹麥與義大利文藝復興的風格。置有300年來僅出現0.4秒誤差的天文鐘。提供導覽解說服務（30Dkr.）。

DATA 交中央車站步行5分
住Rådhuspladsen 1 ☎3366-2585
時8時30分～16時30分（週六10～
13時） 休週日 金免費 E

別冊
MAP
P13D1
●皇宮周邊
腓特烈教堂
Frederikskirken

小巧雅緻的美麗教堂

以挪威產大理石建造的巴洛克樣式教堂。在1894年完工，與阿美琳堡宮同樣都是由Nicolai Eigtved所設計。

DATA 交MKONGENS NYTORV
站步行8分 住Frederiksgade 4
☎3315-0144 時10～17時（週
五～日12時～） 休無 金免費

別冊
MAP
P11C2
●皇宮周邊
羅森堡宮
Rosenborg Slot

由克里斯蒂安四世興建的夏日離宮

克里斯蒂安四世於1634年所打造的荷蘭文藝復興樣式宮殿，直到搬遷至腓特烈堡宮（→P79）前曾經是三任國王的居城。裝飾著錦織畫掛毯、家具和繪畫的絢爛豪華房間，以及地下寶物館中的黃金王冠等珠寶飾品都很值得一看。

DATA 交MNØRREPORT站步行5分 住Øster Voldgade 4A ☎3315-3286（地下寶物館）時10～17時（5、9、10月～16時，11～4月～14時） 休11～4月的週一 金90Dkr.

別冊
MAP
P13D1
●皇宮周邊
阿美琳堡宮
Amalienborg Slot

皇室成員的居城

1794年克里斯蒂安堡宮遭大火燒毀，當時在位的克里斯蒂安七世選擇移居至這座洛可可樣式的城堡。目前仍然是現任丹麥女王瑪格麗特二世與王族的生活場所，克里斯蒂安八世的宮殿則以寶物展示室對外開放。衛兵交接儀式於每日12時舉行。

DATA 交MKONGENS NYTORV站步行8分
住Christian VIII's Palace ☎3312-2186 時10～16時
（11～4月為11時～） 休11～4月的週一 金70Dkr.（週六90Dkr.）

1.旁邊就是公園
2.完成國家一統的克里斯蒂安五世的皇冠，頂頭部為翹起的狀態

若屋頂升起國旗就代表女王在宮內

74

 小小資訊　出示哥本哈根卡（→P53）即可免費入場的設施有羅森堡宮、阿美琳堡宮、克里斯蒂安堡宮（→P75）、趣伏里公園（→P75）等多個景點，還可免費搭乘運河遊船（→P62）。

● 市政廳周邊
克里斯蒂安堡宮
Christiansborg Slot

哥本哈根的發源地
阿布薩隆大主教於1167年築起了城塞，成為現今哥本哈根的起源地。除了女王的謁見室、國會議事廳、法院外，還可參觀大主教時期的城牆遺跡。

DATA　交 中央車站步行12分　住 Christian Slotsplads ☎3392-6492　時 接待室時10～17時（導覽行程15時～）金 80Dkr./地下遺址時10～17時（導覽行程週六12時～）金 50Dkr./馬廄時13時30分～16時（導覽行程週六14時～）金 50Dkr. 休 10～4月的週一※參觀3處120Dkr. 🇪

1. 皇宮前的廣場聳立著克里斯蒂安九世的雕像
2. 內部僅限導覽參觀，可一探留存於地下的12世紀城堡遺址

別冊 MAP P12B2
● 斯托格周邊
圓塔
Rundetårn

可360度環視市區的瞭望台
克里斯蒂安四世於1642年興建的圓形高塔，至1861年前一直都是天文台。高36公尺的瞭望台擁有絕佳的眺望視野。

DATA　交 M NØRREPORT站步行5分　住 Købmagergade 52A ☎3373-0373　時 10～18時（10月中旬～3月中旬的週二、三～21時、5月中旬～9月中旬為每日～20時）休 無 金 25Dkr.

別冊 MAP P11C2
● 皇宮周邊
國立美術館
Statens Museum for Kunst

國內最大規模的大型美術館
展示品以13世紀之後的丹麥美術為中心，再加上現代藝術等展品，涵蓋領域廣泛。馬諦斯、林布蘭、魯本斯等畫家的作品也在其列。

DATA　交 M NØRREPORT站步行8分　住 Sølvgade48-50 ☎3374-8494　時 10～17時（週三～20時）休 週一 金 110Dkr. 🇪

別冊 MAP P12B4
● 市政廳周邊
國立博物館
Nationalmuseet

介紹丹麥的歷史
博物館建築的前身，是18世紀歷任皇太子的居所。透過石器時代、維京時代的挖掘出土物和資料，依序介紹丹麥的歷史。最大亮點是青銅器時代的展示。

DATA　交 中央車站步行8分　住 Ny Vestergade 10 ☎ 3313-4411　時 10～17時　休 週一　金 免費 🇪

別冊 MAP P12A4
● 市政廳周邊
趣伏里公園
Tivoli

安徒生也經常造訪的主題樂園
有遊樂設施、餐廳和戶外舞台等，每年只在夏季與聖誕節等節慶活動期間營業。

DATA　交 M 中央車站步行1分　住 Vesterbrogade 3 ☎3315-1001　時 11～23時（週五、六～24時，視季節而異）休 1月上旬～4月中旬、9月中旬～10月上旬、10月下旬～11月上旬　金 99Dkr. 🇪

1. 展示室比鄰而立，宛如環繞著中央廣場般 2. 絕不可錯過的『太陽馬車』，出自西元前1400年左右的青銅器時代

Check! 週五、六就去跳蚤市場吧
想尋找正統古董品的人，不妨到托瓦爾森博物館廣場所舉辦的露天市集瞧瞧。就在斯托格徒步區附近，地理位置相當方便。別冊MAP／P12B3

DATA　交 M KONGENS NYTORV站步行12分　住 Bertel Thorvaldsens Plads 2　時 5～10月的週五8～17時、週六9～17時、第1週日10～16時

有時還能發現皇家哥本哈根的絕版名瓷等收藏家垂涎的品項

●斯托格周邊

別冊 MAP P12B3

Grønlykke

帶著尋寶的心情遊逛雜貨

陳列眾多少女風格商品的精品店，與販售多彩紡織品、布類雜貨的店家，以及集結廚房、衛浴用品和文具的店鋪相鄰而立。抱枕、小袋子等的商品有許多復古可愛的圖案，擺滿樓上、多到數不清的布料也不容錯過（定價基準185Dkr.～/m）。

- -

DATA 交MKONGENS NYTORV站步行7分
住Læderstræde 3 & 5 ☎3313-0081 時11～18時（週六～16時） 休週日 E

1.Liberty等知名品牌的布料也在其列 2.Green Gate的授權銷售店。杯子45Dkr.～

●斯托格周邊

別冊 MAP P13C2

H. Skjalm P.

讓人一眼就愛上的漂亮廚房用品

由販售瓷器、廚房用品的1樓和床單、家飾雜貨的2樓所組成的生活用品店。暢銷商品有丹麥製未上漆沙拉匙10Dkr.～、顏色多樣又耐用的餐具擦拭布40Dkr.，烘焙器具、調理用具等廚房用品也很豐富。

- -

DATA 交MKONGENS NYTORV站步行5分
住Nikolaj Plads 6 ☎3311-8202 時10～18時(週五～19時、週六～16時、第1週日11～16時) 休第1週以外的週日 E

1.還能在此找到星級餐廳所使用的餐具 2.可一次購齊餐具擦拭布相當方便，4條139Dkr.

●斯托格周邊

別冊 MAP P12B2

Søstrene Grene

要大量採購伴手禮時來這兒就對了！

於丹麥國內與鄰近諸國都設有據點的折扣雜貨連鎖店。到結帳櫃台的動線規劃有如迷宮一般，陳列著從嗜好用品到廚房商品、文具等各式各樣的小物，每一樣都是有如39元店般的超低價格，一不注意就會買過頭了。

- -

DATA 交MKONGENS NYTORV站步行8分
住Amagertorv 24 ☎不公開 時10～19時（週六～18時、第1週日11～17時） 休第1週以外的週日 E

1.斯托格徒步區是人潮絡繹不絕的熱門景點 2.拿來收納小東西很方便的鮮豔紙盒8.90Dkr.～

●斯托格周邊

別冊 MAP P13C2

Amokka

附設咖啡廳的咖啡豆專賣店

店內備有約10種來自巴西、肯亞等多元產地的咖啡豆。最具人氣的Amokka Crema（250g／64Dkr.），是能與牛奶完美結合的100%阿拉比卡豆。店頭也有販售以同款豆沖泡的咖啡，可試喝看看再購買。店內只有4個座位，大多以外帶為主流。

- -

DATA 交MKONGENS NYTORV站步行5分
住Grønnegade 4 ☎3393-5252 時8時～17時30分（週五～18時、週六10～16時） 休週日 E

1.馬克杯等原創商品也很豐富 2.奶泡綿密的卡布奇諾25Dkr.、巧克力各2Dkr.

 小小資訊　最適合與丹麥三明治搭配享用的飲品，是以馬鈴薯為主原料的阿誇維特蒸餾酒（Akvavit）。當地的喝法是裝在冰鎮過的Shot杯一口飲盡，但由於酒精濃度高，請注意切勿過量。

●市政廳周邊

別冊 MAP P12B3

Dansk Håndværk

網羅服飾到玩具的複合式商店

銷售5位藝術家個人作品的小型合作店舖，每一款都是其他絕對地方買不到的獨創性十足設計商品。

DATA 交中央車站步行10分
住Kompagnistraede 20 ☎3311-4552 時11時～17時30分（週五～18時30分、週六～15時） 休週日
E

聖誕雜貨

Danish Art & Christmas Shop

雜貨●別冊 MAP P12B3

在收藏家之間人氣很高的精靈Pixie 190Dkr.～以及各種聖誕雜貨，安徒生喜愛的剪影畫和旋轉吊飾種類也很多。

DATA
交VESTERPORT站步行10分
住Knabrostræde 3 ☎3332-3161 時10～18時
（週六～17時） 休未定 E

哥本哈根 吸睛焦點❷

●斯托格周邊

別冊 MAP P13C2

Hay CPH

年輕設計師的新風格雜貨

店裡陳列著色彩鮮豔的家飾小物，以及多種獨具個性的商品，其中也不乏Louise Campbell、Jacob Wagner的作品。

DATA 交MKONGENS NYTORV站
步行6分 住Pilestraede 29-31
☎ 9942-4400 時10～18時（週六～15時） 休週日 E

●市政廳周邊

別冊 MAP P12B4

Tivolihallen

丹麥三明治的名店

以骨董餐具點綴，呈現樸實氛圍的這家店，是1791年創業的丹麥三明治老店。一如往昔的餐點很受好評，午餐預算75Dkr.～。

DATA 交中央車站步行8分
住 Vester Voldgade 91
☎3311-0160
時11時30分～16時 休週日
E E

●新港

別冊 MAP P13D2

Nyhavns Fægekro

品嘗著名的鯡魚大餐

聳立於新港運河沿岸，利用17世紀建築物改建而成的休閒餐廳，該店招牌即11時30分～17時供應的鯡魚大餐，提供醋醃鯡魚等10種左右的鯡魚料理，吃到飽1人129Dkr.（附1道丹麥三明治179Dkr.）。所有餐點均堅持自製，也擁有許多當地的常客。

DATA 交MKONGENS NYTORV站步行5分
住Nyhavn 5 ☎3315-1588 時9～24時 休無
E E

1.煙燻鮭魚的丹麥三明治69Dkr.
2.總是觀光客高朋滿座的人氣店

●斯托格周邊

別冊 MAP P13C2

Willumsen

充滿藝術性的空間

丹麥料理餐廳，擺設著集畫家、雕刻家與傑出藝術家於一身的J.F. Willumsen作品。費用預算午餐79Dkr.～，晚餐240Dkr.。

DATA 交MKONGENS NYTORV站
步行5分 住Store Regnegade
26 ☎3393-9192 時12～21時
休週日 E

●西橋

別冊 MAP P10B4

Riccos Butik & Kaffebar

受到當地居民愛戴的小咖啡廳

位於離市區稍微有些距離的住宅區內，一家瀰漫著在地氛圍的咖啡廳。平易近人的氣氛、美味的咖啡深受歡迎，有濃縮咖啡22Dkr.等飲品。

DATA 交中央車站搭巴士10號5分，SAXOGADE站下車步行3分
住Istedgade 119 ☎3121-0440
時8～23時（週六、日9時～） 休無
E

地點方便又舒適
哥本哈根的飯店

無論是古典氛圍、設計出色的客房等，丹麥有許多極富個性的飯店。
挑選遊逛城市便捷的地點，享受舒適的下榻時光！

 斯托格周邊　別冊MAP P13C2

Hotel D'Angleterre

提供貴賓級服務的老字號酒店

1755年創業，座落在國王新廣場前絕佳地理位置的老字號酒店。可於別緻的客房內度過片刻的優雅時光。歷經大規模改裝後，於2013年5月重新開幕。

DATA
交MKONGENS NYTORV
站步行2分　住Kongens
Nytorv 34　☎3312-0095
金單人房3750Dkr.～
123室

 中央車站周邊　別冊MAP P12A3

哥本哈根麗笙皇家酒店
Radisson Blu Royal Hotel, Copenhagen

凝聚丹麥設計的魅力

從建築設計到內部裝潢全由阿納．雅各布森一手包辦的飯店。掛上設計師大名的606號房，還保留1960年代當時風貌的室內擺設。

DATA
交中央車站步行2分
住Hammerichsgade 1
☎3342-6000　金單人房
1745Dkr.～　260室

 中央車站周邊　別冊MAP P10B4

Copenhagen Island

建於人工島的河岸飯店，室內裝潢走北歐現代風格。離購物中心很近，相當方便。
DATA　交MDYBBØLSBRO站步行3分
住Kalvebod Brygge 53　☎3338-9600
金單人房890Dkr.～ 325室

市政廳周邊　別冊MAP P12A3

Hotel Alexandra

飄散傳統風情的復古摩登飯店。對設計有興趣的人，則可選擇入住冠上芬尤（Finn Juhl）或者是維諾潘頓（Verner Panton）之名的客房。
DATA　交中央車站步行8分　住H.C. Andersens Blvd. 8
☎3374-4444　金單人房1350Dkr.～ 61室

市政廳周邊　別冊MAP P12B3

First Hotel Twentyseven

離市政廳和趣伏里公園很近，地點絕佳。以北歐家具統一風格的客房，機能性無可挑剔。採光明亮，感覺相當舒服。
DATA　交中央車站步行8分　住Løngangstræde 27
☎7027-5627　金標準客房1148Dkr.～ 200室

新港　別冊MAP P13D2

Copenhagen Admiral Hotel

改裝自18世紀倉庫的摩登住宿設施。除了飄散木質風味的室內裝潢外，附設的餐廳「SALT」也相當有人氣。
DATA　交MKONGENS NYTORV站步行10分
住Toldbodgade 24-28　☎3374-1414　金單人房
895Dkr.～ 366室

西橋　別冊MAP P10B3

Hotel Scandic Copenhagen

以當代藝術為主題的飯店，時尚風格的餐廳、酒吧、三溫暖等附帶設施也很充實。
DATA　交VESTERPORT站步行3分
住Vester Søgade 6　☎3314-3535　金標準客房
1548Dkr.～ 486室

機場周邊　別冊MAP P10A2

哥本哈根機場希爾頓酒店
Hilton Copenhagen Airport Hotel

於丹麥國內榮獲「2012最佳商務飯店」的大獎。前往市區搭電車或地鐵只需12分鐘左右，便利性很高。
DATA　交哥本哈根國際機場步行2分（與第3航廈相通）
住Ellehammersvej 20　☎3250-1501
金標準客房867Dkr.～ 382室

　［符號說明］ E 英語OK、R 餐廳、P 游泳池、F 健身房

北西蘭島的古城＆美術館

位於哥本哈根的西蘭島，是丹麥的政治、經濟、文化重鎮。
北部則有歷史、文化等特色景點散佈其間。別冊MAP / P28A3

© Visit Denmark

- **A** 克倫堡宮
- **C** 弗雷登斯堡宮
- **D** 路易西安那現代藝術博物館
- **B** 腓特烈堡宮
- 哥本哈根中央車站

N

0　10km

1.聳立於與對岸瑞典相望的海岬上 **A**　2.四周是綠意盎然的庭園和湖泊 **B**　3.宮殿前有衛兵站崗 **C**　4.腹地內連戶外也隨處可見裝置藝術 **D**　5.富麗堂皇的文藝復興樣式古城 **B**　6.施以精緻雕刻的禮拜堂 **A**

A 克倫堡宮
Kronborg Slot

堅固城牆環繞的濱海古城

1585年完成的古城，建築被譽為北歐文藝復興樣式的傑作，也以莎士比亞戲劇『哈姆雷特』的故事背景著名。腓特烈二世決定居住此地，並發展成繁榮的經濟據點。之後，歷經瑞典入侵以及移做丹麥軍隊的基地司令部等變遷，於2000年登錄為世界遺產。

丹麥守護神Holger Danske的雕像

DATA　交中央車站搭普通列車Regionaltog約45分，HELSINGØR站下車步行20分。沿著灣岸道路Havnegade步行即到
住Kronborg 2C　☎4921-3078
時11〜16時（6〜8月10時〜17時30分）　休11〜3月下旬的週一　金城堡內、教堂、地牢90Dkr.　**E**

B 腓特烈堡宮
Frederiksborg Slot

17世紀前半建造完工的克里斯蒂安四世城，自1878年後做為國立歷史博物館開放參觀。肖像畫以及長達500年歲月的收藏品，也很值得注目。

DATA　交中央車站搭S-tog列車E線約45分，HILLERØD站下車步行20分
住Frederiksborg Slot　☎4826-0439　時10〜17時（11〜3月為11〜15時）　休無　金75Dkr.　**E**

C 弗雷登斯堡
Fredensborg Slot

1720年由腓特烈四世動工興建的夏宮，現在做為皇室春天及秋天的別墅使用。城內僅限每年7月的導覽行程才有開放參觀。

DATA　交中央車站搭S-tog列車E線約45分，Hillerød站下車，轉乘地方線於FREDENSBORG站下車步行15分　住Slotttet 1B　☎3395-4200
時7月的13時〜16時30分。英語導覽行程每隔15分鐘出發　休7月以外
金85Dkr.　**E**

D 路易西安那現代藝術博物館
Louisiana Museum of Modern Art

收藏畢卡索、亨利·摩爾等大師於20世紀所發表的3000件以上繪畫和雕刻作品。彷彿與自然融合為一的建築物極具特色，也設有商店和咖啡廳。

DATA　交中央車站搭普通列Regionaltog約35分，HUMLEBÆK站下車步行13分　住GI. Strandvej 13　☎4919-0719　時11〜22時（週六、日〜18時）　休週一
金110Dkr.　**E**

小小資訊　若要巡覽古堡，參加以哥本哈根為起迄站的巴士旅遊團會比較方便。行程中還會安排進入克倫堡宮和腓特烈堡宮參觀（弗雷登斯堡宮只從車窗觀景），詳情請參照P145

從童話看北歐②
安徒生的世界

Column

廣受全世界愛戴的作家淵源地

安徒生的一生創作出『醜小鴨』、『小美人魚』等無數的經典名作。出道當時與晚年居住的新港、據傳每週前往一次的趣伏里公園等，哥本哈根隨處可見安徒生鍾愛的景點。市內的名勝也常出現在安徒生童話中，先瀏覽故事再遊逛市區更能增添一番樂趣。

PROFILE 安徒生
Hans Christian Andersen (1805～1875)

1805生於歐塞，父親是位鞋匠，雖然家境貧苦，安徒生自幼就喜好閱讀和戲劇。11歲父親過世，14歲夢想成為歌劇歌手而前往哥本哈根，但無法順利圓夢，在旅行途中於1835年出版了首部小說『即興詩人』。之後總共發表167篇童話以及小說、戲曲、詩集、遊記等作品。

於新港18、20、67號的這三個地點，都掛有代表安徒生曾經住過的標牌

銅像就在市政廳旁喔

也是著名的剪紙藝術家

代表作品的相關SPOT

『拇指姑娘』
描述從鬱金香誕生的小女孩，經過一連串的冒險歷程後與花國王子結婚步入禮堂。據說就是以皇室居城的阿美琳堡宮為主軸展開故事情節。

相關SPOT
阿美琳堡宮→P74

『賣火柴的小女孩』
為了取暖而點燃自己兜售的火柴，結果看見美麗幻景的貧窮小女孩故事。聖誕樹的幻影，就是以市政廳廣場的聖誕裝飾楓樹為藍本。

相關SPOT
市政廳 →P74

『小美人魚』
救起了溺水的人類王子而對他懷有一絲愛戀，最後卻無疾而終的人魚悲戀故事。背對著運河、身長約80公分的小美人魚銅像，為哥本哈根的觀光名景。

相關SPOT 小美人魚像
DATA 交ØSTERPORT站步行12分 別冊MAP/P11D1

『夜鶯』
以中國為背景，描述一隻歌聲美妙的夜鶯所展開的故事。據說這篇童話的背景就是市民的休憩場所——趣伏里公園。

相關SPOT
趣伏里公園 →P75

小小資訊 安徒生的故鄉歐登塞，除了幼年時期的老家、安徒生博物館外，還有以童話故事為題材的銅像散佈其間，可參觀的景點眾多。前往歐登塞的交通方式交中央車站搭IC約90分，別冊MAP / P28A3

斯德哥爾摩

觀光焦點為舊城區Gamla Stan。

遊逛還留存石板路的復古街區後，

到咖啡廳靜靜享受片刻的Fika時光。

還能發現Lisa Larson的模型公仔。

斯德哥爾摩區域 Navi

＼出發前Check！／

舊城區及購物景點集中的新城區等，徒步就能逛遍。還可搭乘巴士或地鐵，前往郊外的宮殿和自然景觀豐沛的地區遊覽。

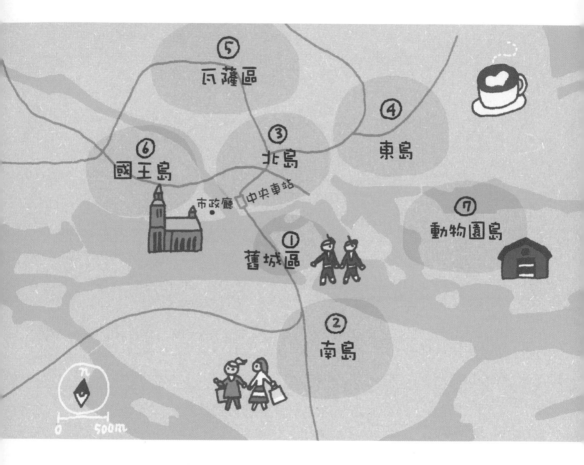

⑤ 瓦薩區

④

③ 北島

東島

⑥ 國王島

市政廳 中央車站

⑦ 動物園島

① 舊城區

② 南島

N

0 500m

---

① **舊城區** →P86
Gamla Stan ●別冊 MAP/P20

保有石板路的懷舊街景

斯德哥爾摩最受歡迎的觀光地區，還保留許多中世紀的建築物。洋溢昔日風情的街道上景點散佈，伴手禮店與知名餐廳也比比皆是。

最近車站
ⓉGAMLA STAN站

② **南島** →P88
Södermalm ●別冊 MAP/P21

雜貨屋集中區

北歐風味的雜貨屋等店家聚集，深受年輕人喜愛的人氣地區。尤其南邊SoFo區有許多時髦的咖啡廳和話題餐廳，詢問度極高。

最近車站　ⓉSLUSSEN站、
ⓉMEDBORGARPLATSEN站

③ 北島

Norrmalm ●別冊 MAP/P18-19

斯德哥爾摩的中心地帶

以中央車站為中心的熱鬧新城區，當地
上班族與購物人潮熙來攘往。以塞格爾
斯廣場和因露天市集聞名的乾草市場
（Hötorget）周邊，大型百貨公司、瑞
典流行品牌H&M等店家比鄰而立。

最近車站　中央車站、Ⓣ T-CENTRALEN
中央車站、Ⓣ HÖTORGET駅

④ 東島

Östermalm ●別冊 MAP/P17

名流聚集的高級住宅區

坐落於北島區東側的斯德哥爾摩高級住
宅區。綠草如茵的公園與豪華建築林立
的街區，很適合在此悠閒漫步。推薦前
往磚造的東島室內市集（→P104），享
受購物及用餐的樂趣。

最近車站
Ⓣ ÖSTERMALMSTORG站

⑤ 瓦薩區

Vasastan ●別冊 MAP/P16

廣布於市區北部的偌大區域，其中有古
董店集中的街區，以及中國菜等亞洲餐
廳的密集區。

最近車站　Ⓣ ODENPLAN站、
Ⓣ SANKT ERIKSPLAN站

⑥ 國王島

Kungsholmen ●別冊 MAP/P16

位於市區西邊的大島。市政廳面騎士灣
而建，行政機關也多聚集在此區。國王
島的西側還有可享受運動休閒樂趣的公
園。

最近車站　Ⓣ FRIDHEMSPLAN站、
Ⓣ RÅDHUSET站

⑦ 動物園島

Djurgården ●別冊 MAP/P17

曾經是皇室的狩獵場與度假地，坐擁整
片寬敞的自然綠地。斯堪森戶外博物館
（→P105）等景點，也很受觀光客的歡
迎。

最近車站　路面電車 SKANSEN站、
NORDISKA MUSEET 站

斯德哥爾摩Profile

斯德哥爾摩

○正式國名／首都
瑞典王國／
斯德哥爾摩

○人口／面積
約90萬人（2014年）
約188km²

○語言
瑞典語
觀光景點的飯店和餐廳
大多能用英語溝通

○通行貨幣與匯率
瑞典克朗（Skr.）
1SEK＝約3.3台幣
（2019年12月時）
通行貨幣的種類→P146

○時差
-7時間
※比台灣慢7小時。3月最後一個週
日～10月最後一個週日施行夏令時
間，與台灣的時差為-6小時。

○小費
基本上不需要。
大多已內含服務費，若接受特別服
務時給點小費也無妨，以尾數無條
件進位的金額為基準。

○最佳旅遊季節
6～8月左右
觀賞極光則於9～3月左右。
氣溫、降雨量與節日→P148

○入境條件
護照有效期限…預計離開申
根公約國時，最少需有3個
月以上的有效期

簽證…6個月內停留期間不
超過90天，可享入境免簽證
其他的入境條件→P138

半日標準行程 ×2

Stockholm

斯德哥爾摩最大的魅力，在於每一區都有不同的風情韻味，請先決定好遊逛的優先順序，
再來規畫行程。也別忘了到咖啡廳喝杯飲品、享受片刻悠閒！

Plan 1　熱門觀光景點大集合！

[and more…行程備案]
若想遠離市中心、感受大自然氣息的話，可前往動物園島。島上的斯堪森戶外博物館（→P105）等觀光景點都很值得一訪。

諾貝爾獎勳章造型巧克力可買來當伴手禮

勳章!?

10:00
參加市政廳（→P96）導覽行程
　↓ 步行15分

11:30
隨意閒逛舊城區（→P86）
　↓ 步行5分

12:15
前往皇宮（→P86）
參觀衛兵交接儀式
　↓ 步行3分

13:00
到諾貝爾博物館（→P97）增廣見聞
參觀後到咖啡廳或商店休息一下

1.市政廳是與諾貝爾獎息息相關的地方，絕不可錯過華麗的黃金廳！
2.想要有好視野觀賞衛兵交接儀式的話請提早來佔位置　3.舊城區裡有許多可愛的店家

有好多可愛的招牌♡

3

Plan 2　尋找北歐特有的溫暖雜貨

[and more…行程備案]
若想於一家店集中採買，就直接前往NK（→P95）吧。地下樓除了有Ordning & Reda、Design House Stockholm外，還有超市進駐。

味道很棒喔

開封瞬間就香氣撲鼻的紅茶是必買商品

14:00
前往東島的織物專賣店
推薦 ▶ Svenskt Tenn（→P95）
　↓ 步行10～15分

15:00
到北島欣賞優質設計
推薦 ▶
Design House Stockholm（→P92）
　↓ 步行5分

16:00
在超市採購便宜又優質的伴手禮
推薦 ▶ Hemsöp（→P102）
　↓ 地鐵5分

17:00
漫步南島（→P88）的時尚地區
　↓ 步行10分

19:00
於Pelikan（→P100）享用道地傳統晚餐

繽紛鮮豔的布料GET♪

1.以大自然和動物為設計主題的紡織品是採買目標
2.南島的南側也有許多時髦的咖啡廳
3.份量紮實的肉丸是瑞典的國民美食

3

知道賺到

旅行 Happy Advice

分享當地的交通方式、觀光好康情報和小小秘訣。
只要事先掌握這些重點，就能讓斯德哥爾摩之旅更加完美愉快！

以 "斯德哥爾摩卡" 享受一日觀光

Advice 1

靈能索取附詳細地圖的旅遊指南

物超所值的通行卡，除了可自由搭乘地下鐵和巴士等市內交通工具，還提供80個觀光景點免費入場的優惠。於斯德哥爾摩阿蘭達機場第5航廈內的遊客中心、中央車站和各主要地鐵站的SL中心、遊客服務中心等地都能買到，1日券525Skr.、2日券675Skr.。

從 "免費情報誌" 獲取最新資訊

Advice 2

有許多好康情報！

© Ola Ericson/imagebank.sweden.se

想搜尋音樂表演、特展等藝文活動資訊時，還是從當地搜尋最快速

由斯德哥爾摩當地觀光局所發行的免費情報誌 "What's On？"（英語），是確認活動訊息、音樂表演、期間限定的展覽等資訊最方便的工具。這本在遊客服務中心、飯店都能拿到的小冊子，裡面還刊載了許多餐廳、商店的最新流行資訊。

"挑戰螯蝦美食"

Advice 3

© Cecilia Larsson/imagebank.sweden.se

雖然全年都吃得到，還是當季最美味

螯蝦是瑞典夏天不可或缺的食材。8月初開始進入產季，等待此刻已久的當地人還會舉辦盛大的螯蝦派對。以鹽水川燙的螯蝦味道類似蝦子，可直接用手拿起來吃。一般多會搭配乳酪和麵包以及啤酒、瑞典烈酒（Snaps）等飲料享用。

"鎖定折扣季！"

Advice 4

折扣期間百貨公司也是人擠人！

若想在瑞典享受購物樂趣，聖誕節過後是最佳時機。此期間被稱為Mellandagsrea，所有店家都會下殺至7折左右。過了元旦後，價格會再調降至5折甚至到3折，最適合趁機一次購齊陶瓷器和設計雜貨。

"善用出其不意的Wi-Fi"

Advice 5

能使用免費Wi-Fi的諾貝爾博物館

斯德哥爾摩除了下榻飯店外，街上的咖啡廳內也都有提供完善的免費Wi-Fi環境。其實，就連參觀諾貝爾博物館時，都可以免費利用（請向工作人員詢問密碼）。邊用智慧型手機或平板，瀏覽諾貝爾獎得主的資訊邊逛博物館，更能增添一分樂趣。

到斯德哥爾摩的發祥地來趟時光旅行

中世紀歷史風情洋溢
在舊城區漫步

夾在中央車站和南島間的舊城區，是運河環抱的小島上於13世紀所發展出的城鎮。
不妨在歷史建築物林立的傳統街區來趟漫步之旅吧。

1．從南島眺望舊城區　2．市中心的大廣場　3．彷彿迷宮般的
石磚巷道　4．街道轉角會有路名標示　5．在廣場前的幽靜咖啡
廳休息一下　6．還能發現可愛的雜貨屋　7．隨處可見懷舊復古
的看板

---

1 別冊 MAP P20B2 皇宮
Kungliga Slottet

以歐洲最大規模著稱

目前為國王的公邸，於皇室官方活動和執行公務時使用。現
存的巴洛克樣式建築於18世紀中葉完成，房間數有600個以
上。皇家禁衛軍自1523年起駐守於此，如今交接儀式已成
為高人氣的觀光亮點。

DATA　交⊤GAMLA STAN站步
行7分　住Kungliga Slottet　☎08-
402-6130　時10～16時（5月中
旬～9月中旬～17時）　休週一（5月
中旬～9月中旬無休）
金皇宮套票150Skr.　E

1．寶物館等部分建築物對外開放參觀　2．衛兵交接儀式會在皇宮前的廣
場舉辦，人潮眾多請提早前往等候。　時12時15分（週日、假日13時15
分），所需35分　休11月～4月中旬的週一、二、四、五

步行
1分

2 別冊 MAP P20B2 大教堂
Storkyrkan

皇室舉辦儀式的場所

建於13世紀的當地最古老教堂，與
斯德哥爾摩建城的時期幾乎重疊。曾
歷經燒毀又增修改建，15世紀後半
才成為現在的風貌。目前仍然是舉行
皇室相關儀式的場所。

DATA　交⊤GAMLA STAN站步行6分
住Trångsund 1　☎08-723-3016　時9～
16時（6、7月～17時，8月～18時）
休無（儀式期間除外）　金40Skr.

1．內部可參觀　2．舊
城區的地標

車輛在舊城區只有部分區域可通行，內側的狹窄道路為行人專用，
有時搭計程車也無法直抵店家門前。想攔計程車的人，請走到環繞小島外側的大馬路上。

遊逛POINT

由於舊城區多為上上下下的石板道，建議穿著慣用鞋。若迷路了，將視線往上，以教堂尖塔為指標認方向即可。所需3小時～。

德國教堂♪

1.斯德哥爾摩最狹窄的階梯路Mårten Trotzigs Gränd。別冊MAP／P20B3 2.僅14公分高的「仰望月亮的少年（鐵男孩）」。別冊MAP／P20B2 3.瑞典最具代表性音樂家伊維特・陶比的雕像。別冊MAP／P20B4

斯德哥爾摩 漫步舊城區

---

3 別冊MAP P20B3 德國教堂 Tyska kyrkan

步行3分

也不可錯過金碧輝煌的內部！

矗立於14世紀設立德國商人同業公會建築物的所在地，高聳入天的尖塔有86公尺高。巴洛克樣式的內部也相當出色，有38尊黃金天使像和雕工精緻的講道台等。

尖塔是遊逛街區時的一大指標

DATA 交Ⓣ GAMLA STAN站步行5分 住Svartmangatan 16 ☎08-411-1188 時12～16時 休10～4月的週一、二、四 金免費

---

4 別冊MAP P20A3 騎士島教堂 Riddarholmskyrkan

步行8分

築於1270年的莊嚴教堂

斯德哥爾摩現存唯一的哥德式中世紀修道院，如今的教堂建築物是在1846年所重建。現在做為舉行葬禮與王族、貴族的長眠之所。內部僅限夏季時開放參觀。

位於騎士島上

DATA 交Ⓣ GAMLA STAN站步行4分 住Riddarholmen ☎08-402-6130 時10～17時 休9月下旬～5月中旬 金50Skr.

小憩片刻SPOT

🍴 Kaffekoppen
●別冊MAP／P20B3

位於舊城區中心的人氣咖啡廳。擺放在大廣場上的露天座，經常可見絡繹不絕的觀光客。乳酪蛋糕51Skr.和拿鐵咖啡43Skr.是完美搭配！

DATA 交Ⓣ GAMLA STAN站步行6分 住Stortorget 20 ☎08-20-3170 時9～22時（週五～23時、週六8～23時、週日8時～）休無 🅔🅔

🍴 Movitz
●別冊MAP／P20B3

改裝自17世紀民宅的餐廳＆酒吧，供應菜色以傳統的瑞典菜和義大利菜為主。長臂蝦與烤牛肉269Skr.，份量十足。

DATA 交Ⓣ GAMLA STAN站步行5分 住Tyska Brinken 34 ☎08-20-9979 時17～23時（週六13時～、週日13～21時）休週一

舊城區　南島　北島　東島　瓦薩區　國王島　動物園島

87

一路閒逛熱門店家，盡情享受購物之樂！

在潮流集散地的
南島悠閒遊逛

簡潔精緻的設計商店、咖啡廳聚集的新興發展地區。
不妨來感受一下由多才多藝的創作者所打造出的瑞典尖端流行。

A 別冊 MAP P21D1 　10 Gruppen

用色繽紛的織物雜貨

1970年由10位藝術家共同創立的織物品牌。以鮮豔色彩和大膽設計為特色，講求實用性的雜貨廣受國內外消費者的好評。與其他公司的合作開發也相當積極。

DATA 交Ⓣ SLUSSEN站步行5分 住Götgatan 25 ☎08-643-2504 時11時～18時30分（週六～17時、週日12～16時）休無 Ⓔ

1．與陶瓷器品牌Rorstrand合作推出的馬克杯169Skr.
2．使用防水油布製作的耐髒污筆盒220Skr.
3．棉質環保袋各95Skr.

B 別冊 MAP P21D2 　Ordning & Reda

顯色搶眼的文具大集合

提供多種適合任何場合使用、色彩斑斕的文具。久看不膩的簡約設計，不分男女人氣度都很高。鑰匙圈、小袋子等適合當禮物送人的商品也很豐富。

DATA 交Ⓣ SLUSSEN站步行5分 住Götgatan 32 ☎08-714-9601 時10～19（週六11～17時、週日12～16時）休無 Ⓔ

1．設計簡潔的iPad保護套449Skr.
2．流蘇造型鑰匙環179Skr.
3．A5尺寸的皮革筆記本179Skr.
4．以心型裝飾的相薄349Skr.

C 別冊 MAP P16B3 　Wigerdals Värld

高品質的古董專賣店

以看不出歲月痕跡的優良品質為最大賣點的古物店。阿納‧雅各布森的蛋杯、Lisa Larson和Stig Lindberg的公仔等收藏家垂涎的商品，都是不可錯過的焦點。

DATA 交Ⓣ MARIATORGET站步行5分 住Krukmakargatan 14 ☎08-31-6404 時12～18時（週六11～15時）休週日 Ⓔ

1．Lisa Larson的作品，限量350個的燭台（1976年）650Skr.
2．Finel公司的琺瑯製水壺450Skr.有許多人在收集
3．提供多種適合任何場合使用、色彩斑斕的文具。

 小小資訊 SoFo區在斯德哥爾摩是很受年輕人喜愛的地區。咖啡廳、餐廳都能見到許多新銳創作者群聚在一起。尤其週五夜晚更是熱鬧非凡，所以不妨挑傍晚時分前往瞧瞧！

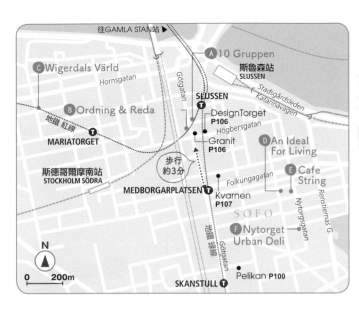

往GAMLA STAN站▶

Ⓐ 10 Gruppen

斯魯森站
SLUSSEN

Ⓒ Wigerdals Värld
Hornsgatan

Götgatan

SLUSSEN

Stadsgårdsleden

Katarinavägen

Ⓑ Ordning & Reda

地鐵 紅線

MARIATORGET

DesignTorget
P106

Högbersgatan

Granit
P106

Ⓓ An Ideal
For Living

步行
約3分

斯德哥爾摩南站
STOCKHOLM SÖDRA

Ⓔ Cafe
String

MEDBORGARPLATSEN Ⓣ

Folkungagatan

Kvarnen
P107

S O F O

Nytorgsgatan

Renstiernas G.

地鐵綠線

Götgatan

Ⓕ Nytorget
Urban Deli

N

0   200m

SKANSTULL Ⓣ

● Pelikan P100

👣 遊逛POINT

大致上以Folkungagatan為界
分成南北兩區，北邊的店家多
集中在Götgatan；南邊被稱為
SoFo區，為別緻的精品店和餐
飲店散佈的時髦區。

斯德哥爾摩 遊逛南島

Ⓓ 別冊 MAP P21E3 **An Ideal For Living**

絕版唱片和雜貨的寶庫

1樓是中古雜貨區，也有販售Stig
Lindberg和Lisa Larson的經典作
品。地下樓陳列著8000張以上的
黑膠唱盤，吸引國內外的收藏家
前來朝聖。

1. Stig Lindberg的花瓶
1650Skr. 2.肯特樂團的
「Isola」唱片1750Skr.

DATA　交Ⓣ MEDBORGARPLATSEN站
步行8分　住Södermannagatan 19
☎08-642-9003　時13～19時(週六、
日～18時)　休週二　Ⓔ

Check!

**能一覽舊城區風光的
觀景台**

從Ⓣ SLUSSEN站沿著Katarinavägen
坡道往上走，就是可從高處眺望舊城
區和運河
渡輪的觀
景台。最
好挑上午
的順光時
段前往。

Ⓔ 別冊 MAP P21E3 **Cafe String**

年輕人聚集的個性派咖啡廳

隨意擺放的古董家具營造出一股懷舊氛圍。由於
環境舒適，也吸引許多久待的學生客群。咖啡和
麵包的套餐40Skr.。

DATA　交Ⓣ MEDBORGARPLATSEN站
步行10分　住Nytorgsgatan 38　☎08-
714-8514　時9～22時(週五～日～19時)
休無　Ⓔ

部分家具為販售品，
週末的早餐自助餐
80Skr.也非常受歡迎

Ⓕ 別冊 MAP P21E3 **Nytorget Urban Deli**

週末要有等上2小時心理準備的人氣店

附設有機商店的時尚小餐館。料理以下酒小菜為
主，向契約小農所採購的乳酪和火腿，味道絕
佳。不接受預約，來店請趁早。

DATA　交Ⓣ MEDBORGARPLATSEN
站步行12分　住Nytorget 4　☎08-5990-
9180　時8～23時(週三、四～24時，週
五、六～翌1時)　休無　ⒺⒺ

推薦餐點為煙燻肉
拼盤255Skr.

手工製作的精緻餐具
瑞典名窯
Gustavsberg

瑞典代表性的高級陶瓷器品牌Gustavsberg，是距離斯德哥爾摩單程約30分鐘車程的小鎮所生產製造。絕不可錯過能欣賞珍貴作品的博物館以及物超所值的直營店！

杯&碟

以大師Stig Lindberg的設計最具人氣。大部分作品都有推出復刻版，現在也買得到。

Designer

Stig Lindberg
(1916~1982)
戰後打造出Gustavsberg黃金時期的著名設計師。除了葉片圖案的「Berså」等著名陶瓷器外，也活躍於家具、織物等多方領域。

1.北歐設計的象徵圖騰「Berså」390Skr. 2.李子圖案規則排列的「Prunus」380Skr. 3.大朵菊花讓人眼睛一亮的「Red Aster」340Skr.
4.簡單耐看的「Adam」340Skr. 5.1970年代的夢幻作品復刻版「Turtur」340Skr.

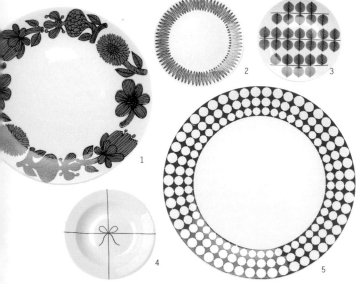

盤

多以花卉、葉片為設計主題，但不會帶給人老套的感覺，充滿溫度感的設計正是人氣的秘密。

1.菊花圖案的藍色款「Blue Aster」，22cm/260Skr.
2.以柳葉為設計概念的「Salix」，22cm/260Skr.
3.將人氣的「Berså」圖案佈滿整個盤面的設計，22cm/260Skr.
4.Margareta Hennix的作品「Julpaket」，義大利麵盤23cm/200Skr.
5.與藍色圓點的「Adam」為一對的「Eva」，18cm/220Skr.

90

 小小資訊　上述標價皆為Gustavsberg陶瓷器工廠的次級品，百貨公司所販售的正規品價格會較高。生產數量有限的公仔等稀有舊款商品，則不妨到古董店找找（→P88）。

前往Gustavsberg的方式

往Gustavsberg方向的巴士，會從Ⓣ SLUSSEN站（別冊MAP／P21D1）的地下巴士總站發車。走下地鐵站後沿著巴士標誌的指示，往月台的舊城區方向前進。接著走下樓梯通過閘門後就是搭乘處。

可於C月台搭474號或是由D月台搭425號的巴士，474號每10分鐘一班、425號約每30分鐘一班

下車地點為FARSTAVIKEN站。抵達後，請在入口索取地圖

動物公仔

人氣陶藝家Lisa Larson的作品，也有些是台灣較罕見的設計主題。

Designer

Lisa Larson
（1931～）
1954年進入該公司任職。以討喜的動物和小孩為設計題材的公仔，在全世界都相當有人氣，退職後也依然持續推出代表作品的復刻版和新作品等。

1

2

3

4

5

6

1.可愛的獅子是Lisa Larson的代表作，高9cm／650Skr.
2.成色十分美麗的狐狸，高4.5cm／480Skr.
3.Skansen系列的北極熊，高9cm／480Skr.
4.1965年發行的復刻版Mia貓，高9.5cm／395Skr.
5.Kennel系列的西施狗，高11cm／380Skr.
6.Skansen系列的馴鹿，高11cm／480Skr.

●郊外

博物館　別冊MAP P17D4

Gustavsberg
陶瓷器博物館

Gustavsberg Porslinsmuseum

品牌的歷史作品齊聚一堂

展示自1825年創業以來至1990年代所生產的陶藝品和餐具，能欣賞到Stig Lindberg、Lisa Larson等活躍於該品牌的設計師代表作品。商店內售有相關產品。

DATA 交Ⓣ SLUSSEN站搭巴士474、425號約30分，FARSTAVIKEN站下車步行3分 住Odelbergs väg 5B ☎08-5703-5658 時10～16時（週六・日11時～），6～8月10～17時（週六一～11～16時）休9～5月的週一 金65Skr. Ⓔ

1.品牌歷史一覽無遺 2.也能看到Stig Lindberg的年度紀念盤等作品

●郊外

商店　別冊MAP P17D4

Gustavsberg
陶瓷器工廠

Gustavsberg Porslinsfabrik

以便宜價格購買人氣商品！

販售Gustavsberg公司現有產品的工廠直賣店，有些微瑕疵的次級品能以市價5～7折的價格買到手。

DATA 交同Gustavsberg陶瓷器博物館 住Chamottevägen 2 ☎08-5703-6900 時10～18時（週六・日11～17時）休無

1.紅色磚造建築物 2.次級品的品質並無任何問題，只是因為手工作業的緣故會有上色失誤或是塗色不均等瑕疵

溫柔的觸感不禁讓人露出笑容

蘊含精湛傳統技藝的 手工藝雜貨

以精細手工製成的工藝品，每一樣都是讓人想帶回國使用的出色傑作。
木材、羊毛、亞麻等能夠感受北歐溫度的素材，都能為平日生活帶來一絲療癒。

男女皆通用的刷毛材質摺皺領圈圍巾
545Skr.

產自北部Lovikka村的100%羊毛手編連
指手套695Skr.

Klippan公司的動物圖案嬰兒用棉質毯
各395Skr.

整雙鞋以手工刺繡妝點而成的民俗風室
內鞋995Skr.

利用多餘的毛線和布料製成，結合不同
素材的毛毯650Skr.

仿北歐精靈Tonttu造型的軟木塞板
85Skr.，尺寸約20公分大小

A 別冊 MAP P19D2 ●東島 **Svensk Slöjd**

結合傳統與技術的手工藝品

販售瑞典國內傳統手工藝品的直銷商店。能欣賞工匠技
藝以及使用天然素材製成的織物、刺繡、木製工藝等作
品。雖然價格稍微偏高，但推薦給想要尋求極致良品的
人。

DATA
交Ⓣ ÖSTERMALMSTORG站步行2
分 住 Nybrogatan 23 ☎08-663-
6650 時11～18時（週六～15
時） 休週日 Ⓔ

B 別冊 MAP P19C2 ●北島 **Design House Stockholm**

主導北歐設計的品牌

與70多位北歐設計師簽約合作，開發出追求美感的設
計雜貨。其中還有被紐約現代藝術博物館選定為永久收
藏的傑出作品，獨特創意與高度實用性深獲好評。

DATA
交Ⓣ T-CENTRALEN站步行6分
住NK（→P95）內 ☎08-762-
8119 時10～20時（週六～18
時、週日11～17時） 休無 Ⓔ

小小知識 達拉木馬（Dalahäst）是瑞典當地深受大眾喜愛的「幸運馬」工藝品。由於木馬被視為是能豐富生活的幸運物，所以不僅會製成裝飾品，也常做為雜貨的主題。

Check !

南島　別冊 MAP P16B3　**Voss & Kompani**

販售少數民族薩米人的傳統工藝品。馴鹿的皮革製品，是愈用愈有味道、獨一無二的特色商品。

DATA　交⊤SLUSSEN站步行5分　住 Hornsgatan 34　☎08-650-3515　時11～18時（週六～16時）　休週日　E

馴鹿皮上施以錫線刺繡的手鐲，深咖啡色1200Skr.

使用馴鹿角製成的項鍊290Skr.、胸針490Skr.

有著美麗白樺木紋的沙拉盆1895Skr. 和湯匙645Skr.

可自由組裝與折疊收納的燭台650Skr.

能帶來幸運的達拉木馬（各345Skr.）為手工製作的特產品

簡約設計擁有眾多粉絲的Mine杯盤組595Skr.

白樺樹皮的手工編織籃445Skr.～，北瑞典製

身穿民族服飾，手掌大小的木製娃娃40Skr.（中古品）

C　別冊 MAP P19C2　●東島　**Svensk Hemslöjd**

尋找充滿暖意的織物雜貨

販售瑞典國內生產的家飾用品和居家服，其中又以織物雜貨最為豐富，有Jobs Handtryck等許多知名品牌。Klippan的羊毛毯商品樣式之多，遠超過其他店的規模。

DATA

交⊤ÖSTERMALMSTORG站步行5分
住Norrlandsgatan 20　☎08-232-115　時10～18時（週六11～16時、週日12～16時）　休無　E

D　別冊 MAP P16B1　●瓦薩區　**Stockholm Stadsmission**

擅長回收再利用的二手商店

市內共有9家分店的義賣商店。室內空間深長的瓦薩區分店內，有古著、餐具、絕版唱片等眾多品項，還有利用抱枕、毛巾等布質商品重製而成的雜貨。

DATA

交⊤ODENPLAN站步行3分
住Hagagatan 3　☎08-6842-3401　時10～18時30分（週六11～17時、週日12～16時）　休無　E

斯德哥爾摩　手工藝雜貨

精心製作的溫暖布料
〔讓人想要擁有的
瑞典品牌織物！〕

北歐家飾不可或缺的元素，就是以亞麻、棉布等天然素材製成的紡織品。
由職人用雙手一一仔細縫製的完成品，宛如藝術作品般美妙♥。

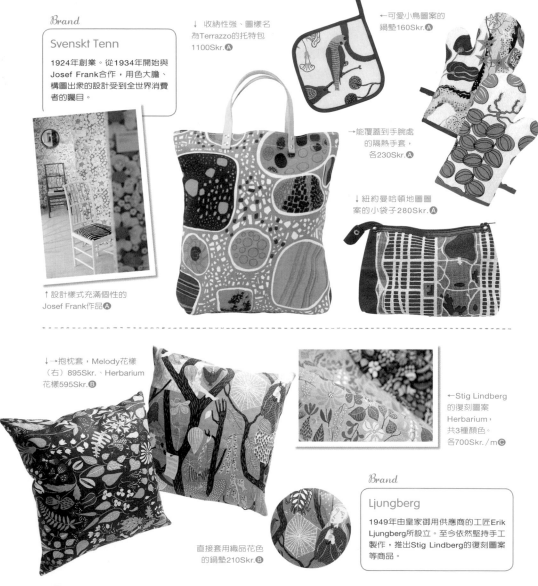

Brand

Svenskt Tenn

1924年創業。從1934年開始與Josef Frank合作，用色大膽、構圖出眾的設計受到全世界消費者的矚目。

↓ 收納性強、圖樣名為Terrazzo的托特包 1100Skr. Ⓐ

←可愛小鳥圖案的鍋墊160Skr. Ⓐ

→能覆蓋到手腕處的隔熱手套，各230Skr. Ⓐ

↓ 紐約曼哈頓地圖案的小袋子280Skr. Ⓐ

↑ 設計樣式充滿個性的Josef Frank作品Ⓐ

↓→抱枕套，Melody花樣（右）895Skr.、Herbarium花樣595Skr. Ⓑ

←Stig Lindberg的復刻圖案Herbarium，共3種顏色。各700Skr. ／mⒸ

Brand

Ljungberg

1949年由皇家御用供應商的工匠Erik Ljungberg所設立。至今依然堅持手工製作，推出Stig Lindberg的復刻圖案等商品。

直接套用織品花色的鍋墊210Skr. Ⓑ

小小資訊 諾貝爾獎晚宴中所使用的亞麻布製品來自Klässbols公司。繡有諾貝爾本人側臉輪廓的餐巾「Nobel」，在NK的織品賣場也買得到，1條450Skr.，品質與價格都屬上之選。

Check!

將Lisa Larson的設計圖案變成布料！

著名陶藝家Lisa Larson所設計的織物產品也極具魅力，Gustavsberg陶瓷器博物館（→P91）內有提供以量計價販售。

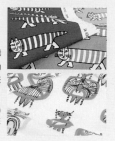

1．由Lisa與女兒Johanna取名為「Mikey」的貓咪圖案　2．以女性為主題的「Miranda」

Brand

Jobs

1944年於瑞典中部達拉納省所設立的手染織工房，以北歐風格的圖騰和愈用愈有味道的布料為特色。

↑旅行包
1700Skr.**B**

←沉穩設計風格
的錢包550Skr.**B**

Brand

Klippan

自1879年成立以來，持續販售高級羊毛製品的老舖。現在除了毯子和地毯外，也投入紡織品的製造。

→耐用性佳的
布製鍋墊，
各120Skr.**D**

↑綿羊圖案
的羊毛毯，
90×140cm
750Skr.**D**

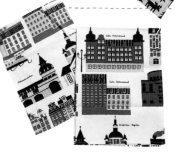

Brand

Frösö Handtryck

1946年創設的手染印花工房。一方面傳承自古以來的製法，同時也網羅世界頂尖設計師推出創意商品。

↑描繪斯德哥爾摩著名景點
的廚房擦拭巾，各170Skr.**B**

→印上斯德哥爾摩
地圖的廚房
隔熱手套
150Skr.**B**

A ●東島
Svenskt Tenn
別冊MAP／P19D3

永不褪流行的優雅花樣

1927年於現址建造的家飾用品店，優質亞麻布上描繪的鮮豔花樣以及可愛的大象圖案為兩大招牌商品。2樓除了販售布料外，還設有茶點沙龍。

DATA
交Ⓣ ÖSTERMALMSTORG
站步行8分
住Strandvägen 5　☎08-670-1600　時10時～18時30分（週六～17時、週日12～16時）
休無　Ⓔ

B ●東島
Malmstenbutiken
別冊MAP／P19D3

品味出眾的家飾專門店

提供原創的木製家具、瑞典國內製造的紡織品等，致力於追求高品質的家飾用品店。店內有售Jobs、Ljungberg、10 Gruppen等人氣品牌。

DATA
交Ⓣ ÖSTERMALMSTORG
站步行8分
住Strandvägen 5b　☎08-23-3380　時10～18時
（週六～16時、週日12～16時）　休無　Ⓔ

C ●北島
NK
別冊MAP／P19C2

要選購人氣復刻圖案就來這兒！

瑞典皇室御用的老字號高級百貨公司。商品豐富，廚房小物在地下樓、布料在3樓，還能在此找到Stig Lindberg的復刻圖案等商品。

DATA 交Ⓣ T-CENTRALEN
站步行6分
住Hamngatan 18-20
☎08-762-8000　時10～20時（週六～18時、週日11～17時）　休無　Ⓔ

D ●東島
Svensk Hemslöjd
別冊MAP／P19C2

DATA→P93

世界矚目的年度榮譽盛典

與 "諾貝爾獎"
深富淵源的景點一覽

斯德哥爾摩是諾貝爾獎創辦人阿爾弗雷德・諾貝爾的故鄉。
不妨來參觀頒獎典禮的舉辦地、能增廣知識見聞的博物館等,來趟諾貝爾景點之旅吧。

若想體會得獎者的心情

國王島　別冊MAP P18A4

市政廳
Stadshuset

象徵自由與正義的地標

高106公尺的塔樓相當顯眼的磚造建築物。1923年落成,目前除了市議會議場和市民結婚典禮會場的用途外,也以每年12月舉辦諾貝爾獎官方晚宴的活動會場而著稱。參加導覽行程才能入內參觀,請於隔壁的商店報名。

1.參加導覽行程時還能進入市議會大廳參觀　2.高聳的塔樓上視野絕佳(付費)　3.腹地內可自由參觀,能遙望對岸的南島

DATA　交中央車站步行7分　住Hantverkargatan 1　☎08-5082-9058
時塔樓/6～8月為9時15分～17時15分(5、9月為～15時15分)。導覽行程/10～15時的每個整點,所需45分　※若遇舉辦活動等因素會有暫停的可能　休塔樓10～4月　金塔樓50Skr.(需號碼牌),導覽行程100Skr.(11～3月70Skr.) E

Point 1　得獎者的舞會舞台

邀請重要人士舉辦舞會的宴會廳「黃金廳」。出自Einar Forseth之手的豪華牆面上使用了1900萬片的金箔玻璃馬賽克,正面是梅拉倫湖女神的鑲嵌圖案。

© Ola Ericson/imagebank.sweden.se

©Yanan Li

1.諾貝爾獎的舞會模樣
2.金碧輝煌的黃金廳

Point 2　祝賀晚宴的場地

市政廳內面積最大的宴客場地「藍廳」。原本的設計應該要塗成藍色,最後選擇採用紅磚原色但保留此名。有1萬支管、能發出138個音律的管風琴是最大焦點。

© Fredrika Berghult/Nobel MediaAB/imagebank.sweden.se

1.諾貝爾獎官方晚宴的景象
2.空間開闊的挑高天花板大廳

品嘗諾貝爾晚宴菜單!

諾貝爾獎官方晚宴中所提供的全餐料理,在市政廳地下樓的餐廳Stadshuskällaren(→P100)也能吃到。菜單以年代別區分、還附上序號,2014年的價格一人1695Skr.(僅供兩人以上點餐)
●預約方式:最新菜單最晚需於1日前預約(2名～),而往年的全餐(1901年～)則最晚需於5個營業日前預約(10名～)。請以電話或電子郵件(bokning@stadshuskallarensthlm.se)預約(英語)。

2012年菜單中的紅酒醬汁佐雉雞肉和冬季蔬菜

小小知識　除了和平獎外,諾貝爾獎的頒獎典禮皆於每年12月10日在斯德哥爾摩音樂廳(→P104)舉行,這一天亦是阿爾弗雷德・諾貝爾的忌辰。

Check! 什麼是諾貝爾獎？

根據發明硝化甘油炸藥聞名的諾貝爾（1833～1896）遺囑設立的獎項。分為物理學、化學、醫學‧生理學、文學、和平、經濟學等6大領域，每年分別從各領域選出帶來重大貢獻人士。頒獎典禮只有和平獎在奧斯陸，其餘獎項都在斯德哥爾摩頒發。

展示在諾貝爾博物館的勳章

若想更加認識諾貝爾獎

舊城區 | **別冊 MAP P20B2**

諾貝爾博物館
Nobel Museet

探索每位得獎者的足跡！

展示1901年開辦的諾貝爾獎，以及創設者、至今超過800位得獎者的功績等所有與諾貝爾獎相關資訊的博物館。可以參加免費的英語導覽行程（每日11時15分、13時15分、15時15分，所需40～45分），建議租借中文語音導覽20Skr.。

位於舊城區大廣場前的建築物，原本是18世紀建造的證券交易所

DATA
交 Ⓣ GAMLA STAN站步行6分
住 Stortorget 2
☎ 08-5348-1800 時10～20時，9～5月為11～17時（週二～20時）
休9～5月的週一
金100Skr.

Point 1 認識歷屆的得獎者

可透過觸控螢幕裝置，按年代瀏覽過去800多位得獎者的資料（英語）。個人簡介也會以吊掛於空中的「The Cableway」裝飾來介紹，別忘了抬頭往上看。

1．電子裝置畫面的模樣。照片為化學獎得主田中耕一
2．得獎部門介紹區就位於入口附近

Point 2 得獎者的相關文物

在「發現與洞察」區內，陳列著得獎者贈送給博物館的相關物品，能看到本人愛用的文具、衣物、研究使用的器具等。

1．日本首位諾貝爾獎得主湯川秀樹的硯台與毛筆
2．展示空間較小，可別漏看了

Point 3 Bistro Nobel

造訪博物館的諾貝爾獎得主，一定會在附設咖啡廳的椅子上留下簽名，所以坐下之前記得先翻過來瞧瞧吧。推薦菜色為曾於2001年在晚宴中供應的冰淇淋甜點85Skr.。

1．找找椅子下的簽名吧
2．也供應餐點的咖啡廳
3．冰淇淋上還有一片勳章巧克力

Point 4 博物館商店

網羅得獎者的著作、諾貝爾獎的相關產品等，最著名的則是模仿勳章造型的巧克力15Skr.（10片120Skr.），可作為參觀博物館的小紀念。

1．充實的程度很值得一看
2．勳章巧克力最適合拿來當伴手禮
3．仿諾貝爾發明的硝化甘油炸藥造型的甘草糖20Skr.

在溫馨咖啡廳 度過 "Fika" 時光

Fika在瑞典語中代表「咖啡時光」。每天與朋友一同品味咖啡和糕點就是瑞典的生活模式，因此街上到處可見咖啡廳的蹤影。

 北島 ｜別冊 MAP P18A2｜

Vete-Katten

傳統的Fika咖啡廳

1928年創業的烘焙坊。可從展示櫃中挑店家自製麵包和蛋糕，咖啡26Skr.則採自助式服務的傳統Fika作風。熱門點心肉桂捲24Skr.，人潮多的時候甚至能賣到1萬個。咖啡可自由續杯。

> **DATA**
> 交 ⓣ HÖTORGET站步行5分 住Kungsgatan 55
> ☎08-20-8405 時7時30分～19時30分（週六・日9時30分～17時）休無
> ☑有諳英語的工作人員 □有英文版菜單
> □需預約

1. 也提供沙拉和三明治之類的輕食 2. 熱銷蛋糕「Trio」46Skr.（中央）的巧克力慕斯相當美味 3. 大人小孩都能輕鬆歇息的店家氛圍，正是吸引老顧客回籠而人氣居高不下的主因

舊城區 ｜別冊 MAP P20B3｜

Under Kastanjen

以大栗樹 做為店家的象徵

與舊城區合而為一、洋溢甜美風格的咖啡廳，以自家製蛋糕為招牌。從近600種食譜中每天推出約8種口味，其中也有不含麩質的蛋糕等。每日更換菜色的午餐105Skr.～，也很受當地人的歡迎。

1. 隨時都會推出新口味 2. 風味樸實的瑞典蛋糕37Skr.，可搭配添加豆蔻的特製鮮奶茶38Skr. 3. 逛街途中可順道前往，非常方便

> **DATA**
> 交 ⓣ GAMLA STAN站步行6分 住Kindstugatan 1
> ☎08-21-5004 時8～22時（週六9時～、週日9～19時）休無
> ☑有諳英語的工作人員 □有英文版菜單
> □需預約

 小小資訊 杏仁膏是由杏仁粉和砂糖攪拌而成的半固態點心。瑞典人很喜歡用杏仁膏來裝飾蛋糕，其中最具代表性的就是公主蛋糕。

Fika的好搭檔

甜點的存在，能讓Fika增添
一層華麗享受。將餅乾、蛋
糕、酥皮點心等與飲料搭配
品嘗。若在家裡享用，也多
會按照各自的家傳食譜製作
糕點。

肉桂捲
kanelbulle

加了豆蔻的肉桂捲，撒上珍珠糖
則是北歐特有的作法。

公主蛋糕
prinsesstårta

奶油和蛋糕體層層堆疊，再鋪上
綠色杏仁膏的蛋糕

瓦薩區 ｜ 別冊 MAP P16A1

Xoko

自製巧克力的
甜點大集合

店主曾擔任諾貝爾獎晚宴的甜點
負責人。除了供應法式小蛋糕
20Skr.～和蛋糕等多樣甜點外，
還有巧克力可頌26Skr.等自製酥
皮點心。飲料則推薦添加濃縮咖
啡的可可亞Chococcino 38Skr.。

```
DATA  交Ⓣ SANKT ERIKSPLAN站步行3分
住Rörstrandsgatan 15   ☎08-31-8487
時7～19時（週六、日8～18時）  休無
☑有諳英語的工作人員   □有英文版菜單
□需預約
```

1.加了大量棉花糖的碎石路巧克力蛋糕25Skr.　2.簡約有
型的室內裝潢　3.外頭的露天座不論任何季節都很搶手

東島 ｜ 別冊 MAP P16B1

Cafe Saturnus

份量十足的特大號肉桂捲
讓人讚不絕口！

緊鄰熱鬧大街、位於巷弄內的法
式風格咖啡廳。堅持使用新鮮原
料的自製麵包，天天都吸引眾多
當地饕客上門。每日更換菜色的
午餐110～145Skr.和三明治等餐
點，吃起來都很有飽足感。

1.有許多年輕客層、
氣氛熱絡的咖啡廳
2.入口處有蝨代表店
名的土星外型招牌燈
3.450g的名產肉桂
捲50Skr.，與拿鐵咖
啡37Skr.～相當對味

```
DATA  交Ⓣ HÖTORGET站步行10分
住Eriksbergsgatan 6   ☎08-611-7700
時8～20時（週六、日9～19時）  休無
☑有諳英語的工作人員   □有英文版菜單
□需預約
```

斯德哥爾摩　在咖啡廳享受Fika恬意步調

食材加上傳統與創新的精髓
讓傳統菜色變得賞心悅目的瑞典美食

將瑞典古老的飲食文化加入巧思變化的創意料理，正持續竄起中。
除了能品嘗令人懷念的味道，同時也能體驗最新的飲食風格。

別冊 MAP P18A4 ## Stadshuskällaren

經過重新裝潢後煥然一新的模樣，天花板和壁面的繪畫也相當吸睛

虹鱒魚的前菜185Skr.

市政廳地下樓的高級餐廳

1922年創業，以提供諾貝爾獎晚宴上的套餐1695Skr.（→P96）著名。此外，以魚肉、菇類等大量季節食材烹調的現代瑞典菜皆可單點享用，12月也會推出百匯大餐Smörgåsbord。由於該店為斯德哥爾摩市內數一數二的知名餐廳，務必盛裝出席。

有包入牛肝菌內餡的馬鈴薯餃215Skr.等多道單品佳餚

DATA 交中央車站步行6分
住Hantverkargatan 1 ☎08-5862-1830
時11時30分～14時30分、17～23時 休週日、週一晚間、週六六間
☑有諳英語的工作人員 ☑有英文版菜單
☑需預約

別冊 MAP P21D4 ## Pelikan

與葡萄酒很合搭的醋漬鯡魚和乳酪特色前菜135Skr.

細細品味老店的懷舊好滋味

充滿復古風情的店內，有裝飾藝術風格的壁畫和古老的家具。能吃得到如小孩拳頭般大的肉丸，還有創業以來始終如一的簡單樸實瑞典菜。在地的常客也很多，據說上門光顧時還會選擇坐在固定的老位子。

DATA 交Ⓣ SKANTULL站步行3分
住Blekingegatan 40 ☎08-5560-9090
時16～24時（週三、四～翌1時，週五、六12時～翌1時，週日12時～） 休無
☑有諳英語的工作人員 ☑有英文版菜單
☐需預約

最具代表性的瑞典肉丸196Skr.

天花板挑高，柔和的光線透過窗戶灑落進來

高級餐廳的預約得等上2～3星期是理所當然的事，而現在能直接用E-mail或網路預約的店家也增加了，因此若是無論如何都想要嘗鮮的餐廳，最好事先在國內就完成訂位手續。

Check! **瑞典的傳統菜色Smörgåsbord**

照片中為The Verandan（→P107）

亦即自助餐料理的始祖，想吃多少就吃多少的瑞典傳統用餐方式。由於如今是只有部分餐廳或是只在特定期間才會推出的服務，請事先確認。

用餐禮儀

與套餐料理相同，一般會按照順序享用。以4～6盤為基準，每吃完一盤就換上新盤。不可多人分食一盤，請留意。

進食順序

按照前菜→冷食→熱食→甜點的順序享用，沙拉請於冷食階段取用。也有不少人會在吃甜點時，將乳酪當成最後結尾。

只能容納14～15人的餐廳一下就客滿了。還能近距離看到廚師大展手藝

帶清爽酸味的沙棘雪酪，附烏龍茶慕斯

以低溫蒸烤方式調理的鮟鱇魚

| 舊城區 | 別冊MAP P20B3 | **Frantzén** |

美食家掛保證的精緻料理

由年輕主廚掌廚的餐廳，開業不到2年即獲得米其林二星的殊榮。嚴選當令食材烹製的獨創全餐料理2300Skr.。由於該店在當地也算人氣數一數二的話題餐廳，從60天前就開始受理預約。著裝規定為時尚休閒即可。

> DATA 交Ⓣ GAMLA STAN站步行3分
> 住Lilla Nygatan 21 ☎08-20-8580 時18時30分～20時30分LO（週六15時30分～）
> 休週日、一
> ☑有諳英語的工作人員
> ☑有英文版菜單
> ☑需預約（週二～六的14～18時受理）

※ LO…LAST ORDER最後點餐

散發迷迭香氣味的哥特蘭島羊肉燒烤285Skr.

| 舊城區 | 別冊MAP P20B3 | **Kryp In** |

隱身巷弄的私藏餐廳

在美食情報網站上擁有超高支持度的人氣餐廳。以當地食材結合創意元素的瑞典菜與精巧細緻的擺盤受到好評，菜單會依季節而變化內容。3道菜的套餐料理485Skr.也很受歡迎，但若想以便宜價格嘗鮮，則可嘗試提供肉丸等菜色的週六限定午餐139Skr.～。

> DATA 交Ⓣ GAMLA STAN站步行5分
> 住Prästgatan 17 ☎08-20-8841
> 時17～23時（週六12時30分～） 休週日
> ☑有諳英語的工作人員
> ☑有英文版菜單
> ☑需預約（晚餐，最多6位）

小巧舒適的店內

煙燻馴鹿肉佐白鮭魚卵179Skr.

高物價瑞典的好朋友
前往超市
尋找伴手禮♪

瑞典當地的日常用品和食品包裝，也都能看到北歐風味的可愛設計。
若想尋找價格實惠、外觀討喜的伴手禮，那絕對不可錯過超市！

食品＆調味料

加州葡萄乾
21.90Skr.
讓人忍不住想放進
包包裡的小盒包裝。
6盒一組 **C**

覆盆子果醬
19.90Skr.
自有品牌商品
gott liv的標籤
相當可愛 **C**

薄荷糖
10.90Skr.
復古樣式的包裝袋很有特
色，可預防感冒 **C**

鯷魚罐頭 16.95Skr.
醋醃小魚
是瑞典人的最愛♪ **A**

洋芋片
24.90Skr.
百吃不膩的小茴香
酸奶油口味 **C**

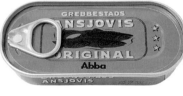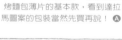

鱈卵醬
19.95Skr.
鹽分較高，適合佐義大利麵
或當沾醬。250g裝 **A**

KNÄCKE 11.95SKr.
烤麵包薄片的基本款，看到達拉
馬圖案的包裝當然先買再說！ **A**

A 別冊 MAP P18B2 　●北島
Hemköp

商品種類繁多的大型店
進駐斯德哥爾摩最大規模百貨公司Åhlens地下樓
的超市。從食品到生活必需品一應俱全，價格也
很平民化。 地鐵出閘門口的前方就有入口。

DATA
交Ⓣ T-CENTRALEN站步行1分
住Mastersamvelsgatan 57,
Åhléns B1 ☎08-723-6530
時7～23時 休無 **E**

B 別冊 MAP P19D1 　●東島
Coop Konsum

綠色招牌為明顯標誌！
離東島室內市集（→P104）很近的超市。雖然較
少自有品牌商品，但國內銷售的主要食品和日用
品幾乎都有。位於逛街時就能順道前往的地理位
置，相當方便。

DATA
交Ⓣ ÖSTERMALMSTORG站步行
1分 住Sibyllegatan 8
☎010-741-8450 時8～22時
休無 **E**

 瑞典一般的郵局業務皆已移轉至超市、便利商店等場所，若想購買郵票或投遞航空信件，只要到有郵局標誌的超市就能
辦理，不需特別跑到郵局。

飲 料

Summer House Tea
26.95Skr.
紅茶老舖KOBBS公司
的製品，以富含水果
香氣為特徵 Ⓐ

伯爵茶
14.95Skr.
別緻的外盒讓人一眼
就愛上！為Hemköp
的自有品牌商品 Ⓐ

柑橘伯爵茶
23.95Skr.
對環境、社會友善
的公平貿易商品 Ⓐ

優格飲料
14.25Skr.
設計簡單又有型，
有多種口味 Ⓑ

牛奶 5.85Skr.
300ml的迷你包
裝，喝完後將空
盒子帶回家吧 Ⓑ

日常用品

牙刷
各27.90Skr.
北歐知名的
Jordan公司產
品，粗胖的握柄
很討人喜歡 Ⓑ

洗手乳
13.90Skr.
符合手形的水滴狀
容器是Bliw公司的
長銷商品 Ⓑ

維他命錠 15.50Skr.
Coop Konsum
的自有品牌商品，
為容易入口的錠狀 Ⓑ

計量匙
16.90Skr.
測量範圍
1～100cc，
可精巧收納 Ⓒ

餐巾紙各21.95Skr.
輕巧又不佔空間的優質商品，
可挑選各種色彩繽紛的圖案 Ⓑ

Ⓒ ●北島
別冊
MAP
P19C2

NK Saluhall

在百貨公司地下樓悠閒購物

由超市集團ICA負責營運的百貨公司食品賣場，
價格稍貴的有機食品，以及包裝可愛的ICA自有品
牌gott liv是不可錯過的目標。

DATA 交ⓉT-CENTRALEN站
步行6分 住NK（→P95）BF
☎08-762-8410 時10～20時
（週六～18時、週日11～17時）
休無 Ⓔ

環保袋為必需品

不只瑞典，北歐各國超
市的塑膠袋都是要另外
付費的，自備環保袋才
是聰明的做法，但有些
塑膠袋的圖案設計很吸
睛獨特，買來當伴手禮
送人也不錯。

Coop Konsum的
塑膠袋1個1.50Skr.

斯德哥爾摩的吸睛焦點總複習

與其他北歐國家相比，斯德哥爾摩的面積廣大、景點較為分散。不妨先遊逛新城區和舊城區，若有充裕時間再利用地鐵、巴士、船等交通工具到遠一點的地方吧。

別冊 MAP P18B1

●北島

斯德哥爾摩音樂廳
Stockholm Konserthus

諾貝爾獎的頒獎會場

1926年建造的音樂廳，以每年12月10日舉行諾貝爾獎頒獎典禮而聞名。在導覽行程中，能邊聽取解說邊欣賞音樂廳內的卡爾·米勒斯雕刻作品、美麗的穹頂畫等。

DATA ㊂Ⓣ HÖTORGET站步行即到 ㊟Hötorget 8 ☎08-786-0200 ㊐售票處11～18時（週六、日～15時）㊡無 ※導覽行程僅限特定日的13時～ ㊎80Skr. Ⓔ

以藍色牆面為指標，前方的乾草市場上還有熱鬧的市集

別冊 MAP P20B2

●舊城區

國會大廈
Riksdagshuset

散發渾厚氣息的石造建築物

轟立於聖靈島上的20世紀初期建築物。與中央車站前的新城區和舊城區Gamla Stan有橋相連結，一般民眾也能在腹地內步行過橋。內部參觀僅限導覽行程，想參加的人可到國會大廈後方的窗口報名。

DATA ㊂Ⓣ GAMLA STAN站步行10分 ㊟Riksgatan 1 ☎08-786-4862 ㊐內部參觀僅限導覽行程（6月下旬～8月下旬的平日12、13、14、15時～，9～6月中旬只提供10名以上的團體預約）㊡議會開會期間 ㊎免費 Ⓔ

整座小島都是國會大廈的腹地

別冊 MAP P19D1

●東島

東島室內市集
Östermalms Saluhall

午餐時光的最佳去處

1888年開始營業的紅磚市場。這裡不僅是採買上等肉、乳酪、新鮮蔬菜等食材的地方，也是品嘗新鮮海產料理的人氣美食景點，還有皇室御用鮮魚店「Lisa Elmqvist」的餐廳等，都是廣受好評、不可小覷的實力派。

DATA ㊂Ⓣ ÖSTERMALMSTORG站步行1分 ㊟Östermalmstorg 114 ☎不公開 ㊐9時30分～18時（週五～19時、週六～16時）㊡週日

1.設有屋頂、乾淨整潔的市場
2.擺放在蔬果店一隅的大顆草莓甜點，1個20Skr.

小小資訊　出示斯德哥爾摩卡（→P85）可享門票免費的景點，有諾貝爾博物館（→P97）、皇后島宮（→P109）、斯堪森戶外博物館（→P105）等80餘處，市政廳（→P96）導覽行程也是免費。

別冊 MAP P17C2 ●東島
歷史博物館
Historiska Museet

依時代別展示歷史遺產

展示國內最古老的遺跡、維京時代的遺物,以及中世紀的家具和服飾等文物。1994年設置的黃金屋更是不可錯過。

DATA 交ⓉKARLAPLAN站步行7分 住Narvavägen13-17 ☎08-5195-5600 時10～18時,9～5月11～17時(週三～20時) 休9～5月的週一 金100Skr.

 別冊 MAP P21E2 ●南島
攝影博物館
Fotografiska

附設的咖啡廳和商店也是新潮焦點

面運河的磚造建築物,為展示當代攝影展的美術館。每年除了4次特展外,還會舉辦15～20次小型企畫展。

DATA 交ⓉSLUSSEN站步行10分 住Stadsgårdshamnen 22 ☎08-5090-0500 時9～23時 休無 金120Skr. Ⓔ

 別冊 MAP P17C2 ●動物園島
斯堪森戶外博物館
Skansen

到世界首座戶外博物館感受傳統氣息

1891年開設的全世界第一座戶外博物館。由民俗學者Artur Hazelius投入私人財產打造而成,以保護因產業革命而沒落消失的住家與工匠技藝為目的。

DATA 交巴士44號SKANSEN站步行1分 住Djurgårdsslätten 49-51 ☎08-442-8000 時10～15時(週六、日～16時),4月～16時,5～6月中旬、9月～18時,6月下旬～8月～20時 休無 金100～180Skr.(視季節而異) Ⓔ

1.從別處搬移過來的風車 2.一到週末便有許多當地的小朋友造訪 3.也有飼養馴鹿等動物

 別冊 MAP P17C2 ●動物園島
北歐博物館
Nordiska Museet

瞭解北歐生活方式的變遷史

展示16世紀以來長達500年的瑞典文化、風俗、歷史和工業製品等。

DATA 交巴士44號NORDISKA MUSEET站步行1分 住Djurgårdsvågen 6-16 ☎08-5195-4600 時10～17時(6～8月的週三～20時) 休無 金100Skr.

©Ingemar Edfalk_imagebank.sweden.se

 別冊 MAP P17C2 ●動物園島
瓦薩號戰艦博物館
Vasamuseet

展示遭遇海難的瓦薩號

瓦薩號為全長69公尺的戰艦,於1628年的處女航出發後隨即沉沒。雖然在海底沉寂了333年,但還保持95%當時的原樣。

DATA 交巴士44號VASA MUSEET站步行1分 住Galävarvsvägen 14 ☎08-5195-4800 時10～17時(週三～20時),6～8月8時30分～18時 休無 金130Skr.

世界遺產一日遊

森林墓園
Skogskyrkogården
郊外●別冊MAP/P17D4

國內最大規模的墓園,由瑞典代表性的現代建築大師阿斯普朗德(Erik Gunnar Asplund)與萊韋倫茲(Sigurd Lewerentz)所設計。建於1920～40年間,與自然融合的風格跟以往的墓園大異其趣,可說是近代建築的代表作之一。

DATA 交ⓉSKOGSKYRKOGÅRDEN站步行5分 住Sockenvägen 492 ☎08-5083-1730 時遊客中心11～16時 休10～4月 金免費參觀。導覽行程/7～9月的週日10時30分～,所需1小時30分 金100Skr.
※導覽行程請以電話報名 ☎08-5083-1620或E-mail:bokning.stadsmuseum@stockholm.se(英語)

阿斯普朗德於1940年墓園落成後過世,並長眠於此地

●國王島

別冊 MAP P16B2

Björklund & Wingqvist

以北歐風格的壁紙妝點房間

專賣壁紙的家飾用品店。約3萬3000種花色的收藏中，最推薦瑞典皇室御用品牌Sandberg和Duro，及採北歐設計師圖案的Boråstapeter，均以1捲10公尺（寬52公分）為單位販售。

DATA 交①RÅDHUSET站步行3分 住Kungsholmenstorg 10 ☎08-5455-1550 時10～18時（週六～15時、週四～19時）休週日 E

1.1860年創業的家飾專門店　2.Stig Lindberg作品「Herbarium」的壁紙1捲659Skr.

●北島

別冊 MAP P19C2

H&M

國內最大規模的旗艦店

陸續在全世界展店的快時尚品牌。地上2樓、地下1樓的巨大店鋪空間內，還提供自有品牌化妝品等台灣未引進的商品。

DATA 交①T-CENTRALEN站步行4分 住Hamngatan 22 ☎08-5246-3530 時10～20時（週六～18時、週日11～18時）休無 E

若要尋找伴手禮

IKEA

郊外●別冊 MAP/P17D4

台灣人也很熟悉的居家用品店IKEA的本店。地處斯德哥爾摩郊外，從新城區的瓦薩街有接駁巴士運行，單程15分（別冊MAP／P18A3）。
DATA 交①SKELHOLMEN站步行20分 住Modulvagen 1 ☎0775-700500（客服專線）時10～20時 休無 E

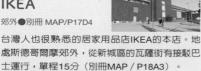

●南島

別冊 MAP P21D2

DesignTorget

原創雜貨與精選商品

瑞典當地的設計品就佔了半數，出自年輕設計師的個性雜貨和飾品更是搶眼！以價格平實的商品居多。

DATA 交①SLUSSEN站步行5分 住Götgatan 31 ☎08-644-1678 時10～19時（週六～18時、週日11～17時30分）休無 E

●東島

別冊 MAP P19C2

Bookbinders Design

高品質筆記本有口皆碑

由Ordning & Reda（→P88）的店主所經營的文具專門店。不僅品質優，成熟風味的色系選擇也相當齊全。

DATA 交①T-CENTRALEN站步行6分 住NK（→P95）內 ☎08-762-8881 時10～20時（週六～18時、週日11～18時）休無 E

●南島

別冊 MAP P21D2

Granit

受各年齡層喜愛的極簡風格雜貨

以基本款設計＆自然風味為概念的家飾用品店。挑選白、黑、大地色為基調，追求不分男女皆適用的設計性而深獲支持。辦公室、廚房等不同場合的商品種類一應俱全，在高品質的生活雜貨中，又以使用方便的收納產品款式最為豐富、人氣最高。

DATA 交①SLUSSEN站步行5分 住Götgatan 31 ☎08-642-1068 時10～19時（週六～18時、週日11～17時30分）休無 E

1.店內也走簡約風
2.大小尺寸豐富的紙盒99Skr.～

 小小資訊　在運河縱橫密布的斯德哥爾摩，也很推薦搭乘水上交通。尤其是夏天能欣賞到綠意盎然的城市景緻，與其說是交通工具，以觀光為目的的利用價值更高。皇家運河之旅的詳情請參照P145。

●東島

The Verandan

別冊 MAP P19D4

以瑞典式吃到飽著稱的餐廳

位於斯德哥爾摩市内最高級飯店ⒽGrand Hôtel（→P108）内的人氣餐廳，以瑞典式自助餐（Smörgåsbord）而名聞遐邇。除了能一次品嘗到多種瑞典菜餚的吃到飽外，也提供一般菜單的點餐方式。自助餐菜色會隨季節調整活動内容、舉辦期間，出發前請事先確認。

DATA 交ⓉKUNGSTRÄDGÅRDEN站步行3分
住ⒽGrand Hôtel（→P108）1F
☎08-679-3500 時7～23時 休無 Ⓔ Ⓔ

1.能眺望港灣的靠窗座位 2.數十種類料理羅列的自助餐。採訪當時為夏季限定的海鮮百匯大餐

●舊城區

Pubologi

別冊 MAP P20B3

時髦的北歐風美食酒吧

菜單以5種全餐料理550Skr.為主，能一次享受多樣的美味佳餚。可從8款口味自由挑選的當地啤酒試飲也很受好評。需預約。

DATA 交ⓉGAMLA STAN站步行5分 住Stora Nygatan 20 ☎08-5064-0086 時17～23時 休週日 Ⓔ

©Nicho Södling_imagebank.sweden.se

●瓦薩區

Tennstopet

別冊 MAP P16B1

瀰漫鄉愁的餐廳＆酒吧

有淋上奶油醬的肉丸186Skr.、生牛肉265Skr.等正統瑞典菜，很受當地人的喜愛。每日更換菜色的午餐129Skr.。

DATA 交ⓉODENPLAN站步行5分
住Dalagatan 50 ☎08-322-518
時11時30分～翌1時（週六、日13時～） 休無
Ⓔ

●南島

Kvarnen

別冊 MAP P21D2

品味傳統的瑞典料理

擁有超過百年歷史而引以為傲的老字號餐廳。菜單上列有醋醃鯡魚、肉丸等經典的家庭菜。有許多長年以來持續登門的老主顧，完全沒有老舖的嚴肅感，而是充滿家庭般的氣氛。後方設有酒吧、地下樓還有夜店，啤酒47Skr.等酒精性飲料也很豐富。

DATA 交ⓉMEDBORGARPLATSEN站步行3分
住Tjärhovsgatan 4 ☎08-643-0380 時11時～翌3時（週六12時～、週日12時～翌1時、週一～翌1時） 休無 Ⓔ Ⓔ

1.招牌菜的自製肉丸佐奶油醬185Skr.
2.輕鬆悠閒的氣氛

●舊城區

Kaffegillet

別冊 MAP P20B2

與中世紀街景相融的復古咖啡廳

位於舊城區的大教堂對面，店面為14世紀的建築物改建而成。石造的室内，呈現出宛如時間停止流動般的古老氛圍。不僅是一家可輕鬆入内享用甜點和三明治的咖啡廳，於午餐和晚餐時段還有提供瑞典家常菜。

DATA 交ⓉGAMLA STAN站步行5分
住Trångsund 4 ☎08-21-3995
時9～18時（5～9月～23時）
休無 Ⓔ Ⓔ

1.覆盆子派75Skr.、咖啡28Skr. 2.瑞典菜套餐390Skr.很受觀光客歡迎

斯德哥爾摩的飯店

北歐設計品味出眾的飯店、諾貝爾獎得主最愛的飯店等，住宿選擇相當豐富。
若以地理位置的便利性為首要考量，則以中央車站所在的北島最為方便。

Grand Hôtel

創業超過125年的老字號飯店

斯德哥爾摩最具代表性的五星級名門飯店，也以諾貝
爾獎得主的固定下榻飯店而著名。餐廳、咖啡廳等館
內設施也備受好評。

DATA
交Ⓣ KUNGSTRÄDGÅRDEN
站步行3分 住Södra B
lasieholmshamnen 8
☎08-679-3500 金經典
客房3000Skr.～ 278室

Ⓔ Ⓡ Ⓟ Ⓕ

斯德哥爾摩國王島萬怡酒店

Courtyard Stockholm Kungsholmen

在沉穩氛圍的環境度過舒適時光

周邊綠意環繞、機能性佳的飯店。北歐極簡設計風格
的客房，不論男女都給予極高評價。客房內有免費的
Wi-Fi，也吸引許多商務旅客入住。

DATA
交Ⓣ THORILDSPLAN站
步行5分 住Rålamb
shovsleden 50 ☎08-
441-3100 金豪華客房
1045Skr.～ 278室

Ⓔ Ⓡ Ⓕ

Hotel Diplomat

以20世紀初興建的新藝術風格建築物所打造而成的高級飯
店。天花板挑高、空間開闊的客房，連寢具也很講究。
DATA 交Ⓣ ÖSTERMALM STORG站步行8分
住Strandvägen 7C ☎08-459-6800 金雙人房
1750Skr.～ 130室

Ⓔ

Scandic Sergel Plaza

位於鄰近賽格爾斯廣場的便利地點。以白色為基調、寬敞明
亮的客房內，有免費的網路設備可供使用。
DATA 交Ⓣ T-CENTRALEN站步行2分
住Brunkebergstorg 9 ☎08-5172-6300 金標準客房
1077Skr.～ 403室

Ⓔ Ⓡ Ⓟ Ⓕ

Clarion Hotel Sign

聳立於中央車站附近的設計飯店。裝飾著藝術作品的客房品
味別緻，餐廳的評價也很高。
DATA 交中央車站步行5分 住Östra Järnvägsgatan 35
☎08-676-9800 金標準客房1300Skr.～ 558室

Ⓔ

Nordic Light Hotel

聳立於斯德哥爾摩市中心的設計飯店。有利用間接照明營造
夢幻氣氛的客房等，內部裝潢優雅洗練。
DATA 交中央車站步行1分 住Vasaplan 7
☎08-5056-3000 金標準雙人房1360Skr.～ 175室

Ⓔ Ⓡ Ⓕ

Hotel Birger Jarl

雖然熱鬧商圈就在徒步可及的距離，卻擁有閑靜氛圍的設計
飯店。每間客房的內部裝潢都各異其趣。
DATA 交Ⓣ RÄDMANSGATAN站步行6分
住Tulegatan 8 ☎08-674-1800 金標準雙人房
1190Skr.～ 271室

Ⓔ Ⓡ Ⓕ

Hilton Stockholm Slussen Hotel

與對岸的舊城區相望、地理位置絕佳，特別是在日落時分，
能欣賞到絕美景緻。
DATA 交Ⓣ SLUSSEN站步行2分 住Guldgränd 8
☎08-5173-5300 金雙人房1990Skr.～ 289室

Ⓔ Ⓡ Ⓟ Ⓕ

皇后島宮

皇后島宮已於1991年登錄為聯合國教科文組織世界遺產。
美麗的建築有「北歐凡爾賽宮」的美譽，優雅的風格彷彿走進了童話故事般。

皇后島宮
BROMMAPLAN
斯德哥爾摩
中央車站
N
0   5km
森林墓園 P105

1.佇立於湖岸邊的壯麗城堡，散發出與世界遺產相襯的氣息　2.巴士站附近就有商店，印有皇室標誌的巧克力35Skr.　3.2樓的部分空間有對外開放參觀　4.巴洛克樣式的庭園深受法國的影響　5.展示皇室曾使用過的陶瓷器

雷文島　別冊MAP P17D4

皇后島宮
Drottningholms Slott

造訪絢爛華麗的「皇后島」

1662年開始著手興建，歷經反覆的增建改建，於1756年才成為現在的模樣。共3層樓、220個房間的宮殿，為深受義大利和法國影響的巴洛克樣式風格。如今依舊做為國王一家的居所，因此會有衛兵站哨守衛。

DATA 住Ekero Drottningholm ☎08-402-6280 時5～9月每日10時～16時30分、4月每日11時～15時30分、10月週五～日11時～15時30分、11～3月週六日12時～15時30分 休10月的週一～四、11～3月的週一～五 金120Skr.，與中國宮的套票180Skr.（僅夏季販售）

ACCESS 中央車站搭Ⓣ線線約15分，BROMMAPLAN站下車。從車站搭301～323號巴士15分，DROTTNINGHOLM下站車步行即到。5～9月的每日與10、4月的週末，從市政廳附近的碼頭（別冊MAP／P18A4）有渡輪運行，所需約1小時

遊逛小建議

除了宮殿內部的2、3樓一隅對外開放參觀外，廣大的占地內還散布著庭園、宮廷劇院、中國宮等許多景點，遊覽時間最好預留半天左右較剛好。提供導覽服務（英語）。

【導覽行程】時5～9月為每日10、12、14、16時～，4月為每日12、14時～，10月為週五六12、14時～，11～3月為週六日12、14時，所需45分 金費用包含於門票

＼ 也來逛逛這裡！ ／

中國宮
Kina Slott

1753年為了慶祝Louisa Ulrika皇后生日而興建，宮內到處可見中國風的裝飾。
時5～8月每日11時～16時30分、9月每日12時～15時30分 休10～4月 金100Skr.

宮廷劇院
Drottningholms Slottsteater

1766年興建，沿用18世紀當時裝置的珍貴劇院。僅限參加導覽行程者才能入內參觀。 時導覽／5～8月11時～16時30分、9月12～15時、4、10月週五六12時～15時30分（所需約45分）休1～3月 金100Skr.

小小資訊　若要有效率地觀光，參加從斯德哥爾摩出發的一日遊行程最為方便（→P145）。

阿思緹・林格倫的世界

Column

"長襪皮皮" 的創作者

如長襪皮皮和蘿塔般個性自由奔放、同時擁有旺盛行動力的小孩，就是出自於阿思緹・林格倫筆下的童話故事主角。原本是過著幸福生活的家庭主婦，由於為女兒所撰寫的小說得到出版社大獎後就持續不斷地創作，作品超越語言隔閡受到廣大讀者的喜愛。書籍銷售量在全世界已高達1億4500萬本，其影響力不僅只於小說，甚至還改編成了電影和音樂劇。

© Chris Christodoulou
受到各年齡層喜愛的皮皮，也有推出布偶商品

阿思緹・林格倫
Astrid Lindgren (1907〜2002)

生於瑞典東南方的維默比。家裡務農，在大自然環繞下度過的童年，成了她的創作基礎。『長襪皮皮』（1945年）受到高度評價，除了該系列以外還有眾多作品留世。於1958年獲得國際安徒生大獎的殊榮。

© Jacob Forsell

● 阿思緹・林格倫紀念文學獎

2002年由瑞典政府創設，為針對兒童文學、青少年文學作品領域所頒發的獎項。

© Jacob Forsell

代表作品的相關SPOT

『長襪皮皮』

皮皮住在小鎮郊外的「亂糟糟別墅」，與一匹馬和小猴子一同生活。描述全世界最強壯的9歲小女孩與鄰居小孩間的故事，為1945年發表的世界暢銷童書。

© Lena Granefelt/
imagebank.sweden.se

相關SPOT **六月坡兒童主題樂園**
Junibacken

動物園島 ● 別冊MAP/P17C2

能一探林格倫世界的主題樂園。可搭乘列車來趟童話故事之旅，或是前往皮皮居住的「亂糟糟別墅」遊玩。

DATA 交路面電車JUNIBACKEN/NORDISKA MUSEET/VASAMUSEET站步行3分　住Galärvarvsvägen　☎08-5872-3000　時10〜17時(7月〜8月中旬〜18時)　休3、4、9、11月的週一　金159Skr. E

『屋頂上的小飛人』

描述身材矮小、肥胖的大叔卡爾森靠著背上的螺旋槳到處飛翔，以及他所興起的各種奇妙趣事。據說作者就是在瓦薩公園完成故事的架構。

相關SPOT **瓦薩公園**
Vasaparken

DATA 交Ⓣ SANKT ERIKSPLAN站步行3分　住Vasastan　☎時休無　金免費
瓦薩區 ● 別冊MAP/P16B1

『蘿塔』

主角是家裡年紀最小、活潑開朗的小女孩蘿塔，她一心想快點長大卻惡作劇連連，是一部描述溫馨家庭劇的故事。故事背景為阿思緹・林格倫的故鄉維默比。

小小資訊 於阿思緹・林格倫的故鄉維默比，有主題樂園「Astrid Lindgren World」和阿思緹・林格倫的故居等景點。前往維默比的交通方式 交中央車站搭SJ約4小時，別冊MAP / P28A3

奧斯陸

城市小巧迷人，觀光景點集中。

孟克的『吶喊』是必看名畫。

當地人氣竄升中的流行時尚區

古蘭盧卡也很值得走訪一趟。

奧斯陸
區域Navi

奧斯陸雖為首都，卻散發著沉穩寧靜的氛圍。以從中央車站往皇宮方向延伸的卡爾約翰斯大道為中心，著名觀光景點散布各地。可善用地鐵和路面電車，有效率地遊逛奧斯陸。

⑥ 福洛格納

④ 古蘭盧卡

② 皇宮周邊

⑤ 托耶恩

① 中央車站周邊

中央車站

③ 奧斯陸市政廳
奧斯陸市政廳周邊
皮佩灣

⑦ 比格迪

500m

---

① **中央車站周邊**
Oslo Sentralstasjon ●別冊 MAP/P27

奧斯陸的入口

中央車站為往來國內外與機場鐵路的起訖站。站內的設施豐富，周邊還有多家老字號大型飯店和購物中心等，遊客服務中心也近在咫尺。

最近車站　中央車站

---

② **皇宮周邊**
Slottet ●別冊 MAP/P26

若想巡訪博物館

綠意環繞的皇宮周邊，有奧斯陸大學以及博物館、劇院等文化藝術的相關景點，還有不少販售挪威設計品牌的店家。

最近車站
Ⓣ NATIONAL THEATRET 站

©Nancy Bundt-Visitnorway.com

3 奧斯陸市政廳周邊

Rådhuset ●別冊 MAP/P26

視野寬廣的港灣區

面皮佩灣、視野開闊的綠意盎然地區。
奧斯陸市政廳（→P117）等景點，以及
由倉庫區重新開發而成的阿克布里格商
業區（→P123）都佇立於皮佩灣沿岸。
還設有前往比格迪的渡輪碼頭。

最近車站
路面電車KONTRASKJÆRET站

4 古蘭盧卡 →P118

Grünerløkka ●別冊 MAP/P25

高流行敏銳度的年輕族群最愛

位於市區的東北邊，為當地藝術家和媒
體人等藝文人士聚集的流行地區。除了
廣受年輕人好評的時尚餐廳、咖啡廳
外，還能在此發現古董店、小巧精緻的
雜貨屋等。

最近車站
路面電車OLAF RYES PLASS站

5 托耶恩

Tøyen ●別冊 MAP/P25

設有孟克博物館（→P117），展示奧斯
陸代表性畫家愛德華‧孟克的作品。周
邊為閑靜的住宅區，許多奧斯陸大學的
相關設施亦座落此區。

最近車站
Ⓣ TØYEN站

6 福洛格納

Frogner ●別冊 MAP/P24

位於西北部的地區，以維格蘭的雕刻作
品而著稱的維格蘭雕塑公園（→P117）
遠近馳名。四周也有不少漂亮的店家和
餐廳。

最近車站
路面電車VIGELANDSPARKEN站

7 比格迪

Bygdøy ●別冊 MAP/P24

離市中心搭乘巴士約20分鐘車程的高級
住宅區。港口周邊聚集了許多與海洋、
造船相關的博物館，推薦給對歷史有興
趣的人。

最近車站
巴士FOLKEMUSEET、BYGDØYNES站

奧斯陸Profile　出發前 Check！

奧斯陸

○正式國名／首都
挪威王國／
奧斯陸

○人口／面積
約63萬4000人（2014年）
約426 km²

○語言
挪威語
觀光景點的飯店和餐廳
大多能用英語溝通

○通行貨幣與匯率
挪威克朗（Nkr.）
1NOK＝約3.3台幣
（2019年12月時）
通行貨幣的種類→P146

○時差
-7小時
※比台灣慢7小時。3月最後一個週
日～10月最後一個週日施行夏令時
間，與台灣的時差為-6小時。

○小費
基本上不需要。
大多已內含服務費，若接受特別服
務時給小費也無妨，以消費金額
的10%為基準。搭計程車時，則將
尾數無條件進位。

○最佳旅遊季節
6～8月左右
觀賞極光則為12～2月左右。
氣溫、降雨量與節日→P148

○入境條件
護照有效期限…預計離開申
根公約國時，最少需有3個
月以上的有效期

簽證…6個月內停留期間不
超過90天，可享入境免簽證
其他的入境條件→P138

\and more…行程編排/

半日標準行程 ×2 *Oslo*

奧斯陸市區雖然幅員不大，但景點、美食、購物景點應有盡有。
也很推薦隨心所欲搭乘路面電車，來趟充滿樂趣的雜貨漫遊。

Plan 1　前往熱門的觀光＆藝術景點

©Terje Borud-Visitnorway.com/Vigeland-museet/BONO

[and more…行程備案]

孟克的代表畫作「吶喊」雖然收藏於國立美術館，在托耶恩的孟克博物館（→P117）也收藏多幅該畫作的其他版本。附設咖啡廳與商店也頗受歡迎。

在孟克博物館的商店能買到相關商品

＼吶喊！／

8:00
漫步維格蘭雕塑公園（→P117）
　路面電車10分
10:00
到國立美術館（→P116）
親眼一睹孟克的作品
↓　步行10分
11:30
參觀奧斯陸市政廳（→P117）
↓　步行10分
12:30
享用新鮮海味
推薦 ▶ Fiskeriet（→P121）
　步行15分
13:30
到皇宮（→P117）
欣賞衛兵交接儀式

＼我生氣了！／

1.維格蘭雕塑公園的雕刻作品會激發遊客的想像力　2.欣賞孟克等多位挪威代表性畫家的作品　3.鮮魚店附設的餐廳，生蠔的新鮮度當然不在話下！

Plan 2　如當地人般享受購物樂趣

[and more…行程備案]

在高物價的奧斯陸若要大量採購分送用伴手禮，不妨前往超市（→P123）。除了北歐當地出產的食品外，生活用品類也很適合！

＼好甜～／

Freia著名的巧克力磚250g大小約是一般的2.5倍！

13:00
在古蘭盧卡（→P117）尋找中意雜貨
↓　步行3分
14:30
喝杯精緻講究的咖啡小歇片刻
推薦 ▶ Tim Wendelboe（→P119）
↓　路面電車10分
15:30
欣賞最新的挪威設計
推薦 ▶ Norway Designs（→P124）
↓　步行5分
16:30
在卡爾約翰斯大道上隨意閒逛
推薦 ▶ Freia（→P124）
↓　步行5分
18:00
品嘗文人讚不絕口的出色料理
推薦 ▶
Engebret Cafe（→P120）

＼世界第一的味道！／

＼真讓人享不定主意該選哪一件好／

1.挪威其實是鮮為人知的咖啡大國
2.若想造訪可愛的精品店就到古蘭盧卡吧！
3.到奧斯陸的老字號餐廳品嘗當令美味

114

知道賺到
旅行 Happy Advice

分享當地的交通方式、觀光好康情報和小小秘訣。
介紹本書編輯親自走訪、實地踏查後的心得感受！

"一日觀光最方便的 奧斯陸通行卡"

奧斯陸中央車站前的遊客服務中心和各主要飯店均有販售

若要短期集中享受奧斯陸觀光，使用奧斯陸通行卡是最便捷的方式。不僅可不限次數搭乘奧斯陸市內的路面電車、巴士、地鐵等大眾交通工具，還提供各主要美術館和博物館的免費門票（或優惠）。通行卡有3種，分別為24小時320Nkr.、48小時470Nkr.、72小時590Nkr.。

"尋找古董的 秘訣大公開"

珍貴寶物！

Cathrineholm的Lotus系列商品擁有極高人氣

販售Cathrineholm琺瑯製品等古物的店家，在挪威當地相當受歡迎。其中最推薦的是Fuglen（→P125）的展示中心。有許多50～60年代的餐具和家飾用品，每一樣的保存狀態都很良好。古董品區平常會上鎖，有需求時向工作人員說一聲即可。

"必吃的 挪威名菜"

加入番茄熬煮而成的鹽漬鱈魚

雖然說到挪威馬上就會聯想到鮭魚，但當地的美味海鮮種類其實相當繁多。尤其是鱈魚乾，自古以來就是沿岸地區的常用食材。將鱈魚乾泡水還原後，加上番茄一起燉煮的料理Bacalao（鹽漬鱈魚）原本發源於西班牙，卻在不知不覺中成了挪威的代表菜色。

"大力推薦的 絕景在這裡"

黃昏時分的奧斯陸峽灣景色相當美麗

奧斯陸是一座擁有峽灣海岸的美麗城市。若想從高地眺望峽灣景觀的話，推薦可前往國家歌劇院＆芭蕾劇場（→P122）。彷彿突出於海灣而建的建築物頂樓，是視野絕佳的觀景點，而且可自由從建築物外頭爬上頂樓，不需花錢就能欣賞到極致美景。

"美術館行程 集中在同日！"

想瞭解設計就來工藝設計博物館（→P116）

展示美術、建築和工藝設計等的國立博物館在奧斯陸市內共有四處，每間博物館的門票皆統一為50Nkr.。若購買其中一間的門票，剩下的三間只需出示票根即可免費入場，不過僅限同一日內有效，所以將藝術鑑賞行程都安排在同一天會比較划算。

感受城市的寧靜氛圍
巡覽奧斯陸的觀光焦點

奧斯陸的主要名勝皆分散在卡爾約翰斯大道（Karl Johans gate）周邊的徒步範圍內，距離稍遠一些的藝術景點也不容錯過。

① 別冊MAP P26B1　●皇宮周邊 國立美術館
Nasjonalgalleriet

來這兒一睹孟克的作品

藝術品收藏數量居挪威之冠的美術館，其中最受矚目的是展示挪威籍畫家愛德華・孟克作品的房間。其他還有梵谷、莫內、高更、塞尚等值得細細欣賞的大師之作，最好預留2～3小時的參觀時間。

DATA　交路面電車TULLINLØKKA站步行2分 住Universitetsgata 13　☎2198-2000　時10～18時（週四～19時、週六日11～17時）　休週一 金50Nkr. E

🎨 愛德華・孟克的名畫

『聖母瑪利亞』
（1894～95）
將聖母瑪利亞以露骨畫風呈現的油彩畫，共有5個版本。

『吶喊』（1893）
以孟克本人的幻覺為主題，透過強調遠近法的構圖方式描繪出的代表作。『吶喊』據說共有4幅，其中2幅收藏在孟克博物館。

1.僅蒐集孟克作品的「孟克廳」　2.光繪畫就有4500件的收藏品　3.商店內有許多美術相關圖書

 步行6分

② 別冊MAP P27C1　●皇宮周邊 工藝設計博物館
Kunstindustrimuseet

1.古典風格的建築物
2.最具代表性的北歐家具一覽無遺　3.Living Tower（左）為維諾・潘頓的傑作

瞭解北歐工業設計的歷史

以出自北歐的名作為中心，有諸多介紹20世紀工業設計的常設展示。展覽內容不只是家具，還有紡織品、玻璃工藝等，展示領域多元。販售飾品、陶瓷器等雅緻手工藝品的商店也很值得一訪。

DATA　交路面電車TULLINLØKKA站步行8分　住St. Olavs gate 1　☎2198-2280　時11～17時（週四～19時、週六12～16時）　休週一 金50Nkr. E

小小資訊　古蘭盧卡地區的BIRKELUNDEN（別冊MAP／P25D2）會於3月下旬～12月中旬的週日12～16時舉辦古董市集，多為保存狀態較佳的物品。

 ③ 皇宮
 ② 工藝設計博物館
① 國立美術館
N
0 200m

Kristian Augusts gate
TULLINLØKKA
Kristian IV's gate
奧斯陸大學
NATIONAL THEATRET
SLOTTSPARKEN
維格蘭雕塑公園
國家劇院
弗里喬夫南森廣場
Stortingsgate
STORTINGET
諾貝爾和平中心
KONTRASKJÆRET
④ 奧斯陸市政廳
Rådhusgate
Karl Johans gate
卡爾約翰大道
步行約3分
孟克博物館
JERNBANETORGET
奧斯陸中央車站
OSLO SENTRAL STASION
Akersgate

1.衛兵交接儀式於每日13時30分舉行，為時約20分鐘　2.皇宮四周是綠意盎然的公園，為市民的休憩場所
©CH/Visitnorway.com

遊逛POINT
以卡爾約翰大道為起點，在移動上會比較簡單明瞭。大道以北是稍微往上爬的斜坡。2015年4月時由於受到奧斯陸中央車站附近大規模施工的影響，路面電車的路線和站名多有變更。到了當地請先確認最新的資訊後再上街遊逛。

步行10分

③ 別冊 MAP P26A1
●皇宮周邊
皇宮
Slottet

衛兵交接儀式的舞台

現任挪威國王哈洛德五世的居城，周邊是一片碧草如茵的庭園。衛兵交接儀式每天都會舉行，尤其當國王在宮內時，儀式進行間還會有禁衛隊樂團的伴奏。

DATA 交路面電車SLOTTS-PARKEN站步行1分 住Drammensveien 1 ※內部不開放參觀，僅夏季有英語導覽行程

步行10分

④ 別冊 MAP P26B3
●奧斯陸市政廳周邊
奧斯陸市政廳
Rådhuset

就像是走進美術館一般！

諾貝爾和平獎頒獎典禮的舉行場地，內部免費開放參觀。裝飾著歐洲規模最大的油畫『Work, Administration and Celebration』等來自323位當地藝術家的繪畫和木雕作品。

DATA 交路面電車KONTRASK-JÆRET站步行1分 住Fr.Nansens Plass ☎2346-1900 時9～16時（7～8月～18時） 休無 金免費 ※導覽行程6～8月10、12、14時～ E

1.為了紀念奧斯陸建城900週年而建　2.1樓中央廳的巨幅壁畫是參觀焦點

稍微走遠一些 前往深度景點

孟克博物館
Munch Museet
托耶恩 ●別冊MAP/P25D3

孟克過世後所成立的博物館。收藏了1萬5500件版畫和1100幅繪畫，並且公開展示代表作『吶喊』等部分館藏。

DATA 交Ⓣ TØYEN站步行3分 住Tøyengata 53 ☎2349-3500 時10～16時（週四～19時） 休週二 金100Nkr. E

1.到咖啡廳點塊『吶喊』蛋糕49Nkr.
2.展示捐贈給奧斯陸市的作品

維格蘭雕塑公園
Vigelnadsparken
福洛格納 ●別冊MAP/P24A1

奧斯陸市請雕刻家古斯塔夫‧維格蘭設計而成的大型公園。有212件人體雕像散佈其間，宛如一座戶外美術館般。

DATA 交路面電車VIGELANDSPARKEN站步行1分 ☎2349-3700 時全日開放 休無 金免費

獨一無二的石雕成了奧斯陸的象徵
©Hagelund Birdseyepix.com/Visitnorway.com/Vigeland-museet/BONO

有雜貨屋、咖啡廳、古著店！
掀起話題的時尚區
古蘭盧卡

古蘭盧卡（Grünerløkka）是從中央車站搭路面電車不到10分鐘即可抵達的私房好去處。
不妨逛逛可一窺老闆獨到品味的店家，或是廣受當地人喜愛的咖啡廳。

精品店 **別冊 MAP P25D2** ## LiBe Fair Living

愛護地球的環保商品琳瑯滿目

以有機素材為中心，精選服飾、美妝品、雜貨等各類型商品，也積極採購非洲各國的手工製作公平貿易產品，因獨一無二的商品選擇而深獲當地的支持。

1. 服裝以公平貿易品牌「People Tree」的商品為大宗 2. 肯亞製的布偶295Nkr. 3. 與馬賽族人合作生產的手環各250Nkr.

DATA 交路面電車BIRKELUNDEN站步行3分 住Thorvald Meyers gate 27 ☎9956-3592 時11～18時（週六～16時）休週日、一 E

> 我們特別挑選了富故事性的商品

老闆Liv

流行時尚 **別冊 MAP P25D2** ## Conzept

尋找能傳遞溫度的良品

除了身兼畫家與珠寶飾品設計師的店主作品外，還蒐集了國內藝術家的手工創作雜貨。可愛、懷舊元素交織的服飾，在各年齡層間都十分受到歡迎。

1. 宛如藝廊般的店內，手工珠寶飾品的款式也很多
2. 由店主設計的小鴨圖案馬克杯450Nkr.

> 復古服飾不分年齡層深受歡迎！

老闆Rine

DATA 交路面電車OLAF RYES PLASS站步行5分 住Steenstrups gate 12 ☎2235-0900 時10～17時（週五六～18時，週日12～16時）休無 E

3. 結合不同素材設計出貓頭鷹圖案衣袖的洋裝1600Nkr.
4. 帶翅膀的兔子手作項鍊1400Nkr.

---

118 **小小資訊** 古蘭盧卡是活躍於當地的藝術家和創作者的聚集場所，經過當地居民積極推動街區活化的努力下，出現了許多小巧精緻的個性店家。

路面電車南北向行駛的Thorvard Meyers gate與往西相隔一個街區的Markveien是主要大街。由於範圍不大，只需半天即可逛完一圈。

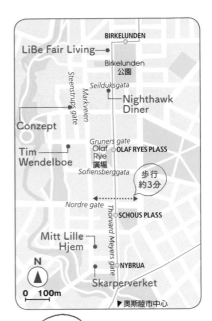

BIRKELUNDEN
LiBe Fair Living
Birkelunden 公園
Seilduksgata
Steenstrups gate
Markveien
Nighthawk Diner
Conzept
Gruners gate
Olaf Rye 廣場 · OLAF RYES PLASS
Tim Wendelboe
Sofiensberggata
步行約3分
Nordre gate
Thorvard Meyers gate
SCHOUS PLASS
Mitt Lille Hjem
NYBRUA
Skarperverket
N
0　100m
▼奧斯陸市中心

奧斯陸 古蘭盧卡

| 咖啡廳 | 別冊MAP P25D2 | **Tim Wendelboe** |

引領咖啡業界的關鍵人物

可以品嘗到兩種口味的咖啡試飲150Nkr.。店內只賣飲品，不提供餐點

由2004年世界咖啡師大賽的優勝者所經營的濃縮咖啡吧。以愛樂壓咖啡器沖泡的咖啡隨時都備有5～6款，拿鐵1杯44Nkr.。

DATA 交路面電車OLAF RYES PLASS站步行2分 住Gruners gate 1 ☎4000-4062 時8時30分～18時（週六、日11～17時）休無 E

| 雜貨屋 | 別冊MAP P27D1 | **Skarperverket** |

色彩繽紛的手工雜貨寶庫

展示、販售網羅20多位奧斯陸在地設計師手作商品的可愛店家。店裡有許多僅此一件的商品，例如作工細膩的玻璃飾品、利用布料重製的小東西、復古風服飾等。

DATA 交路面電車NYBRUA站步行2分 住Markveien 60 ☎2238-5070 時12～18時（週六11～17時、週日～17時）休無 E

利用書封插畫製成的雜貨是我的個人創作
設計師Anne

1.可當托盤使用的北極熊迷你盤120Nkr. 2.用布料再製而成的胸針170Nkr. 3.也提供文具、筆盒等售價100Nkr.以下的雜貨

1
2
3

| 雜貨屋 | 別冊MAP P25D2 | **Mitt Lille Hjem** |

老闆發揮獨到審美觀的精品店

以南法風格的家飾雜貨與出色有型的服飾為中心，能增添時尚品味的包包和鞋子等充滿個性的配件類也很豐富。

DATA 交路面電車NYBRUA站步行3分 住Markveien 56C ☎2235-0150 時10～18時（週四～19時、週日12時～）休無 E

| 餐廳 | 別冊MAP P25D2 | **Nighthawk Diner** |

懷舊風情的美式餐廳

使用大量當地有機食材的家庭餐廳。有胡蘿蔔蛋糕79Nkr.、奶昔69Nkr.等，味道也很美式！

DATA 交路面電車OLAF RYES PLASS站步行3分 住Seilduksgata 15 ☎9662-7327 時7～24時（週一～23時、週四～翌2時、週五～翌3時、週六10時～翌2時、週日10時～）休無 E E

盡情品嘗挪威的絕品海鮮

在挪威可享受鮭魚等時令漁獲的味覺饗宴。
預約奧斯陸市內的名店，以北歐特有的奢侈美味大飽口福。

皇宮周邊 | **別冊 MAP P26B1** ## Fjord

運用當地食材的海鮮料理

以挪威菜為基礎，備受各界矚目的創意料理餐廳，親自與當地生產者接觸，持續研發能激發出食材特色的烹調方式和醬料。僅以全餐方式提供，3道445Nkr.、5道595Nkr.。著裝規定為時尚休閒。

嫩煎魟魚鰭
（全餐主菜）

鵪鶉的波蘭風肉凍和蘑菇、鵝肝，搭配特製松露醬汁

```
DATA　交路面電車TULLINLØKKA步行1分
住Kristian August gate 11
☎2298-2150
時17時30分～23時　休週日一、7月
☑有諳英語的工作人員　☑有英文版菜單
☑需預約
```

1. 小螯蝦前菜，味噌醬汁的表現很出色
2. 利用馴鹿角作成燈具，呈現挪威的自然壯麗

奶油鱈魚
佐蔬菜
335Nkr.

使用濃縮住甜的半乾燥鱈魚，搭配的酥脆培根和蔬菜相當對味

奧斯陸市政廳周邊 | **別冊 MAP P27C4** # Engebret Cafe

往昔深受藝術家喜愛的老店好滋味

由於過去劇院就在餐廳對面，也成為易卜生、葛利格、孟克等藝文人士聚集的名店，如今依然吸引挪威首相等名流上門光顧。提供大量使用國內食材的正統挪威菜，秋冬季節一到，就會端上駝鹿及馴鹿料理，搶先品嘗當令美味。

```
DATA　交路面電車KONGENS GATE站步行5分
住Bankplassen 1　☎2282-2525
時11時30分～23時（週六17時～）　休週日
☑有諳英語的工作人員　☑有英文版菜單
□需預約
```

1. 擺飾常客音樂家和藝術家作品的酒吧區
2. 1760年以來的歷史悠久建築，為奧斯陸最古老的餐廳之一

小小資訊　挪威除了鮭魚以外，還有柳葉魚、鯖魚、鱒魚、鮟鱇魚、龍蝦等漁獲。此外，吊掛曬乾的鱈魚也是挪威家庭料理中不可或缺的菜色。

由鮮魚店經營的餐廳

中央車站周邊 │ 別冊MAP P27C2

Fiskeriet

當地人都會點份量飽滿的炸魚炸薯條,而當日湯品、鹽漬鱈魚170Nkr.等能讓身子暖和起來的海鮮菜色也很有人氣。

DATA 交中央車站步行5分 住Youngstorget 2b ☎2242-4540 時10～19時(週四五～20時、週六11時～) 休週日 E

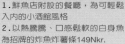

1.鮮魚店附設的餐廳,為可輕鬆入內的小酒館風格。
2.以熱騰騰、口感鬆軟的白身魚為招牌的炸魚炸薯條149Nkr.

奧斯陸 絕品海鮮

香烤鱸魚
205Nkr.
- - - - - - - - - -
增添白身魚風味的法式醬料是味道的關鍵,與根莖類蔬菜的搭配也十分美味

皇宮周邊 │ 別冊MAP P26B2

Cafe Christiania

如玩具盒般的餐廳

以法國小餐館為概念的精緻時尚餐廳,融入法國菜的烹調技法,提供使用挪威食材的現代風味料理。老闆是一位超級收藏家,店內有如美術館般,陳列著照相機、馬口鐵玩具、鐘錶等珍藏品,值得前來一探究竟。

DATA 交①STORTINGET站步行4分 住Nedre Vollgate 19-inng.Stortingsgatan ☎2201-0510 時11～23時 休週日 ☑有諳英語的工作人員 ☑有英文版菜單 □需預約

1.淋上辣根醬汁的煙燻鴿胸肉115Nkr.
2.密密麻麻羅列著古董用品的店內,散發出復古的氣氛

奧斯陸市政廳周邊 │ 別冊MAP P26B3

Det Gamle Raadhus

洋溢莊嚴氛圍的老店

改裝1641年做為市政廳使用的建築物,1856年開始對外營業的傳統名店。仔細標示各項食材的產地,而且大半以上的食物都是在100公里的範圍內所採收,依季節也會採購馴鹿和野鴨等食材。著裝規定為時尚休閒裝。

DATA 交路面電車CHRISTIANIA TORV站步行3分 住Nedre Slottsgade 1 ☎2242-0107 時11時30分～16時、17～22時 休週日 ☑有諳英語的工作人員 ☑有英文版菜單 ☑需預約

1.高貴氣派的店內,夏天午間時段的露天座也很受好評 2.於中部特倫德拉格捕撈的大比目魚搭配野菇燉飯289Nkr.

Mood From Norway
265Nkr.(5道)
- - - - - - - - - -
集結鮭魚、扇貝等時節好滋味,是午間限定的人氣餐點(照片為2人份)

【 從經典觀光勝地到人氣話題店家 】

奧斯陸的
吸睛焦點總複習

奧斯陸市中心小巧集中，以徒步方式即可遊遍。
前往稍微遠一些的公園、美術館，地方城鎮則可利用路面電車、巴士或地鐵。

別冊 MAP P27C3 ●中央車站周邊
奧斯陸大教堂
Oslo Domkirke

矗立於市中心的地標

1697年創建的路德派教堂。內部裝飾以20世紀古物居多，有現代風的穹頂畫、管風琴、艾曼紐·維格蘭製作的彩繪玻璃等諸多參觀重點。Michael Rasch以『最後的晚餐』為主題所創作的壁飾，更是不可錯過的傑作。

DATA　交中央車站步行3分　住Karl Johans gade 11
☎2241-2793　時10～16時　休無　金免費

位於熱鬧的卡爾約翰斯大道上

別冊 MAP P26B4 ●奧斯陸市政廳周邊
阿克修斯城堡
Akershus Slott

古老房間綿延不絕的中世紀城堡

佇立在幅員遼闊的公園內，1299年創建的文藝復興樣式城堡，17世紀時改裝成現在的模樣。光線微暗的城內，有克里斯蒂安四世曾居住過的廳房等眾多訴說悠久歷史的房間。目前作為接待各國政要的晚宴會場使用。

DATA　交路面電車 CHRISTIANIA TORV 站步行5分
住Akershus Festnig　☎2309-3917
時7～21時。5～9月6～21時
休無　金免費　E

別冊 MAP P26B3 ●奧斯陸市政廳周邊
諾貝爾和平中心
Nobels Fredssenter

諾貝爾和平獎的相關展示

透過影像等方式，簡單介紹諾貝爾和平獎的歷史沿革與歷屆獲獎者的功績，館內也設有博物館商店。

DATA　交路面電車AKER BRYGGE
站步行1分　住Brynjulf Bulls Plass 1
☎4830-1000　時10～18時　休週
一　金90Nkr.　E

別冊 MAP P27D4 ●中央車站周邊
國家歌劇院＆芭蕾劇場
Den Norske Opera & Ballett

奧斯陸峽灣的絕佳觀景點

矗立於海邊的大理石建築物，是深受當地人喜愛的藝術據點。可自由進出的頂樓也是極具人氣的觀景點。

DATA　交中央車站步行5分
住Kristen Flagstads Plass 1
☎2142-2100　時10～20時（週六
11～18時、週日12～18時）　休無
金導覽行程135Nkr.　E

不妨也到美麗的公園逛逛，有時還能見到衛兵的身影

小小資訊　出示奧斯陸通行卡（→P115）可免費入場的有諾貝爾和平中心、孟克博物館（→P117）、國立美術館、工藝設計博物館（→P116）、佛拉姆極圈探險船博物館（→P123）等。Cafe Christiania（→P121）等餐廳還可享折扣優惠。

別冊 MAP P24A4

●比格迪
挪威民俗博物館
Norsk Folkemuseum

從木造住家探索往昔生活景象

自挪威各地收集而來的木造建築物林立的戶外博物館，其中又以1200年興建的木板教堂和易卜生的書房等最具人氣。

DATA 交巴士30號FOLKEMUSEET站步行1分 住Museumsveien 10
☎2212-3700 時11～15時（週六日～16時） 休無 金120Nkr.

©Norsk Folkemuseum

別冊 MAP P24A4
●比格迪
維京船博物館
Vikingskipshuset

展示三艘維京古船

館內陳列著全長21.5公尺、寬5.1公尺的奧斯伯格號，以及高克斯塔號、杜桌號等三艘8～9世紀的維京船。

DATA 交巴士30號VIKINGSKIPENE站步行1分 住Huk Aveny 35
☎2213-5280 時10～16時，5～9月為9～18時 休無 金80Nkr.

別冊 MAP P24A4
●比格迪
佛拉姆極圈探險船博物館
Frammuseet

名留青史的極地探險船

展示1982年為了北方海域探險家弗里喬夫・南森所打造的探險船「佛拉姆號」，這艘船擁有3次遠征南、北極的航海記錄。

DATA 交巴士30號BYGDOYNES站步行1分 住Bygdoynesvien 39
☎2328-2950 時10～16時（5、9月～17時，6～8月為9～18時） 休無 金90Nkr.

別冊 MAP P24A4
●比格迪
康提基號博物館
Kon-Tiki Museet

紀錄海爾達的航海歷程

介紹挪威民族學家索爾・海爾達的探險相關資料和船隻，並展示於1947年太平洋探險中使用的康提基號。

DATA 交巴士30號BYGDOYNES站步行1分
住Bygdoynesvien 36 ☎2308-6767 時10～17時（11～2月為～16時，6～8月為9時30分～18時） 休無
金90Nkr.

別冊 MAP P26A3
●奧斯陸市政廳周邊
阿克布里格商業區
Aker Brygge

將倉庫區重新開發成流行地區

原本的倉庫區經再開發後，搖身一變成了時尚的濱海購物中心，有多家商店、餐廳、咖啡廳進駐，也設有電影院。

DATA 交路面電車AKER BRYGGE站步行1分 住Bryggegatai 9
☎2283-2680 時10～20時（週六～18時） 休週日

別冊 MAP P27C2
●中央車站周邊
Glasmagasinet

1739年創業的老字號百貨公司

地下1樓是餐具＆廚房用品賣場，1樓有北歐品牌的玻璃製品、陶瓷器、挪威的手工藝品等精選商品。

DATA 交中央車站步行7分
住Stortorvet 9 ☎2290-8700
時10～19時（週六～18時）
休週日 E

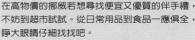

 若要尋找伴手禮

Meny
中央車站周邊●別冊MAP/P27D2

在高物價的挪威若想尋找便宜又優質的伴手禮，不妨到超市試試。從日常用品到食品一應俱全，睜大眼睛仔細找找吧。

DATA 交中央車站步行2分 住Stenersgaten 1（Oslo City內） ☎2315-9300 時9～22時（週六～20時） 休週日 E

馴鹿圖案餅乾
21Nkr.

可愛的罐裝
國產蜂蜜41.90Nkr.

番茄鯖魚
16.90Nkr.

奧斯陸 吸睛焦點❶

●皇宮周邊
別冊 MAP P24B2

PurNorsk

如展示中心般的大型家飾店

以簡約洗練的挪威設計為焦點的概念店，因其精闢銳利的審美觀而受到國內外的高度注目。與羊毛製品名店Røros Tweed合作開發的毛毯「挪威森林」1450Nkr.，以及馴鹿造型的大衣掛鉤等獨一無二的原創設計，都是不可錯過的熱門商品。

- -
DATA　交路面電車SCHULTZ' GATE站步行3分
住Industrigate 36　☎9208-0608　時10～18時（週四～19時、週六～16時）　休週日 Ｅ

1.巨大檯燈即店家的標誌　2.由出身卑爾根的設計師所創作的咖啡歐蕾碗（右圖）350Nkr.

●皇宮周邊
別冊 MAP P26B2

Freia

名產巧克力一次買齊

堪稱挪威無人不知、無人不曉的知名巧克力品牌，奧斯陸唯一的店面就設在Ｈ Grand Hotel（→P126）的1樓。除了一般超市販售的基本商品外，還能在此買到頂級的果仁糖（100公克37Nkr.）、低糖熱巧克力33Nkr.等，也是該店的最大特色。

- -
DATA　交ＴSTORTINGET站步行1分　住Karl Johans gate 31　☎2242-7466　時10～18時（週六～16時）休週日 Ｅ

1.還設有巧克力秤重計價區，100g／25Nkr.
2.1905年創業，歷史悠久的巧克力店

●皇宮周邊
別冊 MAP P27C2

Rafens

搜尋設計新潮的廚房用品

價格實在而深具吸引力的廚房用品專賣店。在1827年開業至今的旗艦店內，陳列著北歐設計風格的優質商品。最受矚目的是奧斯陸當地的兒童雜貨品牌「BLAFRE」，水壺179Nkr.等以動物為主題的五彩繽紛商品，可愛的程度連大人都想擁有。

- -
DATA　交ＴSTORTINGET站步行3分　住Grensen 16
☎2241-1803　時10～18時（週四～19時、週六～16時）　休週日 Ｅ

1.各種廚房相關一應俱全
2.BLAFRE的午餐盒129Nkr.

●皇宮周邊
別冊 MAP P26B2

Norway Designs

北歐製造的文具區為最大亮點

專門主打現代設計風格的北歐雜貨店舖，兩層樓的寬敞店內，網羅了五花八門的北歐各國設計商品，從玻璃製品、陶瓷器、銀製品等高級商品，到文具用品、廚房用品等平價雜貨，應有盡有，最適合來此挑選伴手禮。

- -
DATA　交ＴNATIONAL THEATRET站步行1分
住Stortingsgaten 28　☎2311-4510　時10 ～18時（週四～19時、週六～16時）　休週日 Ｅ

1.以白色為基調的簡潔店內空間
2.活潑可愛的挪威風格月曆130Nkr.

 小小資訊　從維京人的遺物中不難發現與現代設計理念相通的傳統工藝品，北極圈原住民薩米人的馴鹿角手工藝品就是最具代表性的例子。

●皇宮周邊

別冊 MAP P26B2

Den Norske Husfliden

經典的挪威優質伴手禮

負責經營挪威手工藝協會，並擁有百年以上歷史的店家，商品的品質有口皆碑。售有挪威當地製造的傳統手工藝品，包括挪威的民族服飾布納德（Bunad）、手工編織毛衣、木雕製品等，樣式豐富。店面距離卡爾約翰斯大道也很近，地點十分方便。

- -
DATA 交ⓉSTORTINGET站步行5分 住Stortorvet 9 ☎2290-8700 時10～19時（週六～18時） 休週日 Ⓔ

1.店內盡是能感受手作溫度的商品
2.以動物為設計主題的羊毛氈材質抱枕705Nkr.

●皇宮周邊

別冊 MAP P26B1

Fuglen

珍貴古董隱身在各個角落

咖啡豆購自小型的咖啡烘焙坊，味道新鮮、香氣濃郁的咖啡22Nkr.～。店內的桌子和沙發皆為商品，還規劃出一個特別房間，販售Cathrineholm的餐碟1800Nkr.等古董品。目前唯一的分店在東京。

- -
DATA 交路面電車TULLINLØKKA站步行3分 住Universitetsgaten 2 ☎2220-0880 時7時30分～19時（週六10時～、週日10～18時）。夜間營業為週三四18時～翌1時、週五六19時～翌3時 休無 Ⓔ

1.絕不可錯過欣賞Cathrineholm等品牌的古董珍品 2.空間寬闊的露天座是學生族群的最愛

●奧斯陸市政廳周邊

別冊 MAP P26B2

Oro

可依氣氛二選一的餐廳

以當令食材入菜的北歐風格餐廳，又分為高級餐廳（全餐695Nkr.～）與時尚酒吧＆燒烤（全餐395Nkr.～）兩種選擇。

- -
DATA 交ⓉSTORTINGET站步行6分 住Tordenskioldsgate 6A ☎2301-0240 時16～23時。酒吧＆燒烤16時～翌3時 休週日、一 ⒺⒺ

●皇宮周邊

別冊 MAP P26B2

Kaffistova

大受歡迎的休閒餐廳

1920年創業的老店，採學校餐廳的方式，可自行從陳列在櫃檯上的餐點挑選，價格便宜、很受歡迎。提供肉丸139Nkr.等菜色。

- -
DATA 交ⓉSTORTINGET站步行3分 住Rosenkrantz' gate 8 ☎2321-4211 時11～21時（週六・日～19時） 休無 ⒺⒺ

●皇宮周邊

別冊 MAP P26B2

Grand Café

奧斯陸具代表性的歷史咖啡廳

1874年創業，Ⓗ Grand Hotel （→P126）內的知名咖啡廳，曾經是易卜生、孟克等著名藝術家最愛光顧的場所。咖啡45Nkr.～。

- -
DATA 交ⓉSTORTINGET站步行1分 住Karl Johans gate 31 ☎2414-5310 時11～23時（週六12時～、週日13～22時） 休無 ⒺⒺ

Check! **咖啡大國挪威**

在每年的世界咖啡師大賽中，北歐的參賽者總是屢獲佳績，尤其是挪威，除了2004年獲得冠軍的Tim Wendelboe（→P119）外，年年都有來自挪威的選手名列前茅。其他還有許多由專業咖啡師駐店的講究咖啡廳，對咖啡愛好者來說，挪威是最想要造訪的國家首選。

地點方便又舒適
奧斯陸的飯店

市區幅員不大、飯店集中，無論哪一家飯店的交通都很便捷。
奧斯陸不僅有大型連鎖飯店，也有藏身巷弄中的小飯店。

Grand Hotel
延續傳統氣息的頂級飯店

1874年創業的飯店，也曾是長年負責接待各國重要人士的歷史舞台。以淺色系家具等擺設的客房，每一間的設計風格都各異其趣。

DATA
交⊤STORTINGET站步行1分 住Karl Johans gate 31
☎2321-2000
金單人房1745Nkr.～
292室
Ｅ Ｒ Ｐ Ｆ

Thon Hotel Opera
舒適便利的車站周邊飯店

以歌劇院為意象的設計飯店。從面海客房能欣賞到奧斯陸的峽灣景色，面山客房則可眺望市內街景。就位於中央車站的正後方，離前往機場的特訊列車月台很近。

DATA
交中央車站步行2分
住Christian Frederiks Plass 5 ☎2410-3000
金單人房1695Nkr.～
480室
Ｅ Ｒ Ｆ

 ## Hotel Continental

奧斯陸代表性的老字號飯店。毫無陳舊年代感、彌漫著高級優雅氣圍的內部裝潢，出自於英國籍設計師之手。
DATA 交⊤NATIONAL THEATRET站步行1分
住Stotingsgaten 24-26 ☎2282-4000 金單人房2675Nkr.～ 155室
Ｅ Ｒ

 ## Hotel Bristol

1920年創業，寬敞的客房內擺飾著古董家具，別館還附設酒吧和咖啡廳。
DATA 交⊤STORTINGET站步行3分 住Kristian Ⅳ's gate 7 ☎2282-6000 金單人房1595Nkr.～ 251室
Ｅ Ｒ Ｆ

 ## Radisson BLU Plaza Hotel

37層樓高的美式風格飯店。隨處可見當地藝術家的作品點綴，讓人留下深刻印象。還設有女性專用客房。
DATA 交中央車站步行5分 住Sonja Henies Plass 3
☎2205-8000 金單人房1690Nkr.～ 676室
Ｅ Ｒ Ｆ

 ## Clarion Royal Christiania

地處卡爾約翰斯大道上，與Meny（→P123）相鄰的絕佳位置。設於中庭的餐廳，空間寬闊舒適。
DATA 交中央車站步行2分 住Biskop Gunnerus gate 3 ☎2310-8000 金單人房1680Nkr.～ 532室
Ｅ Ｒ

 ## Comfort Børsparken

位在中央車站附近、觀光方便的地理位置，以機能性的簡約客房為特色。有些客房還能眺望國家歌劇院＆芭蕾劇場。
DATA 交中央車站步行3分 住Tollbugaten 4
☎2247-1717 金單人房849Nkr.～ 248室
Ｅ Ｆ

 ## Scandic Byporten

位於與中央車站鄰接的購物中心Byporten內。客房皆為木質地板，並搭配時尚家具。
DATA 交中央車站步行1分 住Jernbanetorget 6
☎2315-5500 金單人房1389Nkr.～ 239室
Ｅ

［符號說明］ 英語OK、 餐廳、 游泳池、 健身房

自然之旅

冬天夜空中絢爛多彩的光影布幕——極光、

歷經冰河期切鑿而成的美麗峽灣海岸線，

吸引絡繹不絕的全球觀光客，

前往見證大自然孕育而成的北歐奇景。

大自然的壯觀與奧妙令人感動！

妝點極北國度
天空的極光饗宴

夜空中搖曳閃爍的神秘光帶——極光，不時在北歐的芬蘭、瑞典、挪威等緯度較高的北部天空現身。做好事前準備，來趟震懾人心的極光體驗吧。

簡單認識極光

在出發欣賞極光前，不妨來了解一下極光的基本知識，絕對能讓極光體驗更加盡興！

●何謂極光？

來自太陽的荷電粒子（帶電微粒、質子等）在碰撞地球的大氣層時所產生的發光現象。一次碰撞所發出的光長雖然有限，但在時間落差的接連碰撞和發光下，看起來就會宛如光線在舞動一般。出現地點和觀測地點的角度若不同，極光呈現的模樣也會隨之改變。

●極光的顏色？

一般多為白綠色或綠色；紅色相當罕見，能看到代表相當好運。顏色取決於荷電粒子碰撞大氣層中的原子種類與高度而定。

●極光的形狀？

種類雖然千差萬別，但學術上共分成三類。discrete aurora（分立極光）代表可明確辨別的形狀，按照形狀又有ray（射柱狀）、surge（波浪狀）、corona（冠冕狀）等名稱。diffuse aurora（擴散極光）代表像雲層似地朦朧不明。pulsating aurora（脈動極光）代表一閃一閃反覆出現明暗。

最容易看到的白綠色極光

典型的分立極光

小小知識　極光Aurora之名，源自於羅馬神話中的黎明女神歐若拉（Aurora）。由於極光的光芒與黎明之光相似，所以將極光稱為Aurora。

羅瓦涅米聖誕老人村上空的極光漫舞
©SHASHIN KOUBOU/SEBUN PHOTO/amanaimages

行前 check!

●服裝與攜帶物品

有時必須得長時間在零下20～30°C的酷寒中等待極光出現，所以務必做足禦寒措施。懷爐和手電筒是必備之物。為了預防在零下20°C以下時皮膚凍傷，請注意勿將貴金屬和金屬框的眼鏡直接碰觸皮膚。禦寒用品有時也能在飯店等場所租借得到。

選擇具防水防風功能的羽絨外套或雪衣、厚外套，圍巾等則能預防冷空氣從肩頸部灌入

戴上能蓋住耳朵的帽子、滑雪面罩，以毛料、刷毛材質為佳

薄手套的外面再加上一層滑雪手套

穿高至腳踝上方的雪靴，並多套幾雙厚毛襪

●一般數位相機的簡單極光拍攝技巧

將ISO感光度調至800～1600，拍攝模式設定為長時間曝光（夜景模式等）。為防手震請使用三腳架固定，設定定時拍照功能、關閉閃光燈。此外，相機暴露在外會因為低溫而導致電力快速損耗，所以拍照前請放在外套內保溫。最好攜帶備用電池。

●何時能看見？

最佳欣賞季節為夜晚較長的9～3月。雖然白天也會出現極光，但天空太亮肉眼難以辨識。以午夜12時為基準，前後3～4小時出現極光的機率最高，有時傍晚或清晨也能看見。極光大概會出現10分鐘左右，有時也會罕見地持續近1小時。3天中約有1～2天的機率能看見極光。

●哪裡看得到？

宛如環繞著地球磁場（北極和南極）般的極光，根據統計，能清楚看見的區域大約位於北緯65～70度之間，該範圍稱為極光帶。北歐落在該領域內的城市有芬蘭的羅瓦涅米、薩里塞勒卡、萊維和瑞典的基魯納、尤卡斯耶爾維及挪威的特隆姆瑟等，都吸引許多遊客慕名前往。

代表性的極光勝地

 羅瓦涅米
芬蘭 別冊 MAP P28B1
Rovaniemi

洋溢聖誕氣氛的美麗街景

羅瓦涅米為世界著名的聖誕老人故鄉。在所有極光勝地中屬於規模較大的地區，因此觀測極光需搭乘往郊區移動的Moimoi號等。

DATA　交赫爾辛基搭乘飛機約1小時20分

 極光巴士Moimoi號
Aurora Bus Moimoi

從市區飯店開往極光景點的專用巴士，由日本人帶領的旅遊行程。

DATA　時12～3月的每天（芬蘭的節日除外），所需約5小時（19～24時）金€85　URL www.nettravel-jp.com（TUMLARE）

 聖誕老人村
Santa Claus Village

設有全年都能造訪聖誕老公公的辦公室，還可到郵局寄出蓋有聖誕老人郵戳的信件。離市區約10分鐘車程。

DATA　☎016-356-2096　時10～17時（6～8月9～18時、12～1月中旬9～19時）休無　金免費

Hotel Santa Claus

地處市中心的高級飯店。很受家庭旅客的喜愛，除了購物中心外還附設拉普蘭菜餐廳和酒吧。

DATA　☎016-321-321　金標準客房€196　168室

薩里塞勒卡
芬蘭 別冊 MAP P28B1
Saariselkä

戶外探險活動精彩豐富的城鎮

步行約30分鐘就能環繞一圈的小城鎮，有很多設備完善的飯店，除了觀測極光外，還能體驗各式各樣的雪上活動。

DATA　交赫爾辛基搭乘飛機約1小時40分

 追逐極光之旅「Kiitos號」
Aurora Hunting Tour「Kiitos」

搭乘專車前往極光景點，還可領取極光證明書，由日本人帶領的旅遊行程。

DATA　時11月中旬～4月上旬每日出發，所需約3小時（出發20～22時）金€75

 Saariselkan Tunturihotelli

共分成六棟的大型度假飯店，冬天以戶外運動客群居多。

DATA　☎016-68-111　金€128～ 260室

萊維
芬蘭 別冊 MAP P28B1
Levi

拉普蘭最大的滑雪勝地

位於萊維山麓的度假地，以滑雪、越野滑雪等冬季運動和觀賞極光聞名。

DATA　交赫爾辛基搭乘飛機約1小時30分

©Levi Tourist Office

 Spa Hotel Levitunturi

萊維當地最大規模的度假飯店。由九棟建築物組成，溫水游泳池、三溫暖、健身房等設備齊全，SPA和美容療程的選項也很充實。

DATA　☎016-646-301　金高級客房€192～220室

  若於飯店周邊觀賞極光，有燈光照明處會不容易看到，所以請往昏暗的地方移動靜候。有些飯店還會設置觀賞極光的等候場所，或是隔著玻璃從室內就能觀測的設備。

瑞典 | 別冊 MAP P28B1

基魯納
Kiruna

冰雪飯店極具人氣的北方城市

地處瑞典最高峰凱布納山腳的城市，觀賞極光的飯店和設備都十分完善，還能體驗雪上高爾夫。

DATA ✈斯德哥爾摩搭乘飛機約1小時30分

 ## Camp Ripan

飯店內設有小木屋樣式的客房，並提供極光旅遊團、狗拉雪橇體驗等自選行程。

DATA ☎0980-63000 💰雙人房1340Skr.～ 🛏90室

 挪威 | 別冊 MAP P28B1

特隆姆瑟
Tromsø

北斯堪地那維亞最大的度假勝地

人口約7萬人，挪威北部最大的城市。街景沿著海岸綿延，設有世界最北端的特隆姆瑟大學和極光觀測所。

DATA ✈奧斯陸搭乘飛機約1小時50分

 ## Rica Grand Hotel Tromsø

位於主要街道司特加達（Storgata）行人徒步街上，飯店周邊有不少餐廳和商店。

DATA ☎7775-3777 💰標準客房1390Nkr.～ 🛏133室

自然之旅 極光饗宴 ❷

---

and more…旅遊樂趣 **挑戰自選行程！**

白天可享受戶外活動，感受大自然的樂趣。
身處於極光勝地，幾乎所有的飯店都可報名，
一般多會提供到住宿飯店的接送服務。

※所需時間、費用視各地點而異。
刊載行程參考自Lapland Safaris
URL www.laplandsafaris.com/en/

狗拉雪橇
〔所需約2小時～／費用€154～〕

搭乘由哈士奇犬拉的雪橇在雪地馳騁的行程。一開始必需接受行前課程，兩人一組輪流操作由5～6隻狗所拉的雪橇。結束後還會升起營火來杯咖啡小憩片刻。

馴鹿雪橇
〔所需約2小時～／費用€110～〕

前往馴鹿牧場，坐上由馴鹿拉的雪橇，悠閒欣賞雪地景色的行程。在環繞營火稍事休息後，還有介紹拉普蘭文化的課程。

雪地健行
〔所需約2小時～／費用€61～〕

穿著踏雪板漫步在白雪森林中。運氣好的話，還能遇見野生動物。行程中會供應熱莓果汁，附英語導遊。

冰釣
〔所需約4小時～／費用€138～〕

搭乘雪上摩托車穿越銀白雪原前往結冰的河川或湖泊，用鑽孔機於冰上鑽一個洞再垂下釣魚線。有點類似日本的冰釣公魚，但這裡釣的是鱸魚或鮭魚。

雪上摩托車
〔所需約2小時～／費用€99～〕

以時速20～30公里的速度在雪原上奔馳的活動，從適合新手體驗的平坦路線到高階者的雪山路線應有盡有，可依個人程度選擇。需有普通小型車駕照。

 小小資訊 | 地處基魯納東部的尤卡斯耶爾維（別冊MAP／P28B1）以冰雪飯店聞名，每年冬天一到就會推出冰雪飯店，牆壁和床鋪都是冰塊所製成，僅於12月中旬～4月左右期間提供住宿。URL www.icehotel.com

冰河侵蝕的遠古歷史

造訪大自然鬼斧神工的壯觀峽灣

綿延於挪威西部的海岸線，世界規模最大的峽灣。由陡峭的岩壁環抱的靜謐海洋，
是冰河時期歷經漫長歲月侵蝕大地，而刻畫出的天然美景。

簡單認識峽灣

●何謂人氣四大峽灣？

約100萬年前的冰河期，挪威西部一帶被
1000～3000公尺厚的冰河覆蓋。約1萬年
前冰河開始削切山谷，同時往海邊後退，海
水流入當時所切出的U字型或V字型山谷而
形成峽灣。該地區有好幾個峽灣，其中最具
人氣的峽灣，由北到南依序為蓋倫格峽灣、
松恩峽灣、哈丹格峽灣、莉絲峽灣等四大峽
灣。地處蓋倫格峽灣和松恩峽灣支流的納柔
依峽灣，已於2005年登錄為世界遺產。

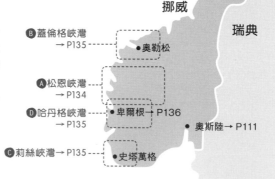

挪威

瑞典

Ⓑ 蓋倫格峽灣
→ P135 ······ ●奧勒松

Ⓐ 松恩峽灣
→ P134

Ⓓ 哈丹格峽灣 ·····● 卑爾根→ P136
→ P135 ●奧斯陸→ P111

Ⓒ 莉絲峽灣→ P135 ····· ●史塔萬格

入口平淺卻深邃的峽灣海灣，是不易興起大浪的天然良港。除了部分港口外，多為不凍港，故成為維京人
（遠征歐洲各地海路的諾爾斯人）的基地，也成為挪威主要產業——漁業的重要據點。

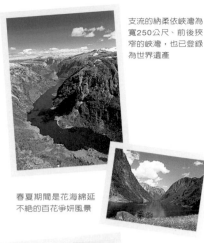
支流的納柔依峽灣為寬250公尺、前後狹窄的峽灣，也已登錄為世界遺產

春夏期間是花海綿延不絕的百花爭妍風景

連結米達爾與弗洛姆的弗洛姆高山鐵路，緩緩穿梭於坡度陡峭的峽谷間

搭渡輪能近距離欣賞壯闊的溪谷景緻

已登錄為世界遺產的蓋倫格峽灣，宛如明鏡般的水面上船隻來來往往

●周遊方法？

由於地形複雜，所以有巴士、火車、渡輪等各式各樣的交通工具。觀光路線規劃較容易的松恩峽灣、哈丹格峽灣均售有周遊券，可於卑爾根、奧斯陸的觀光服務處購買。旺季期間可能當天會買不到票，所以最好及早預約。蓋倫格峽灣、莉絲峽灣並無發行周遊券，請於各交通機關購票。

●觀光季節？

5～9月是主要旅遊季節，觀光客多集中於7～8月。這段期間的周遊券和團體旅遊行程請趁早預約。10～4月期間除了松恩峽灣外，交通機關都暫停營運，也讓觀光變得不易。冬季的松恩峽灣雖然旅遊步調悠閒，但要留意日照時間較短。

行前check!

●服裝與攜帶物品

這裡四季分明，請依季節做好因應溫差變化的準備。夏季白天穿一件T恤即可，但雨天或搭渡輪時會有寒意，所以別忘了準備一件外衣，輕量材質的風衣外套也很推薦。此外，峽灣地區多雨，切記攜帶雨具，或是穿上雙手仍可自由活動的雨衣。晴朗好天氣時，若有太陽眼鏡和望眼鏡就很方便。

小小資訊　從奧斯陸到卑爾根的交通方式，搭卑爾根急行最方便。全長471.2公里，車程約6～7小時。從車窗即可欣賞湖泊、冰河、溪流、峽灣等豐富多元的景色。URLwww.nsb.no（挪威國鐵）

四大峽灣

A
別冊 MAP P28A2

松恩峽灣
Sognefjord

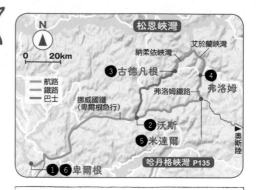
松恩峽灣

世界最大規模的人氣峽灣

全長204公里、最深處達1308公尺的峽灣，規模號稱世界之冠。河谷兩岸，海拔超過1000公尺的山巒層層相連。松恩峽灣是唯一整年都開放觀光的峽灣，能欣賞四季不同的風光。觀光焦點為支流的艾於蘭峽灣和納柔依峽灣。搭乘連結古德凡根與弗洛姆的郵輪，即可充分享受溪谷之美。

【Check！運行時程表】
● 渡輪 URL www.fjord1.no/eng/ferry（英語）
● 巴士・火車 URL www.rutebok.no（有英語版）
● 弗洛姆高山鐵路 URL www.visitflam.com/zh/（中文）

一日標準路線

一般多搭乘以卑爾根為起點，連結米達爾、弗洛姆、古德凡根的火車或渡輪、巴士，路線反過來走也OK。

1 卑爾根
Bergen

搭乘一大早的卑爾根急行列車，卑爾根站內就有商店和咖啡廳。從車窗能欣賞到和緩起伏的山岳風光和民宅等幽靜景緻。若要觀賞峽灣景色，行進方向的左側位置視野較佳。

旅程起訖點的卑爾根是一座美麗的港都

🚌 火車約1小時15分（1日12～19班）

2 沃斯
Voss

轉乘停靠在火車站前的巴士前往米達爾。沿著急陡狹窄的髮夾彎，一路穿梭於岩山峭壁和山谷間，景緻迫力十足。這裡也是與哈丹格峽灣（→P135）的分岐點。

卑爾根急行的停靠站Voss

🚌 巴士約1小時（1日5～8班）

3 古德凡根
Gudvangen

於納柔依峽灣最深處的港口搭乘渡輪。從船上能飽覽兩岸迫近眼前的絕壁、佇立於斷崖上的成排房屋和小村落等多種風情。由於水面平穩，行進時船身不會搖晃，這段也是松恩峽灣觀光的焦點所在。

從古德凡根出發的郵輪，能欣賞到納柔依峽灣的絕景

🚢 渡輪約2小時10分（1日1～5班）

4 弗洛姆
Flåm

搭乘鐵道迷垂涎不已的弗洛姆高山鐵路，從海拔2公尺的弗洛姆到海拔866公尺的米達爾，全長20公里，沿路盡是壯觀無比的自然景觀。中途會在休斯瀑布停留5分鐘左右，讓旅客下車拍照。

照片提供：Visit Flåm/R. M. Sørensen
照片提供：Visit Flåm/Kyrre Wangen

1.休斯瀑布為落差93公尺的巨大瀑布 2.在峽谷間陡坡穿梭的弗洛姆高山鐵路，從車窗可盡享美景

峽灣觀光的據點——弗洛姆

面艾於蘭峽灣的弗洛姆，既是弗洛姆高山鐵路的起點，亦是郵輪的停靠港。正如意指「山間小平地」的地名，雖然是個小村莊，每當夏天觀光季節到來，就會湧入來自全世界的遊客而熱鬧非凡。餐廳、伴手禮店和飯店等都集中在火車站周邊。

火車站附近就有渡輪碼頭

🚃 火車約1小時（1日4～10班）

5 米達爾
Myrdal

轉乘卑爾根急行，在峽灣美景的伴隨下回到卑爾根。麥達爾的車站周邊，有夏季才營業的商店、咖啡廳和廁所。

🚃 火車約2小時（1日7～10班）

6 卑爾根
Bergen

134 小小資訊 由於當地傳統歌謠中有名誘惑男性的精靈Huldra，在搭乘弗洛姆高山鐵路行經休斯瀑布時，會看到一位女性現身在岩石上方漫舞（僅限夏季可見）。

蓋倫格峽灣
Geirangerfjord

未經人工雕鑿的自然景觀「峽灣的珍珠」

全長16公里的峽灣，位於離海岸線120公里遠的秘境。毫無人工雕鑿痕跡的美景，已於2005年登錄為世界自然遺產。從據點城市奧勒松搭巴士到海勒敘爾特後，再約1小時航程的峽灣遊輪前往蓋倫格，途中會行經被稱為「新娘頭紗」的瀑布和「七姊妹瀑布」等諸多名勝。巴士和渡輪僅夏季期間運行，並無發行周遊券。

【Check！運行時程表】
● 渡輪 URL www.fjord1.no/eng/ferry（英語）
● 巴士 URL www.rutebok.no（有英語版）

從陡峭岩山上有好幾條瀑布傾瀉而下的「七姊妹瀑布」

一日標準路線

1. **奧勒松** Ålesund
   巴士約2小時30分（1日2～4班）
2. **海勒敘爾特** Hellesylt
   渡輪約1小時（1日4～8班）
3. **蓋倫格** Geiranger
   巴士約3小時（1日1～2班）
4. **奧勒松** Ålesund

從「聖壇岩」可俯瞰壯麗的景色

一日標準路線

1. **史塔萬格** Stavanger
   渡輪約30分（1小時1～2班）
2. **塔烏** Tau
   巴士約35分（1日10～12班）
3. **聖壇岩登山口** Preikestolhytta
   步行約2小時～2小時30分
4. **聖壇岩** Preikestolen
   步行約1小時30分～2小時
5. **聖壇岩登山口** Preikestolhytta
   巴士約35分（1日1～13班）
6. **塔烏** Tau
   渡輪約35分（1小時1～2班）
7. **史塔萬格** Stavanger

莉絲峽灣
Lysefjord

轟立於距海面600公尺高的斷崖絕壁

觀光焦點為健行爬上屹立於海平面600公尺高的一塊巨石「聖壇岩」。從史塔萬格出發後搭乘渡輪和巴士，抵達健行的據點聖壇岩登山口。從這裡到岩石頂端單程約3公里，爬上去需2小時左右。山徑修整完善但多處路面岩石裸露，最好穿著健走鞋，飲用水和行動糧也是必備品。塔烏～聖壇岩登山口間的巴士僅限5月上旬～10月上旬運行。

【Check！運行時程表】
● 渡輪 URL www.rutebok.no(英語)
● 巴士 URL www.tidereiser.com(英語)

自然之旅 峽灣②

哈丹格峽灣
Hardangerfjord

綿延的平緩山巒與果樹園

全長179公里，挪威第二大規模的峽灣。平緩的山坡上是整片的果樹園，形成一幅田園風光。一般的周遊行程多以卑爾根為起點，從烏爾維克出發的遊輪會停靠烏特奈、洛夫特胡斯、金沙維克等3個村莊。渡輪僅限5～9月運行。

【Check！運行時程表】
● 火車 URL www.rutebok.no（有英語版）
● 巴士・渡輪 URL eng.tide.no（英語）

一日標準路線

1. **卑爾根** Bergen
   火車約1小時15分（1日12～19班）
2. **佛斯** Voss
   巴士約55分（1日2～4班）
3. **烏爾維克** Ulvik
   渡輪約30分（1日1班）
4. **艾德峽灣** Eidfjord
   渡輪約2小時45分（1日1班）
5. **諾爾哈伊姆森** Norheimsund
   巴士約1小時25分（1日8～10班）
6. **卑爾根** Bergen

春夏期間百花綻放，形成一片繽紛美景

 小小資訊 位於哈丹格峽灣觀光途中的諾爾哈伊姆森，是一個木造住宅林立的小村莊。離村莊約2公里遠有一座水花飛濺的大瀑布Steinsdalsfossen，還可以走進瀑布的內側。

峽灣觀光的據點城市

遊逛卑爾根

挪威第二大城卑爾根，是一座人口約26萬8000人的港灣城市。12～13世紀曾為首都，如今依舊可見中世紀傳承至今的美麗街景。別冊MAP / P28A2

彩色木造建築群比鄰而立的布里根地區

A 布里根
Bryggen

港灣東側的布里根地區，林立著中世紀德國商人漢撒所打造的三角屋頂木造建築。綿延成排的建築物目前做為店面使用，1979年已登錄為世界遺產。

DATA　交卑爾根站步行12分

一整排顏色鮮豔的海鮮

B 魚市場
Fisketorget

以煙燻鮭魚、螃蟹、蝦等海鮮為主，夏天於廣場上還有整排的蔬菜、水果攤販，也可以在此買到開放式三明治和湯品。

DATA　交卑爾根站步行10分　☎無　時7～17時（週五～日～20時）※秋～春季營業時間短、店家數也較少　休無

1樓氣氛低調沉穩，2樓為輕鬆休閒風

C Bryggeloftet & Stuene

卑爾根市內的傳統風味挪威菜餐廳，預算水平大約是午餐120Nkr.～、晚餐250Nkr.～。

DATA　交卑爾根站步行12分　住Bryggen 11　☎5530-2070　時11時～23時30分（週五六～24時、週日13時～）　休無

從奧斯陸出發的交通方式
奧斯陸搭乘飛機約50分，1日9～25班。或從奧斯陸搭特急列車約6～7小時，1日4～5班

D 葛利格之家
Troldhaugen Edvard Grieg Hjem

作曲家葛利格於1885～1907年所居住的宅邸，境內規劃成博物館、夫妻墓園和音樂廳。

夏天還會舉辦音樂會

DATA　交卑爾根站搭26．35E．65E．77號巴士約20分，Hop站下車步行即到　住Troldhaugveien 65　☎5592-2992　時9～18時，10～4月10～16時　休12月中旬～1月上旬　金90Nkr.

E 弗洛伊恩山
Fløyen

位於城市東邊、海拔320公尺的山脈。搭纜車到山頂所需4分鐘，約每隔15分鐘發車。山頂上有全年營業的伴手禮店以及夏季才營業的餐廳。

從山頂可眺望港灣城市的美麗風貌

DATA　交卑爾根站到纜車山腳搭乘處步行10分　時7時30分～23時（週六日8時～，5～8月～24時）　休無　金來回85Nkr.

 小小知識　以德國為中心、活躍於國際間的漢撒商人，是以波羅的海沿岸的各地區為據點，締造出掌控經濟圈的城市聯盟。13世紀的卑爾根，就在漢撒同盟的強大勢力下繁榮於一時。

搭大型客船享受郵輪旅遊

在美麗的海上度過奢華時光

若想體會愜意悠閒的行程，則推薦搭船旅遊。有豪華客船的短程郵輪、欣賞峽灣或極光等大自然景觀的郵輪，可依目的選擇。

赫爾辛基←─→斯德哥爾摩

2天1夜

詩麗雅郵輪
Silja Line

在海上豪華飯店盡情享樂！

搭乘連結赫爾辛基～斯德哥爾摩的豪華客船『交響曲號Symphony』和『小夜曲號Serenade』，來趟短程郵輪之旅。兩艘都是全長203公尺的大型船，備有多間餐廳、咖啡廳、美容沙龍、賭場等奢華設施。

DATA ☎台灣代理 僑興旅行社02-2511-6188
時1日1班。赫爾辛基17時出發→斯德哥爾摩翌日9時30分抵達（冬季翌日9時45分抵達），斯德哥爾摩16時45分出發→赫爾辛基翌日9時55分抵達（冬季翌日10時30分抵達）
金€128～（C艙無窗，4名1室）

MEMO
●搭乘處：赫爾辛基的奧林匹亞碼頭（別冊MAP／P5C3），斯德哥爾摩的Värtahamnen碼頭（別冊MAP／P17D1）
●乘船流程：出發前1小時30分開放搭乘，不需辦理出入境手續。在窗口出示交換券兌換登船證，若已預約用餐則會同時發放餐券
●時差：1小時。赫爾辛基比斯德哥爾摩快1小時
●通行貨幣：船內可使用歐元和瑞典克朗，服務台提供兌幣服務。購物時刷信用卡可選擇以美金支付
●語言：船上通行英語、芬蘭語、瑞典語

1. 堪稱海上飯店的美麗大型郵輪
2. 船內的中央處設有挑高的散步甲板
3. 能品嘗傳統斯堪地那維亞料理的自助式餐廳
4. 明亮、高雅的豪華套房

●卑爾根←─→希爾克內斯

6天5夜～

海達路德郵輪
Hurtigruten

「世界最美麗的航程」感受大自然

從挪威南部的卑爾根航行至北部的希爾克內斯（別冊MAP／P28B1），來回共12天、停靠34個港口的郵輪行程，沿途能欣賞到峽灣、極光等大自然風光。可搭單程，但區間票預約不易。

DATA
☎台灣代理 七星郵輪假期03-334-7588、金龍旅遊0800-213-365 時北行與南行1天各1班。北行為卑爾根22時30分出發（6～10月22日出發）→第7天的9時抵達希爾克內斯。南行為希爾克內斯12時30分出發→第12天的14時30分抵達卑爾根 金€1599～（艙無窗，2名1室，乘船期間皆附餐）會依乘船日、預約期間有所調整

1. 總共有11艘郵輪，每天都有航班運行 2. 進入北極圈後還能從船上看見極光 3. 靠海側的標準客房

小小資訊　詩麗雅郵輪上有6間商店，販售雜貨、美妝品、食品、酒類等。船上購物可享免稅價格，買名牌等商品相當划算。

芬蘭・丹麥 瑞典・挪威 出入境的流程

入境

1 抵達 Arrival
Saapuminen/Ankomst/Ankomst/Ankomst
抵達後請依循指標前往接受入境審查。台灣目前並無直飛北歐國家的班機，若經由申根公約國入境（轉機），則於該機場進行入境審查。

2 入境審查 Immigration
Passintarkastus/Paskontrol/
Invandring/Innvandring
向入境審查官出示護照，對方只會稍微確認是否與照片為同一人，有時也會以簡單的英語詢問旅行目的、停留天數等問題，幾乎不會做檢疫檢查。護照蓋上入境章後即完成入境審查，4個國家都不需填入境卡。

3 領取行李 Baggage Claim
Matkatavaroiden nouto/
Bagage påstand/Bagageutlämningen/
Bagasjeutleveringsområdet
找到搭乘航班的行李轉盤後，等候提領出國前託運的行李。萬一行李沒有隨轉盤出來或有破損，可持託運行李時的存根Claim Tag到遺失行李服務櫃檯。

4 海關 Customs
Tulli/Told/Tullen/Toll
若於免稅範圍內，就走不需要申報的「Nothing to Declare」綠色燈號出口離開。若超過免稅範圍，請於機內發放的申報表上填入必要事項，走「Goods to Declare」紅色燈號出口，並依規定繳交稅款。

5 入境大廳 Arrival Lobby
Saapumisaula/Ankomst Lobby/
Ankomst Lobby/Ankomst Lobby
設有旅客服務中心、兌幣所和商店等。

●何謂申根公約

為歐洲部份國家間所簽署的單一簽證協議，可於各申根公約會員國間的國境自由通行。從非申根會員國入境時，僅需於第一站抵達的申根會員國機場進行入境審查。返國時，也只需在最後一站的申根會員國進行出境審查。
①申根公約國（2015年10月時）
冰島、義大利、愛沙尼亞、奧地利、荷蘭、希臘、瑞士、瑞典、西班牙、斯洛伐克、斯洛維尼亞、捷克、丹麥、德國、挪威、匈牙利、芬蘭、法國、比利時、波蘭、葡萄牙、馬爾他、拉脫維亞、立陶宛、列支敦斯登、盧森堡

●入境時的主要免稅範圍

芬蘭	・菸類：香菸200支、小雪茄100支（1支3g）、雪茄50支、菸絲250g，以上任一（18歲以上） ・酒類：22%以上1公升、22%以下或氣泡酒2公升，以上任一。以及其他葡萄酒4公升、啤酒16公升（20歲以上。18歲僅限22%以下的酒類） ・貨幣：相當於€1萬的金額
丹麥	・菸類：香菸200支、小雪茄100支（1支3g）、雪茄50支、菸絲250g，以上任一（17歲以上） ・酒類：22%以上1公升、22%以下或氣泡酒2公升，以上任一。以及其他葡萄酒4公升、啤酒16公升（17歲以上） ・貨幣：相當於€1萬的金額
瑞典	・菸類：香菸200支、小雪茄100支、雪茄50支、菸絲250g，以上任一（18歲以上） ・酒類：蒸餾酒1公升、包含16～22%發泡酒在內的葡萄酒2公升，以上任一。以及其他15%以下的葡萄酒4公升、啤酒16公升（20歲以上） ・貨幣：相當於€1萬的金額
挪威	・菸類：香菸200支、菸絲250g與卷紙200張，以上任一（18歲以上） ・酒類：22%以上1公升與2.5%～22%葡萄酒3公升、2.5%以上的啤酒或2.5～4.7%的酒精類飲料2公升（18歲以上，22%以上需20歲以上）。若同時攜帶香菸和酒類，2.5～22%的葡萄酒或啤酒的上限為1.5公升 ・貨幣：相當於2萬5000Nkr.的金額

出國時的注意事項

出發1個月～10天前做好確認

●各國的入境條件

四個國家皆為申根會員國。若以觀光為目的，180天內停留不超過90天則不需簽證。

護照有效期限等詳細規定，請參照芬蘭→P17、丹麥→P51、瑞典→P83、挪威→P113。

自家～機場前做好確認

○機場的出境航廈
目前台灣沒有直飛班機前往北歐，需搭乘經由亞洲或歐洲城市轉機的航班。請確認搭乘班機的出境航廈是第一或是第二航廈。

○攜帶液體物品登機的限制
攜帶上機的手提行李內若有100毫升以上的液體物品，會在出境時的行李檢查中被沒收，務必多留意。100毫升以下的液體物品，必須放入透明的夾鏈塑膠袋中。詳細規定請參照交通部民航局網站URL http://www.caa.gov.tw

 小小資訊 申辦護照的相關事宜請參照外交部領事事務局網站URL http://www.boca.gov.tw

當旅行日程決定時，可馬上Check一下最重要
的出入境資訊，做好萬全準備前往機場！

出境

赫爾辛基萬塔國際機場的出境航廈

1　報到手續　Check-in
Lähtöselvitys/Check-in/
Incheckning/Innsjekking

請於出發2小時前抵達機場。前往所屬航空公司的
報到櫃檯，出示機票或電子機票和護照。將行李託
運，領取行李存根Claim Tag和登機證。

> 若要託運免稅商品，請於報到手續時提
> 出並蓋上海關戳印。若要手提攜帶上機，
> 則於出境審查後蓋上戳印。
> 退增值稅→P152

2　手提行李檢查　Security Check
Turvatarkastus/Sikkerhedskontrol/
Säkerhetskontroll/Sikkerhetskontroll

攜帶上機的手提行李都必須經過X光檢查。外套、
手錶和貴金屬等會引起探測門反應的東西都先取下
來比較保險，有時甚至需脫下鞋子。與台灣出境時
一樣都有液體物品和危險物品的攜帶限制，請多留
意。

3　出境審查　Immigration
Passintarkastus/Paskontrol/
Invandring/Innvandring

出示護照和登機證，護照歸還後即完成出境審查。
4個國家都不需填出境卡。

4　登機門　Boarding Gate
Lähtöportti/Boarding Gate/
Gaten/Utgang

前往登機證上指示的登機門候機。若在報到手續時
尚未確定，請隨時瀏覽電子螢幕，確認登機門號碼
與搭機時間。

●台灣～北歐的所需時間

・赫爾辛基
搭乘中華航空、芬蘭航空、荷蘭航空經其他城市轉機的航
班，飛行時間約13小時30分鐘～。

・哥本哈根
搭乘中華航空、北歐航空、荷蘭航空、泰國航空、新加坡航
空經其他城市轉機的航班，飛行時間約18小時～。

・斯德哥爾摩
搭乘中華航空、荷蘭航空、泰國航空經其他城市轉機的航
班，飛行時間約16小時～。

・奧斯陸
搭乘中華航空、荷蘭航空、泰國航空經其他城市轉機的航
班，飛行時間約16小時～。

台灣入境時的限制

返回台灣通過海關時，若有應申報物品，必須繳交填好的「海關申報單」
（家族同行時僅需由一名代表填寫）。

●免稅物品的範圍與數量

酒類	1公升（不限瓶數）
香菸	捲菸200支或雪茄25支、菸絲1磅

※以年滿二十歲之成年旅客為限

●禁止攜帶入境的物品

○毒品危害防制條例所列毒品（如海洛因、嗎啡、鴉片、古柯
鹼、大麻、安非他命等）。
○槍砲彈藥刀械管制條例所列槍砲（如獵槍、空氣槍、魚槍

等）、彈藥（如砲彈、子彈、炸彈、爆裂物等）及刀械。
○野生動物之活體及保育類野生動物及其產製品，未經行政
院農業委員會之許可，不得進口；屬CITES列管者，並需檢附
CITES許可證，向海關申報查驗。
○侵害專利權、商標權及著作權之物品。
○偽造或變造之貨幣、有價證券及印製偽幣印模。
○所有非醫師處方或非醫療性之管制物品及藥物。
○法律規定不得進口或禁止輸入之物品。例如：土壤、新鮮水
果、未經檢疫或從疫區進口之動植物及其產品、未經檢疫之
鮭、鱒、鱧、鯰、鯉魚、繁殖用種蝦等。
○保育類野生動物及其製產品者，未經中央主管機關之許可不
得進口。

四大城市間的移動方式

交通速見表

	前往**赫爾辛基**	前往**哥本哈根**
赫爾辛基出發	〔赫爾辛基的交通起點〕 **飛機**…赫爾辛基萬塔國際機場→P142 **鐵路**…赫爾辛基中央車站（別冊MAP/P4B2） **巴士**…巴士總站（別冊MAP/P6B1） **渡輪**…奧林匹亞碼頭（別冊MAP/P5C3）	▋飛機▋ 1日8～13班時所需約1小時40分～ 金€41.90～ ※斯堪地那維亞航空、芬蘭航空、挪威航空
哥本哈根出發	▋飛機▋ 1日8～13班時所需約1小時40分～ 金830Dkr.～ ※斯堪地那維亞航空、芬蘭航空、挪威航空	〔哥本哈根的交通起點〕 **飛機**…哥本哈根卡斯托普國際機場→P143 **鐵路**…哥本哈根中央車站（別冊MAP/P12A4） **巴士**…中央車站西側巴士總站（別冊MAP/P10B4） **渡輪**…哥本哈根渡輪碼頭（別冊MAP/P10A1）
斯德哥爾摩出發	▋飛機▋ 1日16～19班時所需約1小時～金549Skr.～ ※斯堪地那維亞航空、芬蘭航空、挪威航空 ▋渡輪▋ 1日1班時所需約16小時30分～金€128～ ※詩麗雅郵輪	▋飛機▋ 1日7～15班時所需約1小時10分～金449Skr.～ ※斯堪地那維亞航空、挪威航空 ▋鐵路▋ 1日5～7班時所需約5小時～金292Skr.～ ▋巴士▋ 1日1～2班時所需約13小時15分～金589Skr.～ ※Swebus（需轉乘）
奧斯陸出發	▋飛機▋ 1日3～10班時所需約1小時30分～ 金599Nkr.～ ※斯堪地那維亞航空、芬蘭航空、挪威航空	▋飛機▋ 1日10～18班時所需約1小時10分～金749Nkr.～ ※斯堪地那維亞航空、芬蘭航空、挪威航空 ▋巴士▋ 1週2班時所需約7小時45分～金439Nkr.～ ※eurolines ▋渡輪▋ 1日1班時所需約16小時30分金876Nkr.～ ※DFDS

※以上皆為單程費用，擷取2014年10月時的資訊。航空票價會隨季節及燃料費而變動。

主要交通機關

●飛機

以四座城市間為中心，有斯堪地那維亞航空（SK）、芬蘭航空（AY）、挪威航空（DY）等，每天都有數個航班運行。預訂從台灣出發的機票時，也可事先安排A點進、B點出的航線。

●船

北歐有許多臨海地區，船是最普遍的交通工具。連結斯德哥爾摩和赫爾辛基的詩麗雅郵輪（→P137）以及連結哥本哈根和奧斯陸的DFDS、沿著挪威海岸線行駛的海達路德郵輪（→P137）等北歐代表性的郵輪，都很受觀光客的青睞。

●巴士

穿梭於北歐四國邊境的國際巴士有好幾條路線運行，有連結歐洲各地與瑞典、挪威的eurolines，以及連結北歐主要城市的Swebus等。平常不需預約即可搭乘，但夏天等旺季期間最好事先預約。

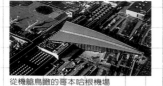

從機艙鳥瞰的哥本哈根機場

有8條航程路線的DFDS

斯德哥爾摩的長途巴士轉運站

小小資訊　飛機包含轉機航班在內班次相當多，是很便捷的交通工具。費用則視季節和路線而定，有時還比巴士來得便宜。另外，利用鐵路周遊券也是相當划算的移動方式。

赫爾辛基、哥本哈根、斯德哥爾摩、奧斯陸等四座城市間有各式各樣的移動方式，交通網四通八達，可依照旅行計畫選擇適合的交通工具。

奧斯陸加勒穆恩國際機場

前往斯德哥爾摩	前往奧斯陸	
飛機 1日10～17班時所需約1小時～金€29～ ※斯堪地那維亞航空、芬蘭航空、挪威航空 **渡輪** 1日1班時所要時間約17時間30分～金€128～ ※詩麗雅郵輪	**飛機** 1日4～6班時所需約1小時30分～ 金€35～ ※斯堪地那維亞航空、芬蘭航空、挪威航空	赫爾辛基出發
飛機 1日6～15班時所需約1小時10分～金634Dkr.～ ※斯堪地那維亞航空、挪威航空 **鐵路** 1日5～7班時所需約5小時～金195Skr.～ **巴士** 1日1～2班時所需約13小時15分～金385Dkr.～ ※Swebus	**飛機** 1日6～15班時所需約1小時10分～金634Dkr.～ ※斯堪地那維亞航空、芬蘭航空、挪威航空 **巴士** 1週2班時所需約7小時45分～金385Dkr.～ ※eurolines **渡輪** 1日1班時所需約16小時30分金€42～ ※DFDS	哥本哈根出發
〔斯德哥爾摩的交通起點〕 **飛機**…斯德哥爾摩阿蘭達機場→P144 **鐵路**…斯德哥爾摩中央車站（別冊MAP/P18A3） **巴士**…長途巴士轉運站（別冊MAP/P18A3） **渡輪**…Värtahamnen碼頭（別冊MAP/P17D1）	**飛機** 1日8～16班時所需約1小時～金399Skr.～ ※斯堪地那維亞航空、挪威航空 **鐵路** 1日2班時所需約6小時～金187Skr.～ **巴士** 1日3班時所需約8小時～金229Skr.～ ※Swebus	斯德哥爾摩出發
飛機 1日7～18班時所需約1小時～金749Nkr.～ ※斯堪地那維亞航空、挪威航空 **鐵路** 1日2班時所需約6小時15分～金621Skr.～ **巴士** 1日4～5班時所需約7小時40分～金259Skr.～ ※Swebus	〔奧斯陸的交通起點〕 **飛機**…奧斯陸加勒穆恩國際機場→P144 **鐵路**…奧斯陸中央車站（別冊MAP/P27D3） **巴士**…巴士總站（別冊MAP/P27D3） **渡輪**…奧斯陸渡輪碼頭（別冊MAP/P25C4）	奧斯陸出發

鐵路和巴士的車資會隨季節及班次而變動。

●鐵路

四國的鐵路網都很完善，有芬蘭鐵路VR、丹麥國鐵DSB、瑞典國鐵SJ、挪威國鐵NSB行駛其間。斯德哥爾摩～哥本哈根間以及斯德哥爾摩～奧斯陸間還有直達列車。

VR	URL www.vr.fi
DSB	URL www.dsb.dk
SJ	URL www.sj.se
NSB	URL www.nsb.no

○列車種類
・SJ2000、SJ3000
連結瑞典和丹麥的國際列車，最高時速超過200公里，由瑞典國鐵SJ負責營運。1等車廂和2等車廂的座位都很寬敞舒適。
・IC
由瑞典國鐵SJ負責營運，連結瑞典國內各地的特級列車。全車皆為對號座。
・Lyn
由丹麥國鐵DSB負責營運，行駛丹麥國內的特級列車。全車皆為對號座，必須事先預約。

○購票方法
哥本哈根、奧斯陸、斯德哥爾摩等主要車站內都設有獨立的售票處。除了奧斯陸以外，需依照國內Domestic、國際International先領取號碼券，再到指定窗口購票。也有如赫爾辛基中央車站般，國內和國際在不同窗口辦理的車站。到了窗口必須告知乘車日期、希望出發時間、乘車區間、列車班號、車廂種類、搭乘人數。VR、SJ、NSB可於網路上購買，再持E-Ticket（手機或自行列印出來）到窗口領取。

鐵路周遊券

北歐四國火車通行證
Eurail Scandinavia Pass
除了可自由搭乘芬蘭、丹麥、瑞典、挪威國鐵的2等車廂外，搭乘渡輪和巴士也能享有優惠。通行證有5種，期間為4～10天不等，票價€248～（2015年10月時），可從1個月的有效期限內任選使用日期。
※旅客無法在當地買到通行證，請於出發前透過台灣的旅行社購買。

歐洲火車通行證Eurail Global Pass，是可搭乘包含北歐四國在內的歐洲28個國家火車的通行證。價格已內含快車、特快車費用，可自由搭乘。通行證有8種，期間為5天～3個月不等，票價€454～（2015年10月時）

機場～市中心的交通

從赫爾辛基、哥本哈根、斯德哥爾摩、奧斯陸的各國際機場前往市中心，
可選擇巴士、計程車、鐵路等移動方式。

赫爾辛基萬塔國際機場　Helsinki Vantaa International Airport

別冊 MAP P5D1

機場位於赫爾辛基市中心北方約19公里
處，充滿時尚摩登感。有2座航廈，營
運北歐諸國航班的斯堪地那維亞航空在
第1航廈起降。2樓的入境審查為轉機旅
客專用，1樓的入境審查為停留芬蘭的
旅客專用。前往市內的交通工具搭乘處
設在1樓出口外面。

○旅客服務中心

位於第2航廈的入境樓層，提供飯店預約、
機場到市內的交通資訊等服務指南。第1航
廈與第2航廈間，也設有機場服務中心。

○銀行・兌幣所

位於旅客服務中心旁，尚未兌幣的人可先換
些歐元比較安心。

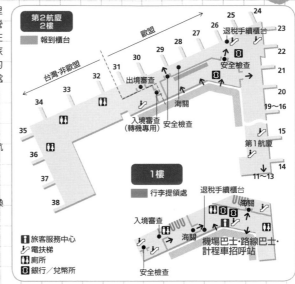

第2航廈 2樓　報到櫃台　歐盟　台灣非歐盟　出境審查　退稅手續櫃台　安全檢查　海關　入境審查（轉機專用）　安全檢查　第1航廈　1樓　行李提領處　退稅手續櫃台　海關　入境審查　機場巴士・路線巴士・計程車招呼站　安全檢查

🛈旅客服務中心
🚶電扶梯
🚻廁所
💱銀行／兌幣所

交通速見表　主要的移動方式有4種，列車於2015年7月開通。

交通工具		特色	目的地・費用（單程）	運行時間/所需時間
推薦 機場巴士		由芬蘭航空營運的Finnair City Bus。車資便宜，車內空間也很舒適。從第2航廈出來後即可看到搭乘處，車票於乘車時購買。	到中央車站，€6.30	6時左右～翌日1時（約每20分一班）／約30分
	路線巴士	除了615號市區巴士外，還有班次較少的415號、451號、620號巴士運行。停靠站多，所以比較費時。車資於乘車時付費，請備妥零錢。	到中央車站旁的巴士總站，€5	6時30分左右～24時30分左右／約40分
	機場計程車	採費用固定制的共乘計程車。車資依搭乘人數和目的地而異，但不跳表制的計程車便宜。欲從市內搭到機場時，必須事先預約。	到赫爾辛基市內1～2名€29.50／輛、3～4名為€39.50／輛	24小時／約30分
	計程車	比起其他交通工具費用偏高，但任何時段皆可搭乘，又能直達飯店，行李較多時也比較輕鬆。	到赫爾辛基市內約€60。清晨和深夜時段需加成計費	24小時／約30分

小小資訊　2015年7月1日起開通，連結赫爾辛基萬塔國際機場和中央車站間所需約30分的Ring Rail Line，每隔10～30分發車。

赫爾辛基萬塔國際機場的出境大廳
連隨意擺放的椅子都很有美感

哥本哈根卡斯托普國際機場 Copenhagen International Airport

別冊
MAP
P10A2

位於哥本哈根市中心東南方約10公里處，機場內部的設計，由丹麥的知名設計師負責統籌規劃。有3座航廈，國際線使用第2和第3航廈。1樓有巴士、計程車招呼站，鐵路和地鐵車站則在地下樓層。

○旅客服務中心

位於走出1樓抵境大廳後的報到櫃台旁，能提供市區地圖以及前往市區的指南等資訊。

○銀行・兌幣所

設於行李提領區旁、出海關後的附近。先兌換最低限度的交通費會比較安心。

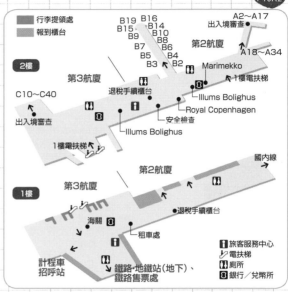

交通速見表

主要的移動方式有4種，其中以鐵路最簡單明瞭、最容易搭乘。

交通工具		特色	目的地・費用（單程）	運行時間/所需時間
推薦	鐵路	路線有好幾條，但有些是不停靠中央車站的列車，請留意。車站位於機場的地下樓層，車票可於機場的專用櫃檯或自動售票機購買。	到中央車站，36.50Dkr.	24小時／約13分
	地鐵	雖然沒停靠中央車站，但若住宿飯店位於KONGENS NYTORV站或NØRREPORT站附近的話就很方便。車站位於機場的地下樓層。	到NØRREPORT站，36.50Dkr.	24小時／約14分
	巴士	路線巴士有市區巴士5A、夜間則有96N運行。雖然較花費時間，但若住宿飯店附近有停靠站的話就很方便。	到中央車站。36Dkr.	5時～24小時30分／約30分
	計程車	比起其他交通工具費用較高，但可直達飯店，即便深夜時段也能安心搭乘。	到哥本哈根市中心250～300Dkr.	24小時／約20分

旅遊資訊 機場～市中心的交通

斯德哥爾摩阿蘭達機場　Stockholm Arlanda Airport

別冊 MAP P17D3

位於市中心北方約42公里處，有5座航廈的樞紐機場。斯堪地那維亞航空等國際線主要在第5航廈起降，芬蘭航空則在第2航廈。

○旅客服務中心
位於航廈的抵境樓層，可索取市內的交通資訊。

○銀行‧兌幣所
設於旅客服務中心旁。

交通速見表　前往市區的主要交通工具，有鐵路、機場巴士、巴士。

交通工具		特色	目的地‧費用（單程）	運行時間/所需時間
推薦	鐵路	有Arlanda Express運行其間，班次多，可短時間抵達市中心。機場設有Arlanda South（航廈2、3、4）和Arlanda North（航廈5）兩個車站。	到斯德哥爾摩中央車站，260Skr.	5時左右～翌1時左右 / 約20分
	機場巴士	有Flygbussarna的機場巴士、Swebus的巴士運行。機場巴士可於旅客中心購票，Swebus則直接由售票機購票。	到長途巴士轉運站，119Skr.	5時左右～翌1時左右 / 35～45分
	計程車	車體印上Arlanda-Stockholm的計程車，會以協議價格載客至市區。雖然費用較高，但相當方便。沒有上述標示的計程車，有時甚至會索取近兩倍的費用，請留意。	到目的地，470 Skr.～（視計程車公司而異）	24小時 / 約30分

奧斯陸加勒穆恩國際機場　Oslo Gardermoen International Airport

別冊 MAP P25D4

位於奧斯陸市中心東北方約49公里處。造型簡約，而且只有一座航廈不會搞混。抵境樓層在1樓，出境樓層在2樓。

○旅客服務中心
位於抵境樓層的正面出口旁，有提供預約計程車。

○銀行‧兌幣所
走出海關即可看見銀行。

交通速見表　前往市區可搭乘高速列車、機場巴士、計程車。

交通工具		特色	目的地‧費用（單程）	運行時間/所需時間
推薦	機場快線	從機場站有高速列車運行，能短時間抵達市中心，班次也很多。此外，也可搭乘班次較少、行經機場站的城際快車IC、普通列車。車票可在自動售票機或售票窗口購買。	到奧斯陸中央車站，170Nkr.	5時30分～24時50分 / 約20分
	機場巴士	由斯堪地那維亞航空營運的機場巴士，途中會停靠7處，因此較花費時間，但若住宿飯店位於巴士站附近就很方便。	行經巴士總站、奧斯陸中央車站到Radisson Blu Scandinavia，160Nkr.	3時30分左右～翌1時 / 約45分
	計程車	費用較高，但可直達飯店，深夜時段搭乘也能放心。抵境樓層的出口就有招呼站。	到目的地，約700Nkr.（必須在機場內的旅客服務中心預約）	24小時 / 約40分

 斯德哥爾摩阿蘭達機場第4與第5航廈間的Sky City購物中心，有多間商店、餐廳和飯店聚集。

當地導覽行程

要在有限的停留時間內更有效率地觀光，就來參加當地的自選行程，
大多數行程只提供英語的導覽解說。

赫爾辛基

〔洽詢・報名〕①Panorama Sightseeing URL www.stromma.fi
②IHA LINES URL www.ihalines.fi ③Happy Guide Helsinki
URL www.designtourshelsinki.com/ 預約請透過happyguidehelsinki@gmail.com。

①附語音導覽的市內觀光
Helsinki Panorama Sightseeing

巡訪赫爾辛基大教堂、歌劇院等市內主
要觀光景點，並提供中文語音導覽的巴士
觀光行程。若持有赫爾辛基卡（€44）
即可免費搭乘，建議事先預約。

【出發／所需時間】11時／約1小時45分
【舉辦日】每天，夏季加開車班【費用】€31

②IHA Line晚餐遊船
IHA Line Dinner Cruise

可邊眺望赫爾辛基灣群島的晚餐遊船，
能安靜地享用美味佳餚。附英語語音導
覽。推薦季節為日落較遲的6～7月。

【出發／所需時間】19時（18時30分～開始乘
船）／約2小時30分【舉辦日】5～9月的週
一～六【費用】€44～62（依餐點內容而異）

③赫爾辛基設計之旅
Design Tours Helsinki

邊漫步設計區邊聽取芬蘭設計的歷史與
品牌介紹，行程中會造訪老字號的名店
以及新銳設計師的店家。只提供英語導
遊。

【出發／所需時間】15時／約2小時30分
【舉辦日】週五【費用】€20

哥本哈根

〔洽詢・報名〕①City Sightseeing ②Canal Tour ③Panorama Sightseeing
三者皆為 URL www.stromma.dk

①附語音導覽的市內觀光
Open Top Tours

巡遊小美人魚像、阿美琳堡宮、新
港、克里斯蒂安堡宮等16個景點，可
自由上下車的巴士觀光行程。車票24
小時內有效。

【出發／所需時間】9時45分～14時45
分，每隔1小時發車（視季節而異）
【舉辦日】每天【費用】175Dkr.

②運河之旅
The Grand Tour

從新港或舊城的碼頭出發，可由海面上
欣賞小美人魚像等景點。附英語語音導
覽。

【出發／所需時間】9時30分～18時約4班
船（夏季時間會延長並增加船班）。9月中
旬～3月中旬9時30分～15時20分，5班船）
／約50分【舉辦日】每天【費用】80Dkr.

③北西蘭島古城遊
Castle Tour

搭乘巴士環繞克倫堡宮、腓特烈堡宮、
弗雷登斯堡宮等3個景點，一路上還能
欣賞海岸沿線的美麗風光。附英語導
遊。

【出發／所需時間】10時30分／約6小時
30分【舉辦日】5～9月中旬的每天
【費用】725Dkr.

斯德哥爾摩

〔洽詢・報名〕①Stockholm Sightseeing ②Panorama Sightseeing
③Strömma Kanalbolaget 三者皆為 URL www.stromma.se

①皇家運河之旅
Royal Canal Tour

乘船穿過動物園島的運河，一路遊覽美
麗的市區景緻。附中文語音導覽。

【出發／所需時間】7～8月為10時30
分～19時30分，約每隔1小時發船。運航
時間依季節而異／約50分
【舉辦日】4月上旬～12月下旬的每天
【費用】185Skr.

②舊城區徒步遊
Old Town Walkabout

徒步遊逛舊城區的旅遊行程，如充滿歷
史情懷的地方、斯德哥爾摩最狹窄的巷
道等，個人旅行容易漏掉的景點也包含
在內。一團最多20人，附英語導遊。

【出發／所需時間】13時30分出發／約
75分【舉辦日】6月下旬～8月下旬的每
天【費用】160Skr.

③皇后島宮行程
Drottningholm Palace & The Chinese Pavilion

搭船往返皇后島宮以及宮殿、中國宮門
票的套票。沒有附導遊，採自由活動方
式。

【出發／所需時間】5～9月下旬的9時
30分～18時，每隔30分～2小時運行。依
季節而異／約5小時
【舉辦日】5～9月下旬的每天
【費用】380Skr.

奧斯陸

〔洽詢・報名〕①②③Boat Service Sightseeing
URL www.boatsightseeing.com（點選Fjord cruises and sightseeing）

①奧斯陸豪華導覽
Oslo Grand Tour

搭乘遊船和巴士的導覽行程。巡覽國家
歌劇院&芭蕾劇場、佛拉姆極圈探險船
博物館、康提基號博物館、挪威民俗博
物館等景點。

【出發／所需時間】10時30分／約7小時【舉
辦日】4月上旬～9月下旬【費用】590Nkr.

②挪威夜間峽灣遊
Norwegian Evening on the Fjord

搭乘挪威傳統木造帆船的航遊之旅，會
繞行國家歌劇院&芭蕾劇場以及要塞
堡壘等地。行程中還安排享用鮮蝦料理
自助餐。

【出發／所需時間】19時／約3小時【舉辦
日】6月中旬～9月上旬【費用】395Nkr.

③奧斯陸景點精選
Oslo Selected Highlights

搭乘巴士從市中心一路遊逛維格蘭雕塑
公園、霍爾門科倫滑雪跳台、比格迪的
維京船博物館等景點的行程。出發集合
的地點在市政廳附近。

【出發／所需時間】10時30分／約4小時
【舉辦日】每天【費用】360Nkr.

注意事項　上述所列的當地導覽行程都是2015年4月時的資訊，行程內容可能視交通狀況、天候、國定假日、休館日等因素而有所
變動。費用涵蓋項目、取消費用、集合地點等詳細情形，請於報名時確認。

旅遊常識

每個國家不一的通行貨幣、氣候等當地資訊，必須在行前做好確認。為了讓旅程更加舒適，請先將不可不知的禮儀和習慣記在腦中吧。

貨幣資訊

芬蘭的通行貨幣為歐元（€）、丹麥為丹麥克朗（Dkr.）、瑞典為瑞典克朗（Skr.）、挪威為挪威克朗（Nkr.）。

● 芬蘭

單位為歐元（€）；輔幣為歐分，€1＝100¢。紙鈔有7種，硬幣有8種。

€1＝約34元

（2019年12月時）

 1¢　 2¢

5¢　10¢

20¢　50¢

 €1　 €2

 €5

 €10

 €20

€50

 €100

 €200

€500

● 丹麥

單位為丹麥克朗（Dkr.），輔幣為歐爾（øre），1Dkr=100øre。紙鈔有5種，硬幣有6種。在匯率標價中以DKK為貨幣代碼。

1DKK＝約4.5元

（2019年12月時）

 50øre　1Dkr.

2Dkr.　5Dkr.

10Dkr.　20Dkr.

 50Dkr.

 100Dkr.

 200Dkr.

 500Dkr.

1000Dkr.

● 瑞典

單位為瑞典克朗（Skr.）。紙鈔有5種，硬幣有3種。在匯率標價中以SEK為貨幣代碼。目前1000Skr.紙鈔並無在市面上流通。

1SEK＝約3.3元

（2019年12月時）

 1Skr.

 5Skr.

 10Skr.

 20Skr.

 50Skr.

 100Skr.

 500Skr.

 1000Skr.

● 挪威

單位為挪威克朗（Nkr.）。紙鈔有5種，硬幣有4種。在匯率標價中以NOK為貨幣代碼。

1NOK＝約3.3元

（2019年12月時）

 1Nkr.　 5Nkr.

 10Nkr.　20Nkr.

©Norgesbank

 50Nkr.

 100Nkr.

 200Nkr.

 500Nkr.

1000Nkr.

146

●貨幣兌換

銀行、郵局、兌幣所等場所均可兌換，匯率可能會隨兌換場所而異。無論何處都必須支付手續費，請事先確認。此外，也需留意並不是每家單位皆提供台幣兌換的服務。

	芬蘭	丹麥	瑞典	挪威
機場	旅客服務中心附近就有兌幣所。營業時間大致為6～21時。	走出海關便有兌幣所。營業時間6～22時。	旅客服務中心旁有銀行可兌幣。營業時間大致為5～22時。	抵境樓層就有兌幣所。7時30分～23時（週六、日9時～）。
兌幣所	在火車站、百貨公司等市內各地都有，十分方便。	市區的兌幣所每天都有營業。觀光地的匯率可能不佳。	市內的大型火車站、渡輪碼頭都設有兌幣所。	除了奧斯陸中央車站外，市區內還有每日營業的兌幣所。
飯店	高級飯店的櫃台即可兌幣，但手續費等條件不佳。	有些飯店櫃台就能兌換，手續費等條件較不佳。	飯店櫃台即可兌幣，但手續費較高。	有些飯店櫃台即可兌換，但手續費較高。
其他	市內的銀行和郵局也可兌幣。銀行的營業時間週一～五10時～16時30分左右。	銀行的營業時間為週一～五9時30分～16時（週四～17時30分）。郵局也可兌換。	銀行營業時間為週一～五的10～15時左右，週四～16時左右。	銀行營業時間為週一～五的8時15分～15時30分左右（週四～17時30分）。

ATM＆信用卡

市內到處都有ATM，可隨時領取所需的當地貨幣。可使用的是有預借現金功能的信用卡、國際現金卡、Visa金融卡等。北歐各地大多可使用信用卡，而在飯店Check in時，有時會要求出示信用卡做預刷擔保，最好攜帶一張信用卡備用。

國際現金卡須在有Cirrus或PLUS等標誌的ATM才能使用，可從自己的帳戶提領當地貨幣。

［ATM常用英文單字表］
確認…ENTER/OK/CORRECT/YES
取消…CANCEL
密碼…PIN/ID CODE/SECRET CODE/PERSONAL NUMBER
交易…TRANSACTION
領錢…WITHDRAWAL/GET CASH
預借現金…CASH ADVANCE
金額…AMOUNT

機場和鐵路的中央車站等場所一定會有兌幣所。照片中為斯德哥爾摩中央車站。

北歐的物價

從上而下依序為芬蘭、丹麥、瑞典、挪威的價格基準。

礦泉水 （500ml）	麥當勞的 漢堡	咖啡廳的 綜合咖啡	1啤酒 （1品脫）	計程車起跳價
€1.80	€1	€2.20	€5	€5.90
15Dkr.	10Dkr.	30Dkr.	50Dkr.	24Dkr.
15Skr.	10Skr.	25Skr.	45Skr.	45Skr.
14Nkr.	10Nkr.	25Nkr.	60Nkr.	43Nkr.

注意事項

北歐的兌幣手續費偏高，即便匯率佳，以少額多次的兌幣方式有時反而不划算。
ATM的手續費則隨各信用卡公司而異，請留意。

旅遊季節

永晝的夏天、極寒的冬天，北歐的氣候與台灣簡直是南轅北轍。都市觀光的話首推日照較長的夏天，峽灣觀光以6～8月最佳、觀賞極光則於9～3月等，請依照旅遊目的挑選合適的季節。

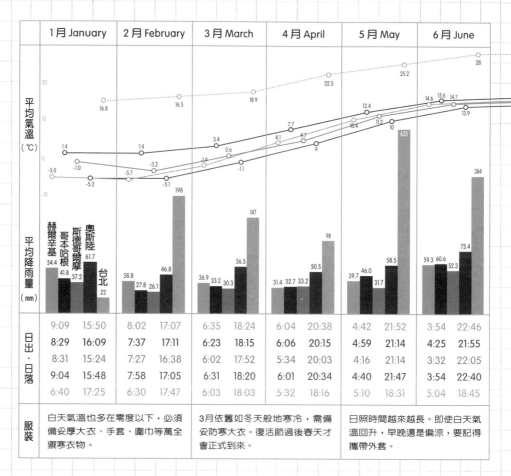

	1月 January	2月 February	3月 March	4月 April	5月 May	6月 June
日出・日落	9:09 15:50	8:02 17:07	6:35 18:24	6:04 20:38	4:42 21:52	3:54 22:46
	8:29 16:09	7:37 17:11	6:23 18:15	6:06 20:15	4:59 21:14	4:25 21:55
	8:31 15:24	7:27 16:38	6:02 17:52	5:34 20:03	4:16 21:14	3:32 22:05
	9:04 15:48	7:58 17:05	6:31 18:20	6:01 20:34	4:40 21:47	3:54 22:40
	6:40 17:25	6:30 17:47	6:03 18:03	5:32 18:16	5:10 18:31	5:04 18:45
服裝	白天氣溫也多在零度以下，必須備妥厚大衣、手套、圍巾等萬全禦寒衣物。	3月依舊如冬天般地寒冷，需備妥防寒大衣。復活節過後春天才會正式到來。			日照時間越來越長。即使白天氣溫回升，早晚還是偏涼，要記得攜帶外套。	

●芬蘭的主要節日

1月1日	元旦	5月15日	聖靈降臨節日※
1月6日	主顯節	6月24日	仲夏節前夜※
3月25日	耶穌受難日※	6月25日	仲夏節
3月27日	復活節※	10月31日	萬聖節※
3月28日	復活節星期一※	12月6日	獨立紀念日
5月1日	五一節	12月24日	聖誕夜
5月5日	耶穌升天日※	12月25日	聖誕節
		12月26日	節禮日

○赫爾辛基的主要活動

6月12日	赫爾辛基日
8月19日～9月4日	赫爾辛基藝術節
9月1～11日	赫爾辛基設計週
10月2～8日	波羅的海鯡魚市集

●丹麥的主要節日

1月1日	元旦	5月15日	聖靈降臨日※
3月24日	濯足星期四※	5月16日	聖靈降臨星期一※
3月25日	耶穌受難日※	6月5日	憲法紀念日
3月27日	復活節※	12月24日	聖誕夜
3月28日	復活節星期一※	12月25日	聖誕節
4月22日	大祈禱日※	12月26日	節禮日
5月5日	耶穌升天日※		

○哥本哈根的主要活動

5月13～15日	哥本哈根嘉年華
5月22日	哥本哈根馬拉松
7月1～10日	哥本哈根爵士音樂節
11月上旬～12月下旬	新港聖誕市集

注意事項 上述活動與節日為2016年的資訊，標註※記號的假日和活動每年日期都會變動。此外，活動的內容和日程也可能會有所變更，請事前做好確認。

北歐各國一到11月份，就進入熱鬧的聖誕商品大戰

圖例：
——— 赫爾辛基
——— 哥本哈根
——— 斯德哥爾摩
——— 奧斯陸
········ 台北

	7月 July	8月 August	9月 September	10月 October	11月 November	12月 December	
平均氣溫（℃）	30.5 / 18.1 / 17.7 / 17.6 / 16.3	30.2 / 17.7 / 16.1 / 15.8 / 14.9	29.7 / 14 / 11.3 / 10.7 / 10 / 5.6	24.7 / 9.8 / 7.1 / 5.6 / 4.9	22.3 / 5.6 / 2.4 / 0.4 / -0.3	16.5 / 2.5 / -0.8 / -3.1 / -4.6	平均氣溫（℃）
平均降雨量（mm）	222 / 76.7 / 65.8 / 65.8 / 53.8	92.7 / 84 / 77.6 / 70.7 / 62.2	199 / 82.2 / 65.3 / 64.7 / 58.8	96.0 / 81.0 / 57.3 / 44.1 / 26	90.5 / 71.5 / 50.8 / 46 / 43.8	87 / 62.2 / 56.9 / 48.6 / 44.4	平均降雨量（mm）
日出·日落 赫爾辛基	4:19　22:31	5:32　21:15	6:44　19:46	7:56　18:15	8:13　15:55	9:16　15:12	日出·日落
哥本哈根	4:44　21:46	5:41　20:46	6:39　19:31	7:37　18:13	7:40　16:07	8:30　15:37	
斯德哥爾摩	3:55　21:51	5:04　20:39	6:13　19:13	7:22　17:45	7:35　15:28	8:36　14:48	
奧斯陸	4:18　22:25	5:30　21:10	6:41　19:42	7:52　18:12	8:08　15:53	9:10　15:11	
台北	5:13　18:46	5:28　18:29	5:40　17:58	5:52　17:27	6:11　17:06	6:31　17:07	
服裝	濕度低，舒適宜人。早晚和無太陽的地方偏涼，最好多帶件薄外套。		不僅早晚、連白天的氣溫也開始下降，請攜帶方便穿脫的毛衣。		天氣越來越寒冷，必須做好保暖措施。請準備能溫暖頸部、手腳的禦寒配件。		服裝

※4～10月的日出、日落時間以夏令時間記載

●瑞典的主要節日

1月1日	元旦	5月15日	聖靈降臨日※
1月6日	主顯節	6月6日	國慶日
3月25日	耶穌受難日※	6月25日	仲夏節
3月27日	復活節※	10月31日	萬聖節※
3月28日	復活節星期一※	12月24日	聖誕夜
5月1日	五一節	12月25日	聖誕節
5月5日	耶穌升天日※	12月26日	節禮日
		12月31日	新年夜

○斯德哥爾摩的主要活動

6月24～25日	斯堪森仲夏節
11月11～22日	斯德哥爾摩國際影展（2015年）
12月10日	諾貝爾頒獎典禮
12月13日	露西亞節

●挪威的主要節日

1月1日	元旦	5月5日	耶穌升天日※
3月20日	棕櫚主日※	5月15日	聖靈降臨日※
3月24日	濯足星期四※	5月16日	聖靈降臨星期一※
3月25日	耶穌受難日※	5月17日	憲法紀念日
3月27日	復活節※	12月25日	聖誕節
3月28日	復活節星期一※	12月26日	節禮日
5月1日	五一節		

○奧斯陸的主要活動

8月9～15日	奧斯陸爵士音樂節（2015年）
9月8～17日	奧斯陸現代音樂節
9月17日	奧斯陸馬拉松
12月10日	諾貝爾和平獎頒獎典禮

注意事項 復活節的前後屬於長假期間，復活節的前一星期飯店會特別搶手，請提早預約。

旅遊資訊 旅遊季節

撥打電話

[國碼]
芬蘭…**358**
丹麥…**45**
瑞典…**46**
挪威…**47**

●市內電話

芬蘭和瑞典，必須先撥區碼後再撥對方的電話號碼。丹麥和挪威由於沒有區碼，所以直接撥對方電話號碼即可。若從飯店客房撥打電話，得先按外線專用號碼，有時還需支付手續費。

●台灣→北歐（從家用電話撥打出去）

002（台灣國際冠碼）－該國國碼－對方電話號碼（芬蘭和瑞典要去除區碼開頭的0）

●北歐→台灣（從飯店客房撥打出去）

00（北歐國際冠碼）－886（台灣國碼）－對方電話號碼（去除區碼開頭的0）

網路使用

●在市區

四國的網路環境都很完善，除了可使用免費Wi-Fi的咖啡廳和餐廳外，市內還有多家網咖。攜帶能連線Wi-Fi的智慧型手機即可方便收集資訊。

●在飯店

飯店客房內大多可免費使用網路，也有不少飯店在大廳或商務中心備有電腦可上網。不過有些需要收費，請事先確認。

郵件的寄送方式

●芬蘭

郵局會販售嚕嚕米等卡通人物的郵票和明信片，郵票在書報攤和百貨公司也能買得到。寄往台灣的明信片、信件（50g以內）郵資€1.05；小包有2～8日可送達的EMS及6～14日可送達的Priority，重量均以30kg為限。

©Moomin Characters™

●丹麥

郵票在郵局以及書報攤均有販售。寄往台灣的明信片、信件（50g以內）郵資分為2～3日送達的A Prioritaire 16.50Dkr.與3～4日送達的B Economique 15Dkr.。小包重量最重不得超過20kg。中央車站內的郵局週六日、假日也有營業，相當方便。

Danmark 6.00

●瑞典

有藍色郵局標誌的超商、書報攤、超市等地都能提供郵局業務，也販售郵票。寄往台灣的明信片、信件（50g以內）郵資皆為14Skr.。郵筒有兩種，藍色是投遞市內、黃色是投遞市外和國外的信件。

Sverige BREV

●挪威

郵局和書報攤、飯店櫃台等地均有販售郵票。寄往台灣的明信片、信件（20g以內）郵資皆為15Nkr.，小包基本郵資則是277Nkr.，每增加1kg加計48Nkr.，最多不超過20kg（1189Nkr.）。

A VERDA   NOREG

小小資訊　芬蘭的嚕嚕米郵票以及各國的郵票，顏色都很繽紛又漂亮。還有設計品味獨到的附郵票信封、包裹箱等，可前往郵局找看看。

飲水、廁所＆其他

●自來水可以喝嗎？

四國的自來水基本上都能直接生飲，若不放心可買礦泉水飲用。礦泉水又分為含氣泡與不含氣泡兩種，請留意。

●營業時間

○餐廳

平日的營業時間，哥本哈根的午餐時段大約是12～15時、晚餐17～23時；奧斯陸、斯德哥爾摩、赫爾辛基的午餐時段大約是11～14時、晚餐17～24時。有些咖啡廳會較早開門營業；週日公休不營業、最後點餐時間提前的店家佔大多數。

○商店

平日的營業時間，哥本哈根、奧斯陸、斯德哥爾摩約為10～18時，赫爾辛基約為9～18時。百貨公司的關門時間都在21時前後，超市也大多營業至22時左右。週日一般會公休或是營業時間較短。

●插座和電壓

四國的電壓皆為220～230V，周波數以50Hz為主流。從台灣攜帶電器製品必須多準備變壓器和轉接頭，內建變壓器的機種則可直接使用。插頭的形狀，一般為2個圓孔的C型插座，斯德哥爾摩也可使用SE型。

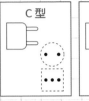

C型　　　SE型

●想上廁所怎麼辦？

公園大多設有公共廁所。車站、博物館、購物中心、百貨公司等場所也都有廁所，但有時需付費。費用方面，赫爾辛基約為50¢～、哥本哈根5Dkr.～、斯德哥爾摩€5Skr.～、奧斯陸5Nkr.～。

購買參考尺寸表

下列的尺寸對照表僅供參考，依不同製造廠商會有所差異，請務必試穿。

○女裝

台灣	服飾	7	9	11	13	15	鞋	22.5	23	23.5	24	24.5
歐洲		36	38	40	42	44		36	36	37	37	38

○男裝

台灣	服飾	S		M		L	鞋	25.5	26	26.5	27	27.5
歐洲		46	48	50	52	54		41	42	43	44	45

規矩＆禮儀

〔觀光〕

●香菸

機場和車站等大眾運輸工具、辦公室等公共設施和餐廳均為禁菸，飯店和酒吧則大多會區分為禁菸和吸菸室（席）。丹麥和挪威的法律有明文規定室內公共場所禁菸，違規者可能會被處以罰款。

●拍照

軍事設施、機場等是屬於禁止拍照的場所。有些博物館會禁止使用閃光燈拍照，拍照前請先瀏覽注意事項。也請盡量避免拍到不相關的人士。

〔美食〕

●小費

大多已內含在餐費內，若沒有包含在內就要給小費。每個國家的小費基準不一，芬蘭基本上不需要，丹麥一人約20Dkr.，挪威約費用的10%左右或是尾數無條件進位，瑞典則為費用的5～10%。

●酒類

挪威、瑞典禁止在室外飲酒。挪威的酒類販售平日只到20時，週六到18時、週日整天皆無販售。芬蘭超市的酒類販售時間為9～21時。

注意事項　高級餐廳最好事先訂位，順便確認是否有著裝規定。點餐時先點飲料、再點餐才是合乎禮儀的方式。有些店家的最後點餐時間較早，請留意。

[飯店]

●Check in／Check out

一般來說，Check in時間為14～18時、Check out時間為10～12時。若抵達時間會比訂房時告知的預定時間還晚約，請記得與飯店連絡。若無事先通知，可能會被取消預約。

●小費

飯店費用幾乎都已經內含服務費，因此基本上不需再給小費。

[購物]

●折扣季

通常會於聖誕節後的12～1月以及夏至後的7、8月舉辦折扣活動。

●退增值稅

四個國家的商品價格均內含增值稅。歐盟國家以外的居民若於TAX FREE加盟店，當日同一店家消費超過規定金額，離開歐盟國家時只要未開封使用，即可退還部分的增值稅。若回程搭轉機航班，欲將購買商品託運的話，請在報到手續時蓋上海關戳印；若要將商品手提上機，則在最後一個歐盟機場蓋上海關戳印。海關手續的期限，挪威自購買日起1個月內，其他國家則從購買月的當月底算起3個月內。退稅手續的期限，挪威自購買日起4個月內，芬蘭、丹麥、瑞典在1年以內。（以環球藍聯為例）

○退稅手續（以環球藍聯為例）
①在TAX FREE加盟店購物若超過規定金額，即可索取退稅申請表，此時必須出示護照。
②於機場海關對退稅申請表蓋上海關印章。除了申請表外，還必須出示護照、機票、未使用的商品和收據。
③退還的增值稅，可直接在當地專用櫃台領取現金（當地貨幣），或是選擇信用卡、支票退款，請將退稅申請表放入向店家索取的信封內，投入海關旁的信箱。
環球藍聯 URL www.global-blue.com（有中文版）

○增值稅／退稅的規定金額／退稅率
●芬蘭…24%（食品類14%）／各種稅率€40以上／4.9～16%
●丹麥…25%／300Dkr.以上／11.7～19%
●瑞典…25%（食品類12%）／200Skr.以上／3.3～19%
●挪威…物品25%（食品類15%）／物品315Nkr.以上與食品類290Nkr.以上／5.7～19%

突發狀況應對方式

雖然在歐洲各國，北歐相對上是治安較良好的地方，但近幾年大都市中的危險場所也越來越多。由於移民、難民、失業者的增加，也導致毒販和酒精中毒者的群集。出入複雜的中央車站周邊和夜晚的公園等場所，都必須特別小心。小偷和扒手等宵小，常會專盯旅客下手。

●肌膚乾燥與凍傷對策

於冬天零度以下的地方，暴露在外的皮膚容易有乾燥或曬傷的問題，外出時要記得塗抹乳液或防曬乳保護。此外，若在戶外待超過1小時，臉部等露出的部分容易凍傷，當肌膚表面出現如白粉般的斑點就是快要凍傷的徵兆，請馬上進到室內讓身體回暖，但過於激烈的回溫反而會讓皮膚受傷，所以需放慢步調。請事先做好穿厚襪、戴手套等的防寒措施。

●生病時

別猶豫直接去醫院吧。若不知該如何是好，可請飯店櫃台代為安排醫師，或是連絡自己所參加的旅行社、保險公司的當地服務處幫忙介紹醫院。此外，有時國外的用藥不見得適合自己的體質，最好從國內自備習慣用藥。

●遭竊・遺失時

○護照
請先到警察局報案並索取遺失證明文件，之後再向駐外台北代表處申請補發護照，或是入國證明書。
○信用卡
為了避免卡片遭人盜刷，請在第一時間連絡信用卡公司申請掛失，接著再遵循信用卡公司的指示處理後續。
○行李
向當地警察報案，並索取遺失證明文件。若是在飯店內遭竊、遺失，也請向飯店索取證明文件。若所承保的海外旅行傷害保險中有包含行李損失保險，回國後請立即與保險公司連絡辦理手續。申請保險理賠時，必須要有當地警察開立的遺失證明文件。

行前Check！

請上外交部領事事務局官網查詢旅外安全資訊。
URL www.boca.gov.tw/

注意事項　為了將遭竊的損失降到最低，現金和信用卡請分開保管。機場、飯店大廳等人來人往的場所，絕對不可讓行李離開自己的視線！為了預防萬一，請事先記下住宿飯店的地址和電話號碼備用。

〔芬蘭〕

●駐芬蘭台北代表處
(住)World Trade Center-Helsinki
Aleksanterinkatu 17, 00100, Helsinki Finland
(時)週一～五9～12時、13～17時　(休)週六、日
(電)(358) 9-6829-3800
急難救助(電)(358) 40-5455-429
(URL)http://www.taiwanembassy.org/FI
EMAIL：info@taipeioffice.fi
●警察局‧救護車‧消防局　(電)112

〔丹麥〕

●駐丹麥台北代表處
(住)Amaliegade 3, 2F., 1256 Copenhagen K,
Denmark
(時)週一～五9～17時　(休)週六、日
(電)(45) 3393-5152
急難救助(電)(45) 2076-0466
(URL)http://www.taiwanembassy.org/DK
EMAIL：contact@taipeioffice.dk
●警察局‧救護車‧消防局　(電)112

〔瑞典〕

●駐瑞典台北代表團
(住)Wenner-Gren Center, 18tr Sveavägen 166 ,
11346 Stockholm, Sweden
(時)週一～週六9～12時、13～17時　(休)週六、日
(電)(46) 8-7288-513
急難救助(電)(46) 70-6755-089
(URL)http://www.taiwanembassy.org/SE
EMAIL：taipei.mission@tmis.se
●警察局‧救護車‧消防局　(電)112

〔挪威〕

●駐挪威台北代表處
(住)Kronprinsensgate 5, 5F, 0251 Oslo, Norway
(時)週一～五9～17時　(休)週六、日
(電)(47) 2311-1730
急難救助(電)(47) 9069-8853, 9709-1952
(URL)http://www.roc-taiwan.org/NO
EMAIL：nor@mofa.gov.tw
●警察局　(電)112
●救護車　(電)113
●消防局　(電)110

〔信用卡公司緊急連絡電話〕

‧VISA全球緊急服務中心
芬蘭(電)0800-11-0057
丹麥(電)808-83399
瑞典(電)020-790-939

挪威(電)800-11-570
‧MasterCard全球服務中心緊急救援電話
芬蘭(電)08001-156234
丹麥(電)8001-6098
瑞典(電)020-791-324
挪威(電)800-12697
‧JCB PLAZA Call Center（免費服務熱線）
挪威(電)800-12697
挪威、瑞典(電)00-800-3865-5486

〔台灣〕

●駐台外國機構
‧芬蘭駐臺灣貿易及創新辦事處
(住)臺北市基隆路1段333 號15樓1505室
(電)0905-359223
(URL)https://www.facebook.com/FinlandInTaiwan
EMAIL：teppo.turkki@finpro.fi
‧丹麥商務辦事處
(住)臺北市敦化北路205號12樓1207室
(電)02-2718-2101
(URL)http://www.taipei.um.dk
EMAIL：tpehkt@um.dk
‧瑞典貿易暨投資委員會台北辦事處
(住)臺北市基隆路1段333號24樓2406室
(電)02-2757-6573
(URL)http://www.business-sweden.se
EMAIL：taipei_consular@business-sweden.se

●政府觀光局
‧芬蘭政府觀光局
(URL)www.visitfinland.com/zh/
‧丹麥政府觀光局
(URL)www.visitdenmark.com/
‧瑞典政府觀光局
(URL)www.visitsweden.com/sweden/
‧挪威政府觀光局
(URL)www.visitnorway.com/

●主要機場
‧桃園國際機場
(電)03-398-3728
(URL)www.taoyuan-airport.com/
‧台北松山機場
(電)02-8770-3456
(URL)www.tsa-gov.tw/
‧高雄國際航空站
(電)07-805-7631
(URL)www.kia.gov.tw/

注意事項　在日照時間較短的北歐冬天，容易缺乏經由紫外線照射所自然生成的維生素D。在當地的健康管理上，可透過攝取魚肝油或維他命劑等營養補給品有效補充。

北歐全域圖

N
0 — 200km

北極海
Arctic Ocean

北角
Nordkapp

巴倫支海
Barents Sea

Rica Grand Hotel Tromsø [H]
P131
P131 特隆姆瑟
Tromsø

阿爾塔峽灣
Altafjord

希爾克內斯
Kirkenes

莫曼斯克
Murmansk

特倫德拉格
TRØNDELAG

芬馬克
FINNMARK

伊納里湖
Inar

薩里塞勒卡 P130
Saarriselka

追逐極光之旅 P130
[H] Saariselkan
Tunturihotelli P130

羅弗敦群島
Lofoten

納爾維克
Narvik

尤卡斯耶爾維 P131
Jukkasjarvi

萊維 P130
Levi

西峽灣
Vestfjord

P130

拉普蘭
LAPLAND

P131 基魯納
Kiruna

Camp Ripan [H]
P131

Spa Hotel Levitunturi [H]
P130

芬蘭
FINLAND

羅瓦涅米 P130
Rovaniemi

極光巴士 Moimoi號
P130

聖誕老人村 P130
[H] Hotel Santa
Claus P130

挪威海
Norwegian Sea

挪威
NORWAY

瑞典
SWEDEN

路立歐
Luleå

奧盧
Oulu

皮耶利湖
Pielinen

海達路德郵輪
P137

特隆海姆峽灣
Trondheimsfjord

特隆海姆
Trondheim

北克瓦爾青海峽
Norra Kvarken

羅姆斯達爾峽灣
Romsdalsfjord

奧勒松
Alesund

瓦薩
Vaasa

庫奧皮奧
Kuopio

蓋倫格峽灣 P135
Geirangerfjord

松恩峽灣 P134
Sognefjord

達拉納
DALARNA

波的尼亞灣
Gulf of Bothnia

姆明谷博物館
P48

派延內湖
Päijanne

塞馬湖
Saimaa

拉多加湖
Lake Ladoga

弗洛姆
Flam

坦佩雷
Tampere

海門林納
Hämeenlinna

卑爾根 P136
Bergen

嚕嚕米世界 P48
Muumimaailma

南塔麗
Naantali

圖庫爾
Turku

聖彼得堡
St. Petersburg

哈丹格峽灣 P135
Hardangerfjord

奧斯陸 P111
Oslo

奧蘭群島
Aland

赫爾辛基 P15
Helsinki

莉絲峽灣 P135
Lysefjord

泰勒馬克
TEREMARK

烏普薩拉
Uppsala

芬蘭灣
Gulf of Finland

史塔萬格
Stavanger

卡爾斯塔德
Karlstad

詩麗雅郵輪 P137

塔林
Tallin

俄羅斯
RUSSIA

瓦內恩湖
Vänern

斯德哥爾摩 P81
Stockholm

克里斯蒂安桑
Kristiansand

達特恩湖
Vättern

維默比 P110
Vimmerby

愛沙尼亞
ESTONIA

斯卡格拉克海峽
Skagerrak

延雪平
Jönköping

哥特蘭島
Gotland

拉脫維亞
LATVIA

北海
North Sea

丹麥
DENMARK

耶特堡
Goteborg

斯莫蘭
SMALAND

厄蘭島
Öland

奧勒堡
Aalborg

斯科納
SKÅNE

利耶帕亞
Liepäja

日德蘭半島
Jutland

奧胡斯
Aarhus

北西蘭島 P79
Nordsjælland

克萊佩達
Klaipeda

立陶宛
LITHUANIA

羅斯基勒
Roskilde

赫爾辛堡
Helsingborg

P80 歐登塞
Odense

西蘭島
Zealand

哥本哈根 P49
Copenhagen

俄羅斯
RUSSIA

白俄羅斯
BELARUS

菲英島
Fin

馬爾默
Malmö

克萊佩達

羅蘭島
Lolland

法爾斯特島
Falster

博恩霍姆島
Bornholm

波羅的海
Baltic Sea

德國
GERMANY

波蘭
POLAND

Index

赫爾辛基

☐想去的地方打個✓　■去過的地方塗黑

156　　□想去的地方打個✓　■去過的地方塗黑

哥本哈根

斯德哥爾摩

索引

157

斯德哥爾摩

奧斯陸

自然之旅

Check!

4國簡單會話

	芬蘭語	丹麥語	瑞典語	挪威語
你好	Hyvää päivää	God dag	God dag	God dag
謝謝	Kiitos	Mange tak	Tac så mycket	Tusen Takk
早安	Hyvää huomenta	God Morgen	God Morgon	God Morgen
晚安	Hyvää iltaa	God aften	God kväll	God kveld
再見	Näkemiin	Farvel	Hej då	Ha det bra
不好意思（呼喚對方）	Anteeksi	Undskyld	Ursäkta mig	Unnskyld
是／不是	Kyllä / Ei	Ja / Nej	Ja / Nej	Ja / Nei

索引／簡單會話

時尚・可愛・慢步樂活旅

ララチッタ
NORTHERN EUROPE

國家圖書館出版品預行編目（CIP）資料

北歐 / JTB Publishing, Inc.作 ；
許懷文翻譯. -- 第一版. -- 新北市：
人人, 2015.11
面； 公分. --（叩叩世界系列；8）
ISBN 978-986-461-024-2（平裝）
1.旅遊 2.北歐

747.09   104023806

【 叩叩世界系列 8 】
北歐

作者／JTB Publishing, Inc.
翻譯／許懷文
編輯／潘涵語
發行人／周元白
排版製作／長城製版印刷股份有限公司
出版者／人人出版股份有限公司
地址／23145 新北市新店區寶橋路235巷6弄6號7樓
電話／（02）2918-3366（代表號）
傳真／（02）2914-0000
網址／http://www.jjp.com.tw
郵政劃撥帳號／16402311 人人出版股份有限公司
製版印刷／長城製版印刷股份有限公司
電話／（02）2918-3366（代表號）
經銷商／聯合發行股份有限公司
電話／（02）2917-8022
第一版第一刷／2015年11月
修訂第一版第三刷／2020年1月
定價／新台幣400元
　　　港幣133元

日本版原書名／ララチッタ 北欧
日本版發行人／秋田　守
Lala Citta Series
Title: NORTHERN EUROPE
Copyright © 2015 JTB Publishing, Inc.
All rights reserved
First published in Japan in 2015 by JTB Publishing, Inc. Tokyo
Chinese translation rights arranged with JTB Publishing, Inc.
through CREEK & RIVER Co., Ltd. Tokyo
Chinese translation copyrights © 2020 by Jen Jen Publishing Co., Ltd.

Find us on
人人出版・人人的伴旅

人人出版好本事
提供旅遊小常識＆最新出版訊息
回答問卷還有送小贈品
部落格網址：http://www.jjp.com.tw/jenjenblog/

Lala Citta 北歐
別冊MAP

Contents

MAP符號的標示

H 飯店
i 遊客服務中心
教堂
✈ 機場
巴士站
銀行
郵局
醫院
⊗ 警察局
◆ 學校、政府機關
M 地鐵站
（赫爾辛基、哥本哈根）
T 地鐵站
（斯德哥爾摩、奧斯陸）
路面電車站

2

赫爾辛基市內交通

赫爾辛基市區的景點幾乎都落在4公里見方的範圍內。街道多劃分為棋盤式，交叉路口的轉角都會有路名標示，因此徒步遊逛並非難事。若要到較遠的地方或是走累了，也可搭乘路面電車。

旅遊起點的赫爾辛基中央車站

市區遊逛小建議

●市中心步行即可

中央車站到愛斯普拉納地周邊，以徒步方式移動是最有效率的方式。道路寬敞、上下坡道也不多，走起來很輕鬆。即使迷路，只要沿著路面電車的線路走就OK。

●車票可共用

路面電車、地鐵、巴士、部分渡輪都是由赫爾辛基交通局（HSL）負責營運，車票也能共通使用。在自動售票機購買的單次票費用，與搭車時向司機購買的票價不同，請留意。也很推薦使用赫爾辛基卡（→本書P19）。

車票種類

○單次票
Kertalippu
上車購票為€3、於售票機購買則共通票€2.50、路面電車專用票€2.20。

○旅遊票
Tourist Ticket
在旅遊諮詢中心或書報攤購買IC車票，1日票€8、2日票€12。

路面電車　Raitiovaunu

網羅市內各區的路面電車班次多，連結各主要景點也很方便。停靠站的名稱會以芬蘭語和瑞典語兩國語言標示。路面電車的進站時間，可由乘車處的電子螢幕確認。

○運行時間
6時～翌日2時左右，約每隔10分鐘發車。
（視路線而異）

○方便觀光的2、3路線
2和3為相連的路線，在市內以8字型環繞方式運行。繞行一周約60分鐘，可從車窗欣賞各主要觀光景點。

ⓘ 注意事項

○雖然路面電車不需出示車票即可搭乘，但有時會遇到驗票員檢查全車乘客的車票。忘記打印或沒有攜帶車票者會被處以高額罰款，務必注意。
○可能會遇到末班車的終點站變成車庫，或是因道路□工而改走其他不同的路線。可於旅遊諮詢中心或上□辛基近郊交通局的官網URL www.hsl.fi/en/索取最□路線圖。
□辛基的大眾交通運輸工具為全面禁菸。若看到□孕婦、帶嬰兒車的乘客，請起身讓出座位
□□買後1小時內有效。搭車後的1小時內可□線或巴士。

●搭乘路面電車

1 找到車站，購買車票

路面電車的車站以黃色看板和綠色候車亭為明顯標誌。若車站沒有售票機，請直接向司機購票。利用售票機買票時請備妥零錢比較方便。

2 上車

沒有車票的話請從司機所在的最前方車門上車，有車票的人則任何車門皆可。持旅遊票者於第一次使用時輕觸打印機中央的綠色十字，確認綠燈亮起即可（與數字無關）。

3 車內

電子螢幕會顯示即將停靠的站名，若要下車，請按壓車內扶手等處的紅色按鈕。

4 下車

等路面電車完全停車後，從後方車門下車。車門的開關為按鈕式，短時間開門的話就按上方按鈕，若有嬰兒車上下需要較長時間的話就按下方按鈕。

□□該搭哪班車…，可試試便利的赫爾辛基近郊交通局網站「Journey Planner」，
□□時間與大眾運輸工具的相關資訊URL www.hsl.fi/en（英語）

地鐵
Metro

只有1條路線，寫有「M」的看板即地鐵的標誌。觀光客最常利用的是KAMPPI站、中央車站和HAKANIEMI站等3站。沒有設置閘門，請利用車站內的售票機或旅遊票的打印機。

○運行時間

5時～翌日1時左右，每隔4～5分鐘發車。
（視星期幾而異）

巴士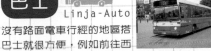
Linja-Auto

沒有路面電車行經的地區搭巴士就很方便，例如前往西貝流士公園方向的24號巴士等。停靠站、搭乘方式、購買車票均與路面電車相同。不過車內沒有廣播，所以較難掌握下車的時機點，不利於觀光客使用。

○運行時間

24號巴士6～23時左右，每小時2～3班。
（視星期幾而異）

計程車
Taksi

一般多從計程車招呼站搭車，或是請餐廳或飯店叫車。路上幾乎沒有可隨招隨停的計程車，但若看到代表空車的黃色燈號，也可試著舉手攔車看看。

○車資和小費

起跳價€5.90，夜間與週末時段會加收費用。跳表制的車資內含小費，若使用後車廂放置行李，建議支付尾數無條件進位的金額。

渡輪
Lautta

從市集廣場搭渡輪往芬蘭堡（本書→P46）。JT-LINE來回€7、赫爾辛基市交通局渡輪來回€5（可使用赫爾辛基卡）。

○航行時間

JT-LINE為8～19時（夏季～23時）、赫爾辛基市交通局渡輪6時～翌日2時，皆為約每隔40～60分鐘發船。

赫爾辛基交通路線圖

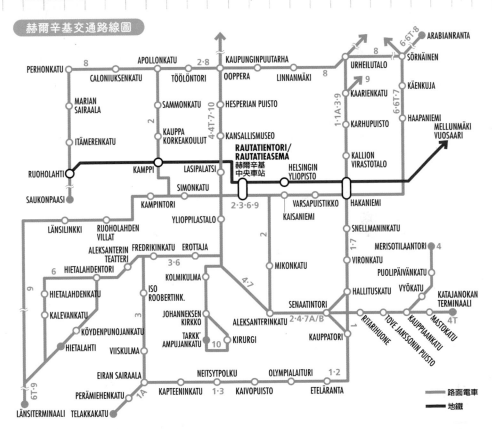

路面電車
地鐵

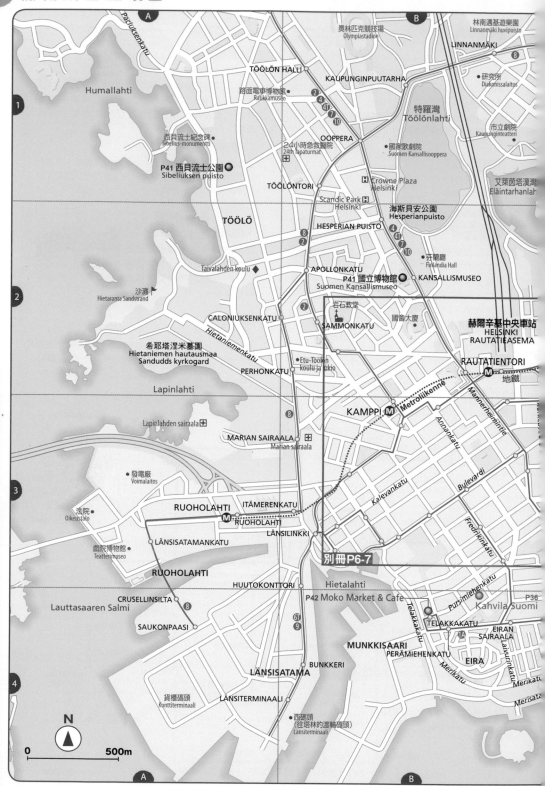

Paciuksenkatu

奧林匹克競技場
Olympiastadion

林南遇基遊樂園
Linnanmäki huvipuisto

LINNANMÄKI

A

B

Humallahti

TÖÖLÖN HALLI

KAUPUNGINPUUTARHA

路面電車博物館
Ratikkamuseo

特羅灣
Töölönlahti

研究所
Diakonissalaitos

1

西貝流士紀念碑
Sibelius-monumentti

OOPPERA

24小時急救醫院
24h lapaturmat

國家歌劇院
Suomen Kansallisooppera

市立劇院
Kaupunginteatteri

P41 西貝流士公園
Sibeliuksen puisto

TÖÖLÖNTORI

Crowne Plaza
Helsinki

艾萊茵塔漢灣
Eläintarhanlah

Scandic Park
Helsinki

海斯貝安公園
Hesperianpuisto

TÖÖLÖ

HESPERIAN PUISTO

芬蘭廳
Finlandia Hall

Taivalahden koulu

APOLLONKATU

P41 國立博物館
Suomen Kansallismuseo

KANSALLISMUSEO

沙灘
Hietaranta Sandstrand

2

CALONIUKSENKATU

岩石教堂

國會大廈

赫爾辛基中央車站
HELSINKI
RAUTATIEASEMA

SAMMONKATU

希耶塔涅米墓園
Hietaniemen hautausmaa
Sandudds kyrkogard

Hietaniemenkatu

Etu-Töölön
koulu ja lukio

RAUTATIENTORI
M 地鐵

PERHONKATU

Lapinlahti

KAMPPI M Metroliikenne

Mannerheimintie

Lapinlahden sairaala

Annankatu

3

發電廠
Voimalaitos

MARIAN SAIRAALA
Marian sairaala

Kalevankatu

Bulevardi

法院
Oikeustalo

RUOHOLAHTI

ITÄMERENKATU

Fredrikinkatu

戲院博物館
Teatterimuseo

M RUOHOLAHTI

LÄNSILINKKI

LÄNSISATAMANKATU

RUOHOLAHTI

別冊P6-7

HUUTOKONTTORI

Hietalahti

P42 Moko Market & Cafe

P36

CRUSELLINSILTA

Lauttasaaren Salmi

SAUKONPAASI

Pursimiehenkatu

Kahvila Suomi

TELAKKAKATU

EIRA
SAIRAALA

MUNKKISAARI
PERÄMIEHENKATU

EIRA

Merikatu

BUNKKERI

LÄNSISATAMA

Merisatata

貨櫃碼頭
Konttiterminaali

LÄNSITERMINAALI

西碼頭
(往塔林的渡輪碼頭)
Lansiterminaali

N

0   500m

A

B

  區域
Navi 前往設有Iittala暢貨中心的阿拉比亞瓷器廠（D1）的交通方式，以搭乘路面電車6、8號最為容易。
記得不要坐到終點站，於前一站ARABIANKATU站下車會比較近。

HELSINGINKATU

HEILUTALO

KAARIENKATU

卡里奧教堂
Kallion kirkko

KARHUPUISTO

KÄENKUJA

HAAPANIEMI

Kotiharjun Sauna P41

SÖRNÄINEN

Munkkiniemi
阿瓦奧圖宅邸 P28
Riihitien Talo
Pikku Huopalahti

往阿瓦奧圖工作室
P29

Ruskeasuo Itä-Pasila

往赫爾辛基萬塔
國際機場 P142

阿拉比亞瓷器廠
Arabia
Vallila Hermanni

P22 Iittala Outlet Arabia

P31 阿拉比亞設計博物館
Design Museum Arabia

卡里奧市民中心
Kallion virastotalo

KALLION VIRASTOTALO
Hakaniemen Kauppahalli

哈卡淫米市場 P32

HAKANIEMI

Marimekko Hakaniemen
Kauppahalli P20

伴侶島戶外博物館
Seurasaari

Seurasaarenselkä

赫爾辛基
中央車站

往Marimekko Factory Outlet

Hilton Helsinki Strand

軍事博物館
Sotamuseo

SNELLMANINKATU

Kolme Kruunua P43

Uunoninkatu

HELSINGIN
YLIOPISTO

赫爾辛基大教堂

Aleksanterinkatu

Lauttasaari 左圖

Lauttasaarenselkä

Kruunuvuorenselkä

P20

N

0   2km

P46 芬蘭堡
Suomenlinna

Pohjoissatama

Ravintola Nokka P34

鳥斯本斯基東正大教堂
Uspenskin Katedraali

愛斯普拉納地公園

TOVE JANSSONIN PUISTO

PUOLIPÄIVÄNKATU

KATAJANOKKA

MERISOTILAANTORI

KAUPPIAANKATU

Scandic Hotel Grand Marina

Kanavakatu

VYÖKATU

MASTOKATU

KATAJANOKAN TERMINAALI

Eteläsatama

卡塔亞諾卡碼頭
(維京線的搭乘碼頭)
Katajanokanterminaali

Laivasillankatu

奧林匹亞碼頭
(詩麗雅郵輪的搭乘碼頭)
Olympiaterminaali

P34
Ravintola Sea Horse

Tehtaankatu

KAIVOPUISTO

曼納海姆博物館
Mannerheim-museo

NEITSYTPOLKU

KAPTEENINKATU

ULLANLINNA

Puistokatu

anranta

Ehrenströmintie

Merisatama

凱伊沃公園
Kaivopuisto

Café Ursula P37

↓往芬蘭堡

C   D

●觀光景點   ●餐廳·咖啡廳   ●商店   ●夜間娛樂   Ｈ飯店   5

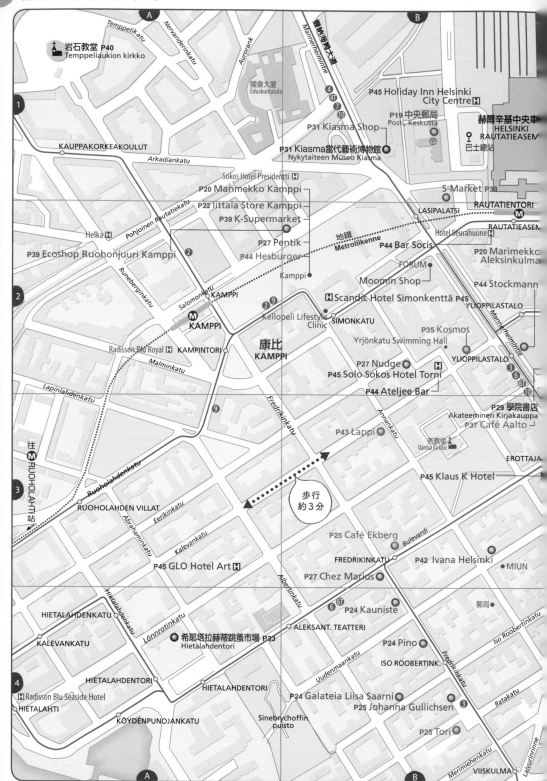

岩石教堂 P40
Temppeliaukion kirkko

國會大廈
Eduskuntatalo

P45 Holiday Inn Helsinki City Centre

P19 中央郵局
Posti, Keskusta

赫爾辛基中央車
HELSINKI RAUTATIEASEM
巴士總站

P31 Kiasma Shop

P31 Kiasma 當代藝術博物館
Nykytaiteen Museo Kiasma

KAUPPAKORKEAKOULUT

Arkadiankatu

S-Market P39

RAUTATIENTORI

Sokos Hotel Presidentti

P20 Marimekko Kamppi

P22 Iittala Store Kamppi

P39 K-Supermarket

Helka

LASIPALATSI

RAUTATIEASEM

Hotel Seurahuone

P27 Pentik

P39 Ecoshop Ruohonjuuri Kamppi

地鐵
Metroliikenne

P44 Bar Socis

P20 Marimekko Aleksinkulma

P44 Hesburger

Kamppi

FORUM

Moomin Shop

P44 Stockmann

KAMPPI

Kellopeli Lifestyle Clinic

Scandic Hotel Simonkenttä P45

SIMONKATU

YLIOPPILASTALO

KAMPPI

康比
KAMPPI

P35 Kosmos

Yrjönkatu Swimming Hall

YLIOPPILASTALO

Radisson Blu Royal

KAMPINTORI

P27 Nudge

P45 Solo Sokos Hotel Torni

Malminkatu

P44 Ateljee Bar

Lapinlahdenkatu

P29 學院書店
Akateeminen Kirjakauppa

P37 Café Aalto

往 M RUOHOLAHTI 站

老教堂
Vanha kirkko

EROTTAJA

P43 Lappi

Ruoholahdenkatu

P45 Klaus K Hotel

RUOHOLAHDEN VILLAT

Eerikinkatu

Kalevankatu

P25 Café Ekberg

Bulevardi

P42 Ivana Helsinki

MIUN

P45 GLO Hotel Art

FREDRIKINKATU

P27 Chez Marius

郵局

HIETALAHDENKATU

P24 Kauniste

KALEVANKATU

ALEKSANT. TEATTERI

P24 Pino

希耶塔拉赫蒂跳蚤市場 P33
Hietalahdentori

ISO ROOBERTINK.

HIETALAHDENTORI

HIETALAHDENTORI

P24 Galateia Liisa Saarni

Radisson Blu Seaside Hotel

P25 Johanna Gullichsen

HIETALAHTI

Sinebrychoffin puisto

P25 Tori

KÖYDENPUNOJANKATU

VIISKULMA

區域
Navi
大多路面電車都會停靠的YLIOPPILASTALO（B2），在亞歷山大街（Aleksanterinkatu）
和曼納海姆大道（Mannerheimintie）兩處都設有站牌，乘車處視路線而異，轉乘時請留意。

赫爾辛基大學
附屬植物園
Yliopiston kasvitieteellinen
puutarha

往M HAKANIEMI站

VARSAPUISTIKKO

國家劇院
Kansallisteatteri

H 赫爾辛基麗笙廣場飯店 P45
Radisson BLU Plaza Hotel

HELSINGIN
YLIOPISTO

中央車站廣場
Rautatientori

酒吧路面電車
搭乘處
SpåraKoff

KAISANIEMI

Tablo Ateneum P31

雅典娜美術館 P31
Ateneumin Taidemuseo

MIKONKATU

P42 Fazer

P45 GLO Hotel Kluuvi

ALEKSANTERINKATU

P37 Marikahvila

Marimekko
Marikulma

P42 Nanso

Aarikka P26

Galleria
Esplanad

Iittala Store Esplanadi P22

斯普拉納地街
赫爾辛基欽普豪華精選酒店
P45 Hotel Kämp

Pohjois esplanadi

Annikki
Karvinen

瑞典劇院
Ruotsalainen teatteri

愛斯普拉納地公園
Esplanadi Puisto

Eteläesplanadi

P29 Artek

P29 Ravintola Savoy

Finlayson P26

KOLMIKULMA

由南向北延伸的街道有高低起
伏落差，冬天路面結冰時要小
心別滑倒

Urban a* P25

Juuri P43

Cafebar Luomus P30

Design Shop P30

P30 設計博物館
Designmuseo

芬蘭建築博物館
Finland rakennustaiteen museo

JOHANNEKSEN
KIRKKO

聖約翰教堂
Johanneksen kirkko

Johanneksen-
parken

KIRURGI

TARKK'AMPUJANKATU

Kaisaniemenkatu

Unioninkatu

Yliopistonkatu

Aleksanterinkatu
亞歷山大街

Kluuvikatu

Korkeavuorenkatu

Kasarmikatu

Snellmaninkatu

Vironkatu

Marlankatu

Merkullinkatu

Rauhankatu

VIRONKATU

Kirkkokatu

赫爾辛基大教堂 P40
Tuomiokirkko

HALLITUSKATU

Sauna Market P27

Globe Hope P41

上議院廣場
Senaatintori

SENAATINTORI

Kiseleffin Talo

市立博物館
Helsingin Kaupungin-museo

波羅的海
女兒雕像

KAUPPATORI

市集廣場 P33
Kauppatori

往芬蘭堡的
渡輪碼頭

R-Kioski P38

老農貿市場 P32
Vanha Kauppahalli

ETELÄRANTA

RITARIHUONE

Cafe Engel P44

P35 Kuurna

Ravintola
Olo P35

Taito Shop Helsky P26

P40 烏斯本斯基東正大教堂
Uspenskin Katedraali

Kanava Terminal

Södra Kajen

Unioninkatu

Fabianinkatu

Laivasillankatu

Pohjoisranta

南港
Eteläsatama

Makasiini Terminal

天文台
Tähtitorni

Tähtitornink.

OLYMPIALAITURI

P 周邊圖請參照別冊P4

0   100m

N

●觀光景點　●餐廳・咖啡廳　○商店　●夜間娛樂　H飯店

7

哥本哈根市內交通

哥本哈根的市中心是徒步就能充分遊逛的範圍，即使是小巷道，也會在街角標示路名，可當成漫遊街區時的指標。若想前往小美人魚像所在的卡斯特雷特堡壘周邊、西橋區等稍微有點距離的地方，則可搭近郊鐵路S-tog、地鐵或巴士。

中央車站與市政廳周邊交通壅塞

市區遊逛小建議

徒步漫遊斯托格

從中央車站到國王新廣場一帶徒步是最好的方式。像行人徒步區的斯托格等地，都是屬於車輛禁止通行的路段。

●自行車也很方便！

若騎自行車就不需要擔心塞車的問題，還能夠快速移動。也有適合觀光客使用的租賃自行車（詳情→本書P53）。

車票種類

市內大眾交通工具的車票是共通使用。採分區計價，於市中心移動買到2區即可，往機場則須買到4區。哥本哈根卡（→本書P53）也很方便。

○單次票
Billet

可於書報攤和售票機購票，或直接向司機購票。2區24Dkr.，每增加1區便追加12Dkr.。

○1日券
24-timers kort

書報攤有售，全區內可自由搭乘的1日票130Dkr.。使用期限從打印後才開始起算。

○城市通行卡
City Pass

書報攤有售，可自由搭乘包含機場在內的1～4區。使用期限從打印後開始起算，24小時80Dkr.、72小時200Dkr.。

巴士 Buses

除了行人徒步區外，路線網遍佈市內各地的交通工具。前往離地鐵和近郊鐵路S-tog車站較遠的觀光景點，也相當便利。巴士站以黃色看板為標誌，車身前方會顯示路線編號和目的地，搭乘前請仔細確認。

○運行時間

5時～翌日0時30分左右。每條路線的發車間距不一，但主要路線大多10分鐘就有一班車。另外還有1～5時運行的深夜巴士，但班次不多。

○方便觀光的1A、26號

1A前往趣伏里公園、克里斯蒂安堡宮、阿美琳堡宮方向，26號則從市政廳廣場行經克里斯蒂安堡宮、KONGENS NYTORV站後到小美人魚像。

注意事項

○分為車體黃色和紅色的A巴士，以及黃色與藍色的S巴士兩種。S是快速巴士，要注意中途有些巴士站不會停靠。
○若於車票的有效時間內，即可自由轉乘其他交通工具。1～3區的有效期限為打印後1小時，4～6區為打印後1小時30分鐘，其他則是2小時內有效。

●搭乘巴士

1　找到車站，購買車票
車站以黃色看板為標誌。若沒有設置售票機，請直接向司機購票。

2　上車
從前方車門上車，向司機出示車票。車內設有黃色的打印機，請插入車票。

3　車
下車時請按壓紅色按鈕。由於車內不一定會有語音播放站名，要小心別坐過頭了。

4　下車
從後方車門下車。大多會停靠在自行車專用道前，下車時也請留意是否有來車。

持單次票和回數票者，搭車時都必須插入黃色的打印機。各交通機關都會不定時地進行查票，若沒有車票或忘記打印會被罰款。購買車票時也請先備安零錢或小額紙鈔。

地鐵  Metro

地下鐵有兩條路線，2號線連結機場和市中心。從NØRREPORT站到CHRISTIANSHAVN站之間是觀光客最常運用的區段，兩條路線都沒有行經中央車站。可於車站內的售票機或超商購買車票。站內沒有閘門，打印機設置於月台。

○運行時間

24小時運行，兩條路線皆約每隔3～5分鐘發車。（視時段而異）

計程車  Taxa

除了市內客處均有招呼站外，路上也能隨招隨停。大多數皆有裝設衛星導航，只要告知地址即可確實抵達，有些還提供刷卡服務。

○車資與小費

跳表制，起跳價24Dkr.，每增加1公里加收15.25Dkr.（平日16時～翌日7時、周六日為1公里加收12.50Dkr.、周五六23時～翌日7時和例假日則加收15.80Dkr.，金額已內含小費）。

近郊鐵路  S-tog

連結哥本哈根市內和近郊，紅色車體加上白色S文字十分明顯。觀光客最常運用的是中央車站到ØSTERPORT站的區間，全部7條路線中有6條行經停靠。車票與其他交通工具一樣，可於車站內的售票機或超商購買，沒有閘門，月台上設有打印機。

○運行時間

5時～24時30分左右，約每隔10～20分鐘發車。（視路線、時段而異）

水上巴士 Havne busser

營運市區巴士的Movia公司旗下的水上交通。連結黑鑽石、新港、歌劇院和小美人魚像附近的NORDRE TOLDBOD等地。搭乘處與巴士一樣均以黃色看板為標誌，購票方式也與其他交通工具相同，有機會的話不妨搭乘看看。

○運航時間

平日6時30分～19時30分左右（週六、日10時～），每小時1～2班。

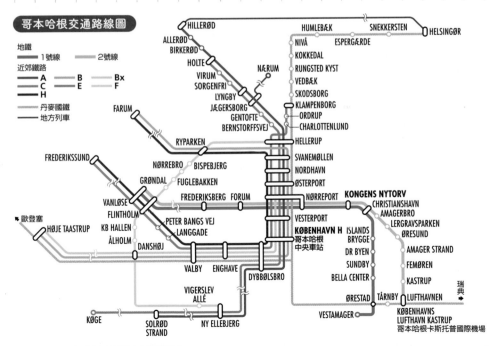

哥本哈根交通路線圖

※週六、日和夜間的行駛路線會有變動

哥本哈根全域圖

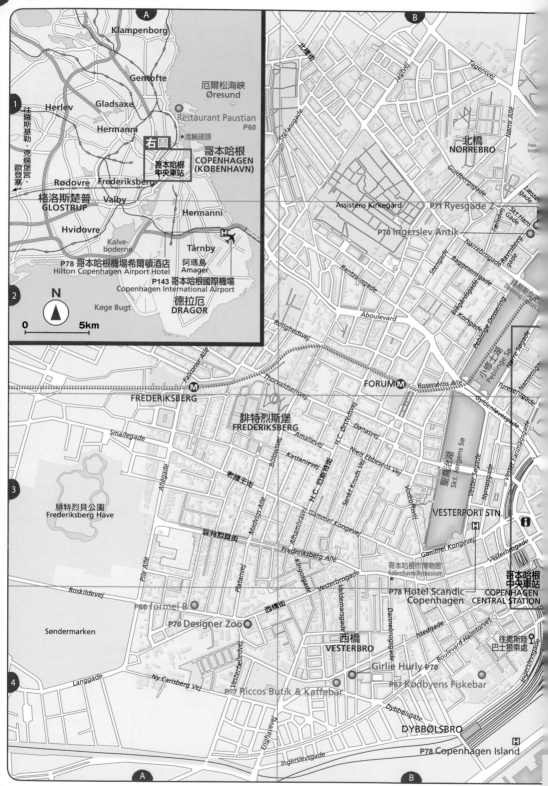

Klampenborg

Gentofte

厄爾松海峽
Øresund

Restaurant Paustian
P60

Herlev

Gladsaxe

Hermanni

渡輪碼頭

右圖

哥本哈根
COPENHAGEN
(KØBENHAVN)

Rødovre Frederiksberg

哥本哈根
中央車站

格洛斯楚普
GLOSTRUP

Valby

Hvidovre

Hermanni

Kalve-
boderne

Tårnby

P78 哥本哈根機場希爾頓酒店
Hilton Copenhagen Airport Hotel

阿瑪島
Amager

P143 哥本哈根國際機場
Copenhagen International Airport

德拉厄
DRAGØR

N

Køge Bugt

0   5km

北橋
NØRREBRO

Assistens Kirkegard

P71 Ryesgade 2

P70 Ingerslev Antik

Aboulevard

Rolighedsvej

FORUM

Rosenørns Allé

小修士湖
Peblinge Sø

FREDERIKSBERG

腓特烈斯堡
FREDERIKSBERG

聖喬治湖
Skt. Jørgens Sø

VESTERPORT STN.

Smallegade

腓特烈貝公園
Frederiksberg Have

H.C. 安徒生街

Frederiksberg Allé

Roskildevej

哥本哈根市博物館
Københavns Bymuseum

P66 formel B

P78 Hotel Scandic
Copenhagen

哥本哈根
中央車站
COPENHAGEN
CENTRAL STATION

P70 Designer Zoo

西橋街

Vesterbrogade

Søndermarken

西橋
VESTERBRO

往奧斯陸
巴士搭乘處

Langgade

Ny Carlsberg Vej

Girlie Hurly P70

P67 Kødbyens Fiskebar

P77 Riccos Butik & Kaffebar

Dybbølsgade

DYBBØLSBRO

Ingerslevsgade

P78 Copenhagen Island

可於哥本哈根市中心租借的免費城市自行車Bycyklen（本書P53）使用範圍有限。
若超出附屬地圖所示的區域會被罰款，請注意移動範圍。

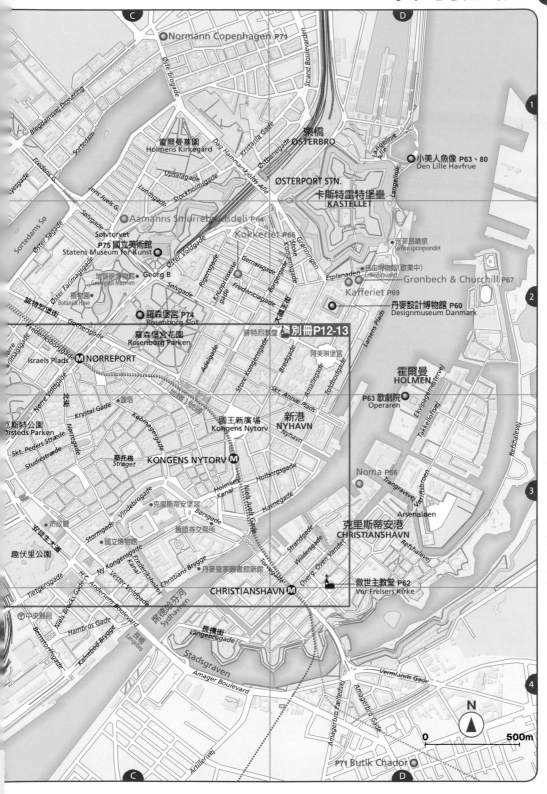

C

D

Normann Copenhagen P71

霍爾曼墓園
Holmens Kirkegård

豪橋
ØSTERBRO

小美人魚像 P63、80
Den Lille Havfrue

ØSTERPORT STN.

卡斯特雷特堡壘
KASTELLE

Aamanns Smørrebrødsdeli P64

吉菲昂噴泉
Gefion springvandet

P75 國立美術館
Statens Museum for Kunst

Kokkeriet P66

自由博物館(歇業中)
Frihedsmuseet

地質博物館
Geological Museum

Georg B

Grønbech & Churchill P67

植物園
Botanisk Have

Kafferiet P69

羅森堡宮 P74
Rosenborg Slot

丹麥設計博物館 P60
Designmuseum Danmark

羅森堡宮花園
Rosenborg Parken

別冊P12-13

霍爾曼
HOLMEN

Israels Plads

NØRREPORT

阿美琳堡宮

P63 歌劇院
Operaren

Krystal Gade

國王新廣場
Kongens Nytorv

新港
NYHAVN

斯托格
Strøget

KONGENS NYTORV

Noma P86

克里斯蒂安堡宮

Arsenaløen

市政廳

克里斯蒂安港
CHRISTIANSHAVN

舊證券交易所
Børsen

趣伏里公園

國立博物館

丹麥皇家圖書館新館

CHRISTIANSHAVN

救世主教堂 P62
Vor Frelsers Kirke

中央郵局

屏德運河分河
Sydhavnen

長橋街
Langebrogade

Stadsgraven

Amager Boulevard

N

500m

P71 Butik Chador

C

D

哥本哈根市中心

區域 Navi　近幾年來人力車（Rickshaw）以環保的交通工具而備受矚目，晴朗周末常可在斯托格的阿瑪爾廣場（B2、C2）碰見，搭乘還會為遊客導覽街區，相當有趣。費用約為280Dkr.（1小時）

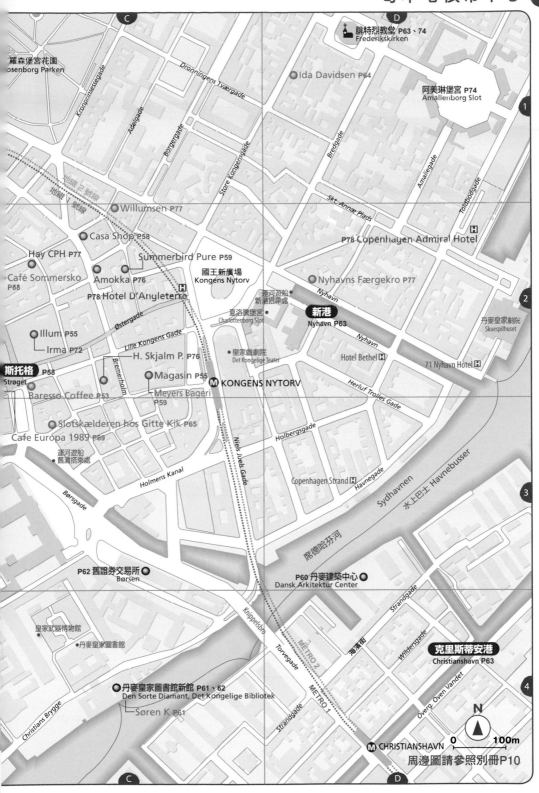

腓特烈教堂 P63、74
Frederikskirken

羅森堡宮花園
Rosenborg Parken

Ida Davidsen P64

阿美琳堡宮 P74
Amalienborg Slot

Willumsen P77

Casa Shop P58

Summerbird Pure P59

國王新廣場
Kongens Nytorv

P78 Copenhagen Admiral Hotel

Hay CPH P77

Café Sommersko P88

Amokka P76

Nyhavns Færgekro P77

P78 Hotel D'Angleterre

Østergade

運河遊船
新港搭乘處

新港
Nyhavn P63

丹麥皇家劇院
Skuespilhuset

Illum P55

Lille Kongens Gade

夏洛騰堡宮
Charlottenborg Slot

Irma P72

H. Skjalm P. P76

Bremerholm

皇家戲劇院
Det Kongelige Teater

Hotel Bethel H

71 Nyhavn Hotel H

斯托格
Strøget P58

Magasin P55

M KONGENS NYTORV

Herluf Trolles Gade

Baresso Coffee P53

Meyers Bageri P59

Slotskælderen hos Gitte Kik P65

Holbergsgade

Cafe Europa 1989 P69

運河遊船
舊灘搭乘處

Niels Juels Gade

Copenhagen Strand H

Havnegade

Holmens Kanal

Børsgade

Sydhavnen 水上巴士 Havnebusser

P62 舊證券交易所
Børsen

席德哈芬河

P60 丹麥建築中心
Dansk Arkitektur Center

Strandgade

皇家武器博物館

丹麥皇家圖書館

克里斯蒂安港
Christianshavn P63

Knippelsbro

METRO 2

Torvegade

海澤街

Wildersgade

丹麥皇家圖書館新館 P61、62
Den Sorte Diamant, Det Kongelige Bibliotek

Søren K P61

Christians Brygge

Overg. Oven Vandet

METRO 1

Strandgade

N

0   100m

M CHRISTIANSHAVN

周邊圖請參照別冊P10

●觀光景點　●餐廳・咖啡廳　○商店　●夜間娛樂　H飯店

斯德哥爾摩市內交通

斯德哥爾摩以中央車站為起點，有SL公司管轄的地鐵和路面電車等交通工具運行。市中心的分區很簡單，不需想得太複雜。若有計畫前往動物園島或古斯塔夫堡等較遠的地方，就先確認一下巴士的搭乘方式吧。

每天人潮熙來攘往的中央車站

市區遊逛小建議

●路名會在途中改名?!

斯德哥爾摩當地不論多小條的街道都會有路名，轉角處皆有標示和地址號碼，可做為遊逛時的參考。但同一條路有時會在中途更換路名，請多留意。

●善用地下鐵

斯德哥爾摩市內最有效率的交通工具就是地鐵，行前請先做好功課，掌握哪條路線會通往哪些地方。此外，車站還設計成不同主題的藝術空間，壁畫和裝飾也很吸睛。

●購票地點

車票除了車站的售票機外，還可在有SL標誌的書報攤、中央車站、T-CENTRALEN站、SLUSSEN站的SL中心購買。單次票會依分區而有不同價格，請留意。

車票種類

所有大眾運輸工具的車票都能共通使用。採A、B、C的分區制，市中心（A區）內的移動需支付1區的費用，皇后島、古斯塔夫堡屬於B區所以得支付2區的費用。斯德哥爾摩卡（→本書P85）也很方便。

○區段票（單次票）
Zonbiljett

車站內的自動售票機或SL中心都能買到單次票，1區36Skr.、2區54Skr.、3區72Skr.。到地鐵的閘門請走有人窗口通道，並出示外觀有如收據的車票。購票前先確認最終目的地的所在區段。

○旅遊卡
Timmarsbiljett

可自由搭乘地鐵、巴士、路面電車及前往動物園島的渡輪。24小時115Skr.、72小時230Skr.（需要另外支付IC卡費20Skr.），也有不需要另外卡片費、用過即丟的24小時票。

地鐵 Tunnelbana

運行班次多，涵蓋市內廣大範圍的主要交通工具，有以T-CENTRALEN站為中心的紅線（Röda Linjen）、綠線（Gröna Linjen）、藍線（Blå Linjen）等3條路線系統。

○運行時間

5時～翌日1時左右（週末24小時運行），發車間距約10分鐘。

○綠線的搭乘率最高

瓦薩區、舊城區、南島等主要地區最常搭乘的是綠線。紅線可搭往東島，藍線則可搭往市政廳所在的國王島。

注意事項

○在車票的有效時間內，可自由轉乘其他的交通工具。1～2區75分鐘內有效，3區120分鐘內有效。
○請先到SL中心索取地鐵＆巴士的路線圖。SL公司官方網站中的「Journey Planner」也可查詢路線，請多加利用（URL http://sl.se/）
○地鐵的月台和車內為全面禁菸，若遇年長者、孕婦、行動不便的人請起身讓座。

 小小資訊　若使用IC票卡（SL Access-kortet）的1區為25Skr.，比區段票便宜，但需多付IC卡費20Skr.（不供退還），但加值額度（reskassa）最低100Skr.起，停留超過2天時就很方便。

●搭乘地鐵

1 找到車站，購買車票

地鐵的入口以寫上藍色T字的看板為標誌。車站內的售票機、鄰近的書報攤、車站內的SL中心皆可購票。

→

2 通過閘門前往月台

只需將旅遊卡輕觸感應區閘門就會自動開啟。若持紙製的區段票或斯德哥爾摩卡，則必須走有站務員的驗票閘門並出示票卡。

→

3 車內

月台會標示出終點站名，請先確認要搭往哪一個方向。車門的開關為自動式，車內也有語音廣播所以不需擔心。

→

4 下車，走出閘門

下車後只需直接通過自動閘門即可（不需出示車票）。轉乘時請遵循路線顏色、終點站名的指示前進。

巴士 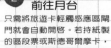 Buss

路線涵蓋市內各地的巴士雖然便捷，但路線過於繁雜，對旅客而言難度較高。往動物園島方向可搭44號，前往古斯塔夫堡請搭乘425號、474號。此外，因為無法直接向司機購票，請於搭車前先買好車票。

○運行時間

5時～翌日1時左右，搭乘人數較多的路線約每隔10分鐘發車。

計程車 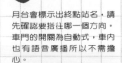 Taxi

除了車站附近和飯店前有招呼站外，路上若遇到空車也可招手攔車。價格偏高，可於行李較多時再利用。幾乎都有提供刷卡服務。

○車資和小費

除了往機場以外都採跳表制，起跳價45Skr.。計程車公司會有不同的費用基準。車資已內含小費，但還是建議支付尾數無條件進位的金額。

路面電車 Spårväg

市內有連結塞格爾斯廣場和動物園島的S7號線運行，前往斯堪森戶外博物館、瓦薩號戰艦博物館時相當方便。

○運行時間

6月下旬～8月每日11～17時左右。平日每小時2～3班、週六日每小時3～4班，冬季僅週六日和假日運行。

渡輪 Båt

連結舊城區的船橋碼頭和動物園島的渡輪全年無休（費用45Skr.）。夏季還會加開從市政廳附近的碼頭前往皇后島宮的渡輪航班。

○運航時間

舊城區～動物園島間平日7時30分～19時，每小時2～4班；週六、日和假日9～19時，每小時3～4班。

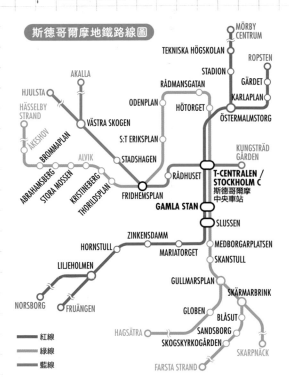

斯德哥爾摩地鐵路線圖

MÖRBY CENTRUM
TEKNISKA HÖGSKOLAN
STADION
ROPSTEN
RÅDMANSGATAN
GÄRDET
AKALLA
ODENPLAN
HÖTORGET
KARLAPLAN
HJULSTA
ÖSTERMALMSTORG
HÄSSELBY STRAND
VÄSTRA SKOGEN
S:T ERIKSPLAN
ÅKESHOV
KUNGSTRÄD GÅRDEN
BROMMAPLAN
ALVIK
STADSHAGEN
ABRAHAMSBERG
STORA MOSSEN
KRISTINEBERG
THORILDSPLAN
RÅDHUSET
T-CENTRALEN / STOCKHOLM C 斯德哥爾摩中央車站
FRIDHEMSPLAN
GAMLA STAN
SLUSSEN
ZINKENSDAMM
MEDBORGARPLATSEN
HORNSTULL
MARIATORGET
SKANSTULL
LILJEHOLMEN
GULLMARSPLAN
SKÄRMARBRINK
NORSBORG
FRUÄNGEN
GLOBEN
BLÅSUT
HAGSÄTRA
SANDSBORG
SKOGSKYRKOGÅRDEN
SKARPNÄCK
FARSTA STRAND

■ 紅線
■ 綠線
■ 藍線

15

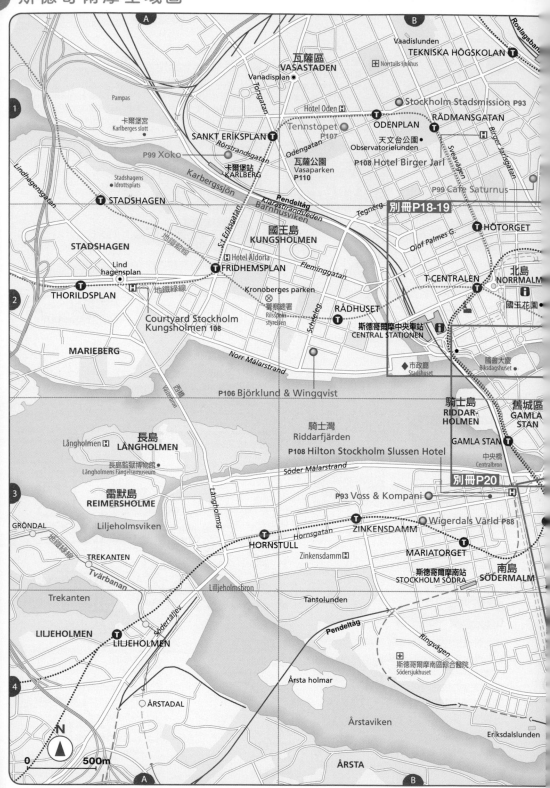

瓦薩區
VASASTADEN

Vaadislunden

TEKNISKA HÖGSKOLAN

Norrtulls sjukhus

Vanadisplan

卡爾堡宮
Karlberges slott

Pampas

Stockholm Stadsmission P93

Hotel Oden

ODENPLAN

RÅDMANSGATAN

Tennstopet
P107

SANKT ERIKSPLAN

Rörstrandsgatan

天文台公園
Observatorielunden

Birger Jarlsgatan

Sveavägen

P99 Xoko

卡爾堡站
KARLBERG

瓦薩公園
Vasaparken
P110

P108 Hotel Birger Jarl

Karbergssjön

Stadshagens
idrottsplats

Lindhagensgatan

Klarastrandsleden

Pendeltåg

Barnhusviken

Tegnérg.

別冊P18-19

P99 Café Saturnus

STADSHAGEN

國王島
KUNGSHOLMEN

Olof Palmes G.

HÖTORGET

S:t Eriksgatan

STADSHAGEN

Hotel Áldória

FRIDHEMSPLAN

Fleminggatan

T-CENTRALEN

北島
NORRMALM

Lind
hagensplan

地鐵綠線

Schéeleg.

RÅDHUSET

國會花園

THORILDSPLAN

Kronoberges parken

警察總署
Rikspolis
styrelsen

RÅDHUSET

斯德哥爾摩中央車站
CENTRAL STATIONEN

Courtyard Stockholm
Kungsholmen 108

MARIEBERG

Västerbron

Norr Mälarstrand

市政廳
Stadshuset

國會大廈
Riksdagshuset

P106 Björklund & Wingqvist

騎士島
RIDDAR-
HOLMEN

舊城區
GAMLA
STAN

長島
LÅNGHOLMEN

Långholmen

騎士灣
Riddarfjärden

GAMLA STAN

中央橋
Centralbron

P108 Hilton Stockholm Slussen Hotel

長島監獄博物館
Långholmens Fängelsemuseum

Söder Mälarstrand

別冊P20

雷默島
REIMERSHOLME

Liljeholmsviken

Långholmsg.

P93 Voss & Kompani

Wigerdals Värld P88

GRÖNDAL

地鐵紅線

TREKANTEN

Tvärbanan

HORNSTULL

Hornsgatan

ZINKENSDAMM

MARIATORGET

Zinkensdamm

斯德哥爾摩南站
STOCKHOLM SÖDRA

南島
SÖDERMALM

Trekanten

Lilljeholmsbron

Tantolunden

LILJEHOLMEN

Södertäljev.

LILJEHOLMEN

Pendeltåg

Ringvägen

ÅRSTADAL

斯德哥爾摩南區綜合醫院
Södersjukhuset

Årsta holmar

Årstaviken

Eriksdalslunden

N

0   500m

A

ÅRSTA

B

區域
Navi
縱斷市中心的地下鐵新線預定於2017年開通，為了興建新車站，T-CENTRALEN站（B2）和ODENPLAN站（B1）周邊的工程也增多了。（2015年10月時資訊）

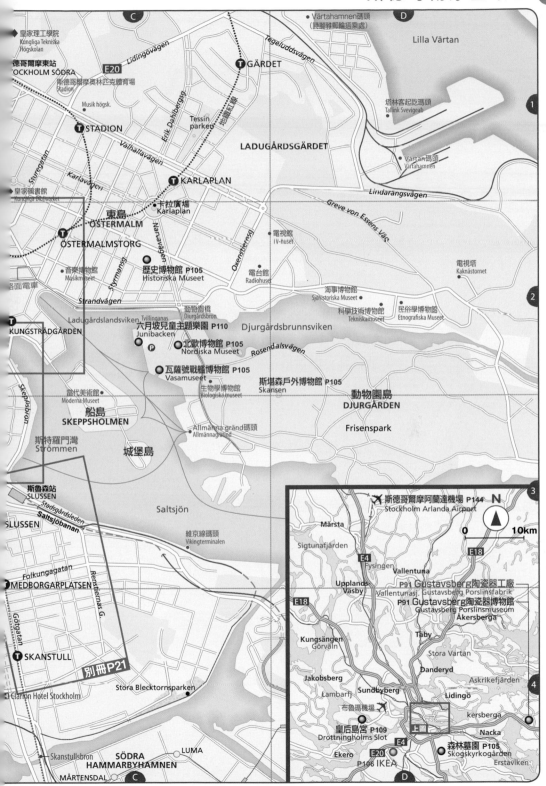

皇家理工學院
Kungliga Tekniska
Högskolan

德哥爾摩東站
OCKHOLM SÖDRA

斯德哥爾摩奧林匹克體育場
Stadion

Lidingövägen

Musik högsk.

T GÄRDET

Tegeludddsvägen

Värtahamnen碼頭
(詩麗雅郵輪搭乘處)

Lilla Värtan

D

1

塔林客起訖瑪頭
Tallink Svevigeab

T STADION

Erik Dahlbergsg.

Tessin
parken

LADUGÅRDSGÄRDET

Värtan碼頭
Värtahamnen

Valhallavägen

Karlavägen

Sturegatan

皇家圖書館
Kungliga Biblioteket

Karlavägen

T KARLAPLAN

Lindarängsvägen

卡拉廣場
Karlaplan

東島
ÖSTERMALM

Nybrogatan

Oxenstiernsg.

Greve von Essens Väg

T ÖSTERMALMSTORG

音樂博物館
Musikmuseet

Styrmansg.

歷史博物館 P105
Historiska Museet

電視館
I V-huset

電台館
Radiohuset

電視塔
Kaknästornet

2

路面電車

Strandvägen

海事博物館
Sjöhistoriska Museet

科學技術博物館
Tekniska museet

民俗學博物館
Etnografiska Museet

T KUNGSTRÄDGÅRDEN

Ladugårdslandsviken

Tvillinganas

動物園橋
Djurgårdsbron

六月坡兒童主題樂園 P110
Junibacken

Djurgårdsbrunnsviken

P

北歐博物館 P105
Nordiska Museet

Rosendalsvägen

瓦薩號戰艦博物館 P105
Vasamuseet

斯堪森戶外博物館 P105
Skansen

動物園島
DJURGÅRDEN

當代美術館
Moderna Museet

生物學博物館
Biologiska museet

船島
SKEPPSHOLMEN

Skeppsbron

斯特羅門灣
Strömmen

城堡島

Allmänna gränd碼頭
Allmännagränd

Frisenspark

斯魯森站
SLUSSEN

Saltsjön

3

斯德哥爾摩阿蘭達機場 P144
Stockholm Arlanda Airport

N

Stadsgårdsleden

Saltsjöbanan

SLUSSEN

維京線碼頭
Vikingterminalen

0   10km

Märsta

Sigtunafjärden

E4

Fysingen

Vallentuna

E18

Folkungagatan

Renstiernas G.

MEDBORGARPLATSEN

Upplands-
Väsby

Vallentunasj.

P91 Gustavsberg陶瓷器工廠
Gustavsberg Porslinsfabrik

E18

P91 Gustavsberg陶瓷器博物館
Gustavsberg Porslinsmuseum

Åkersberga

Kungsängen
Görväln

Täby

Stora Vartan

Götgatan

T SKANSTULL

別冊P21

Jakobsberg

Danderyd

Askrikefjärden

Lambarfj

Sundbyberg

Lidingö

kersberga

Stora Blecktornsparken

布魯瑪機場

上圖

Nacka

Clarion Hotel Stockholm

皇后島宮 P109
Drottningholms Slot

E4

Skanstullsbron

SÖDRA
HAMMARBYHAMNEN

LUMA

Ekero

E20

P106 IKEA

森林墓園 P105
Skogskyrkogården

Erstaviken

MÅRTENSDAL

C

D

4

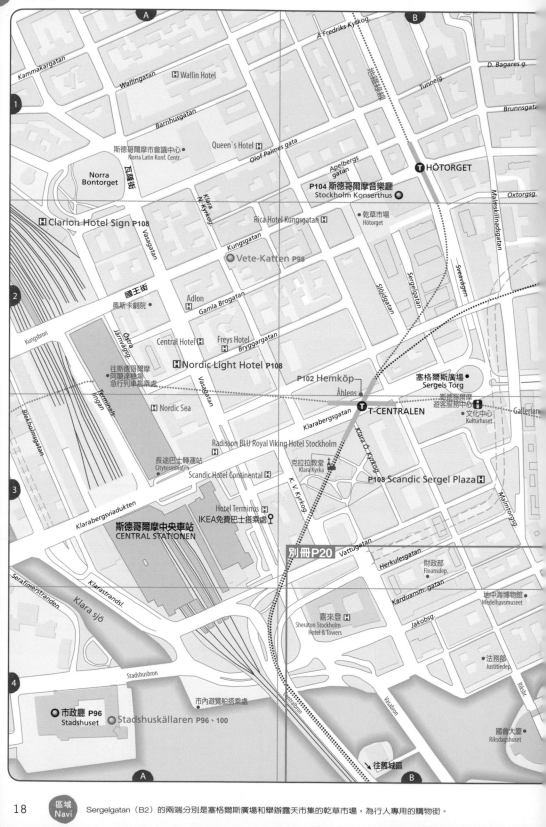

Kammakargatan

A' Fredriks Kyrkog.

D. Bagares g.

Wallingatan

Tunnelg.

Brunnsgata

H Wallin Hotel

Barnhusgatan

Queen`s Hotel

Olof Palmes gata

斯德哥爾摩市會議中心
Norra Latin Konf. Centr.

Apelbergs gatan

T HÖTORGET

Norra
Bontorget

瓦薩街

P104 斯德哥爾摩音樂廳
Stockholm Konserthus

Oxtorgsg.

H Clarion Hotel Sign P108

Vasagatan

Klara N. Kyrkog.

Kungsgatan

Rica Hotel Kungsgatan

乾草市場
Hötorget

Sjöjdgatan

Sveavägen

Malmskillnadsgatan

Vete-Katten P98

Sergelgatan

國王街

奧斯卡劇院

Adlon

Gamla Brogatan

Östra Järnvagsg.

2

Kungsbron

Central Hotel

Freys Hotel

Bryggargatan

往斯德哥爾摩
阿蘭達機場
急行列車箱乘處

H Nordic Light Hotel P108

Terminals lingan

Vasabatan

P102 Hemköp

塞格爾斯廣場
Sergels Torg

Blekholmsterrassen

H Nordic Sea

Klarabergsgatan

Åhlens

T T-CENTRALEN

斯德哥爾摩
遊客服務中心

文化中心
Kulturhuset

Gallerian

長途巴士轉運站
Cityterminalen

Radisson BLU Royal Viking Hotel Stockholm

克拉拉教堂
Klara Kyrka

Klara O. Kyrkog.

P108 Scandic Sergel Plaza H

Klarabergsviadukten

Scandic Hotel Continental

K. V. Kyrkog.

Malmtorgsg.

斯德哥爾摩中央車站
CENTRAL STATIONEN

Hotel Terminus
IKEA免費巴士搭乘處

Vattugatan

別冊P20

Herkulesgatan

財政部
Finansdep.

Serafimerstranden

Klarastrandsl.

Klara sjö

喜來登
Sheraton Stockholm
Hotel & Towers

Karduansm. gatan

Jakobsg.

地中海博物館
Medelhavsmuseet

法務部
Justitiedep.

Stadshusbron

國會大廈
Riksdagshuset

市內遊覽船搭乘處

○ 市政廳 P96
Stadshuset

Stadshuskällaren P96、100

Centralbron

Vasabron

Riksbr.

↘往舊城區

區域
Navi

Sergelgatan（B2）的兩端分別是塞格爾斯廣場和舉辦露天市集的乾草市場，為行人專用的購物街。

Humlegården

H Elite Hotel Stockholm Plaza

Scandic Hotel Anglais H

Best Western
Premier Hotel Kung Carl H

Kungsgatan

Lästmakarg.

P93、95 Svensk Hemslöjd

Jakobsbergsg.

北島
NORRMALM

Mäster Samuelsgatan

NK P95

NK Saluhall P103

Bookbinders Design P106

Design House Stockholm P92

H&M P106

港口街 Hamngatan

V. Trädgårdsg.

i

地鐵藍線

步行
約3分

國王花園
Kungsträdgården

Wahrendg.

聖雅各教堂
Jakobskyrka

Fredsgatan

歌劇院
Operan

Strömgatan

市內遊覽船搭乘處

Norrbro

Strömbron

聖靈島
HELGEANDSHOLMEN

星宮
Kungliga Slottet

Regeringsgatan

Norrlandsgatan

Bibliteksgatan

Humlegårdsgatan

Sturegatan

Brahegatan

Grev Tureg.atan

Majorsg.

Linnégatan

Sibyllegatan

Jungfrugatan

東島
ÖSTERMALM

P104 東島室內市集
Östermalms Saluhall

Östermalmstorg T

P102

Coop Konsum

ÖSTERMALMSTORG

地鐵紅線

Hillelskolan

Hedvig Eleonora Kyrka

Svensk Slöjd P92

陸軍博物館
Armémuseum

Birger Jarlsgatan

Smålandsg.

Hallwylskamuseet

Nybrogatan

Riddargatan

Artillerigatan

音樂博物館
Musikmuseet

瑞典皇家戲劇院
Dramatiska teatern

Kungl. Hovstallet

Vápnarg.

Svenskt Tenn P95

Kaptensgatan

Berzeliipark

Arsenalsgatan

Kungsträdgårdsgatan

Strandvägen

Malmstenbutiken P95

H Esplanade

新橋碼頭
Nybrohamnen

海濱街

Hotel Diplomat
P108

Skeppargatan

路面電車

KUNGSTRÄDGÅRDEN T

Blasieholmsg.

Staflg.

新橋灣
Nybroviken

H
Radisson BLU Strand Hotel Stockholm

Nybrokajen

18-19
北島

20
舊城區

21
南島

H Grand Hôtel P108

The Verandan P107

S. Blasieh. hammen

Hovslagarg.

北河
Norrström

國立博物館
Nationalmuseum

N

0   100m

周邊圖請參照別冊P16

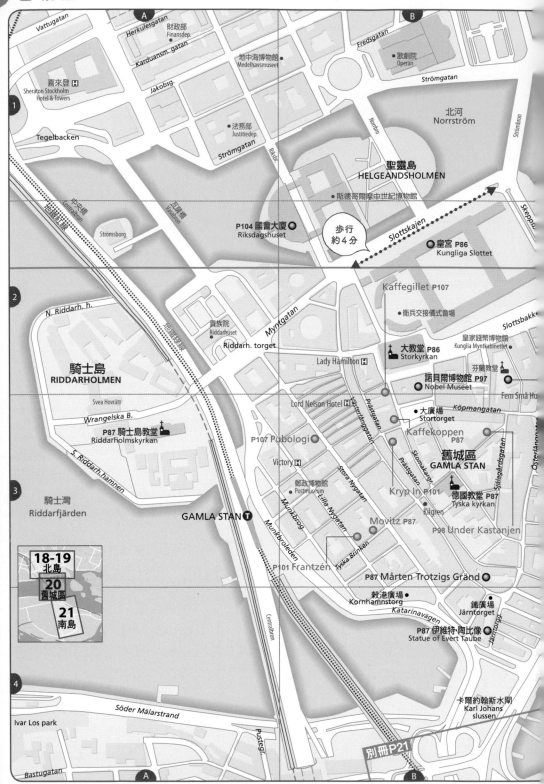

A

B

Vattugatan

Herkulesgatan

財政部
Finansdep.

Karduansm. gatan

地中海博物館
Medelhavsmuseet

Fredsgatan

歌劇院
Operan

Strömgatan

1

喜來登 H
Sheraton Stockholm
Hotel & Towers

Jakobsg.

法務部
Justitiedep.

Tegelbacken

Strömgatan

Riksbr.

北河
Norrström

聖靈島
HELGEANDSHOLMEN

Strömsborg

斯德哥爾摩中世紀博物館

P104 國會大廈
Riksdagshuset

步行
約4分

Slottskajen

皇宮 P86
Kungliga Slottet

Skeppsbron

2

N. Riddarh. h.

貴族院
Riddarhuset

Myntgatan

Kaffegillet P107

衛兵交接儀式會場

Slottsbakken

Riddarh. torget

Lady Hamilton H

大教堂 P86
Storkyrkan

皇家錢幣博物館
Kungliga Myntkabinettet

騎士島
RIDDARHOLMEN

Svea Hovrätt

Wrangelska B.

P87 騎士島教堂
Riddarholmskyrkan

Lord Nelson Hotel H

Västerlånggatan

諾貝爾博物館 P97
Nobel Museet

芬蘭教堂

Fem Små Hu

大廣場
Stortorget

Köpmangatan

S. Riddarh.hamnen

P107 Pubologi

Prästgatan

Kaffekoppen
P87

舊城區
GAMLA STAN

Österlånggatan

Victory H

Skomakarg.

德國教堂 P87
Tyska kyrkan

3

騎士灣
Riddarfjärden

郵政博物館
Postmuséet

Stora Nygatan

Lilla Nygatan

Prästgatan

Kryp In P101

Kilgren

GAMLA STAN T

Munkbrog.

Movitz P87

P98 Under Kastanjen

Munkbroleden

Tyska Brinken

P87 Mårten Trotzigs Gränd

18-19
北島

20
舊城區

21
南島

P101 Frantzén

Centralbron

穀港廣場
Kornhamnstorg

鐵廣場
Järntorget

Katarinavägen

Järntorgg.

P87 伊維特·陶比像
Statue of Evert Taube

4

Ivar Los park

Söder Mälarstrand

Pustegr.

卡爾約翰斯水閘
Karl Johans
slussen

Bastugatan

別冊P21

A

B

區域
Navi
南島南部的SoFo區是斯德哥爾摩的流行最前端,最熱鬧的時段為午後～傍晚。
建議上午可先到舊城區觀光,下午再往南島方向移動。

別冊P20

SLUSSEN
Hotel Anno 1647

斯魯森站
SLUSSEN

市立博物館（整修中，預計2017年秋季完成）

斯特羅門灣
Strömmen

18-19 北島
20 舊城區
21 南島

周邊圖請參照
別冊P17

0   100m

N

Klevgränd

Stadsgårdsleden

Katarinavägen

Glasbruksgatan

Hökens G.

10 Gruppen P88

Mosebacke t.

Svartensgatan

Östgötagatan

P105 攝影博物館
Fotografiska

DesignTorget
P106

Högbergsgatan

Katarina Kyrka

Granit P106

Kapellgr.

M. Mlk. G.

Kat-Ö-Kyrkog.-gr.

Fjällgatan

Ordning & Reda P88

Björns trädgård

Kat. V. Kyrkog.

Sandb. g.

別冊P18-19

Scandic Hotel Malmen

Colombus

Norska kyrkan

仰望月亮的少年（鐵男孩）P87
Järnpojke

Kvarner P107

Tjärhovsgatan

First Hotel Reisen

MEDBORGAR
PLATSEN

Folkungagatan

Salemkyrkan

Kocksgatan

Götgatan

Söndermannagatan

Nytorgsgatan

Renstiernas Gata

Åsögatan

Bondegatan

P89 An Ideal For Living

Östgötagatan

Cafe String P89

Skånegatan

P89 Nytorget Urban Deli

新廣場
Nytorget

步行
約3分

斯特羅門灣
Strömmen

Blekingegatan

Katarina Bangata

Blorthholmsgatan

葛麗泰嘉寶廣場
Greta Garbos Torg

Pelikan P100

Coop Konsum

Malmgårdsvägen

Götgatan

Gotlandsgatan

Söndermannagatan

船橋碼頭
Skeppsbron

往動物園島渡輪碼頭

Ölandsgatan

Östgötagatan

Ringvägen

Katarina Bangata

SKANSTULL

Lilla Blecktomsparken

N

0   100m

周邊圖請參照別冊P16

●觀光景點　●餐廳・咖啡廳　●商店　●夜間娛樂　H飯店

21

奧斯陸市內交通

奧斯陸的主要地區集中在中央車站到皇宮一帶，城市規模十分小巧，基本上遊逛最有效率的方式就是徒步。若要前往稍微有點距離的地方則搭路面電車，或是搭巴士、地鐵造訪位在更遠處的博物館。

卡爾約翰斯大道的國會大廈前

市區遊逛小建議

●徒步遊逛繁華大街

連結中央車站和皇宮的卡爾約翰斯大道，部分是車輛禁行的行人徒步區。雖然有兩站地鐵的距離，但絕對是徒步可及的程度，不妨第一站就先來這兒逛逛吧。

●前往遊客服務中心

路線圖、街道地圖等與觀光有關的資訊，都可於中央車站前的觀光服務處Trafikanten（附圖）索取。奧斯陸通行卡、24小時票等也能在這裡購買。

●走累了就搭路面電車

奧斯陸的路面電車班次很多、時間也很準確，可多加利用。前往徒步有些距離的古蘭盧卡地區、維格蘭雕塑公園時就很方便。

車票種類

路面電車、地鐵、巴士、渡輪的車票皆可共通使用。奧斯陸市內的大部份景點只需購買1區的車票即可。在車站或月台的自動售票機購票，車資會與搭車時直接向司機購買的費用不同，請備妥零錢或小額紙鈔比較方便。也很推薦使用奧斯陸通行卡（本書→P115）

○單次票　Enkeltbillett

在車站的售票機購買1區30Nkr.，向司機直接購買的話1區50Nkr.。

○24小時票　24-timersbillett

可於自動售票機、書報攤、遊客服務中心購買，售價90Nkr.。從票卡輕觸讀取機後算起，24小時以內有效。

路面電車　Trikk

共6條路線（11～13、17～19）、93個車站，是奧斯陸市民的代步工具。從Ruter#官方網站可查詢路線及下載地圖（URL ruter.no/en/）

○運行時間

6～24時左右，白天的發車間距約10分鐘。（視星期幾、路線而異）

○最常搭乘的路線？

從卡爾約翰斯大道周邊往阿克布里格商業區、維格蘭雕塑公園方向搭12號最方便，前往古蘭盧卡地區的話搭11、12、13號皆可。

! 注意事項

○車票的有效時間有限，從輕觸讀取機起1小時內有效，在時間內即可自由轉乘其他交通工具。
○有不少路面電車站沒有設置售票機，若覺得每次搭車都要購票很麻煩的話，可事先備妥24小時票或奧斯陸通行卡。

●搭乘路面電車

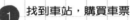

1　找到車站，購買車票

以繪有路面電車圖案的藍色看板為標誌，有些車站還設有電子螢幕，可確認候車時間。沒有車票的話可利用售票機購買。

2　上車

需要買車票的話，請從司機位置的前門上車，除此之外任何一個車門皆可上車。請將車票輕觸讀取機。

3　車內

車內的廣播只有挪威語，但電子螢幕上會顯示停車站名，所以不用擔心。下車時請按壓扶手上的紅色按鈕告知司機。

4　下車

從中央或是後方車門下車。若車門沒有自動開啟，請按壓車門上的按鈕。

小小資訊　路面電車有時會有複數路線交錯，或是同一站的去、返程搭乘處分開，或者和巴士站牌同個位置。與車輛並行的路面電車，有時還將車站設在道路正中央。

地鐵 T-bane

以奧斯陸中央車站為中心，共有6條路線運行其間。雖然時間精準、搭乘方便，但市中心的車站數量較少而不利觀光客運用。可於車站內的自動售票機購票。沒有閘門，輕觸讀取機後即可走下月台。

○運行時間

6~24時左右，每隔15~30分鐘一班。（視時段而異）

計程車  Taxi

沒有路上隨招隨停的計程車，只能從車站附近、飯店前的招呼站搭車，或是打電話叫車。費用偏高，請視狀況利用。幾乎都有提供刷卡服務。

○車資與小費

除了前往機場以外都採跳表制，費用基準又依星期幾和時段而有不同。平日白天的起跳價43Nkr.~，夜間和多人數時則需加收費用。一般都會支付小費，請將尾數無條件進位。

巴士 Buss

連結奧斯陸市內與郊外的路線多達60條以上，雖然複雜但涵蓋範圍廣，所以利用價值很高。路線圖請先於遊客服務中心等地索取。一定要從前方車門上車，並將車票輕觸讀取機。

○運行時間

6~24時左右，開往比格迪的30號巴士約每隔10分鐘發車。（視時段而異）

渡輪 Båt

從市政廳前的棧橋，可搭船前往挪威民俗博物館等景點所在的比格迪地區，所需時間15分。比格迪的停泊港有挪威民俗博物館附近的DRONNINGEN，以及佛拉姆極圈探險船博物館附近的BYGDØYNES兩處。

○航行時間

前往比格迪的船班4月上旬~10月上旬運航。8時45分~18時45分，1天約20班（夏季有31班）。

奧斯陸交通路線圖

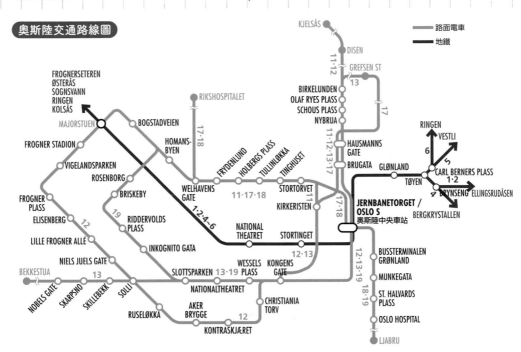

※2015年4月時資訊，由於奧斯陸中央車站附近進行大規模施工，路線變更相當頻繁，最新資訊請於當地再行確認。

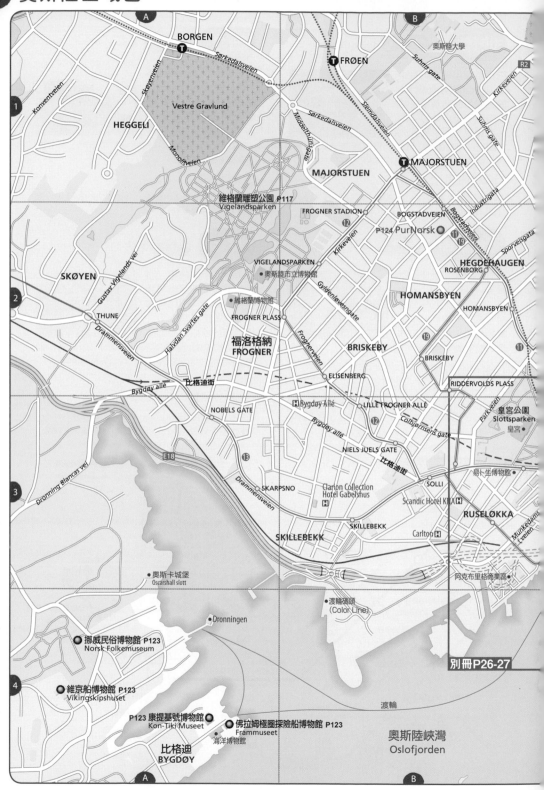

區域
Navi
奧斯陸市內的移動以路面電車最方便，停靠站和運行班次都很多，
早晚時段雖然擁擠但不致於搭不上車。前往孟克博物館（D3）時則搭地鐵。

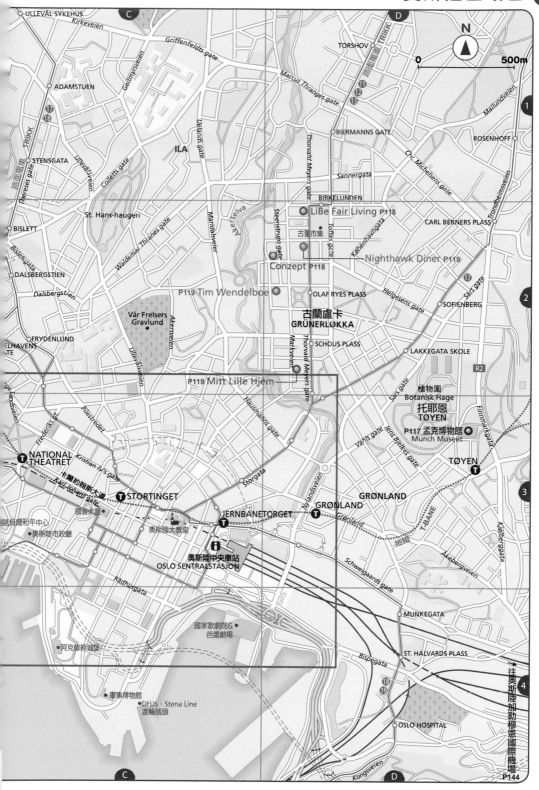

N

0 ————— 500m

ULLEVÅL SYKEHUS
Kirkeveien
Griffenfeldts gate
Gelmyrsveien
ADAMSTUEN
Marcus Thranes gate
TORSHOV
路面電車 TRIKK
11
12
13
TRIKK
17
18
STENSGATA
Theresesgate
Ueland's gate
Colletts gate
Ullevålsveien
ILA
BIERMANNS GATE
Chr. Michelsens gate
ROSENHOFF
Maridalsveien
Thorvald Meyers gate
Sannergata
Trondheimsveien
Mallundsveien
St. Hans-haugen
Waldemar Thranes gate
BISLETT
BIRKELUNDEN
Steenstrups gate
Toftes gate
København gata
LiBe Fair Living P118
CARL BERNERS PLASS
古董市集
Bislettgata
DALSBERGSTIEN
Dalsbergstien
Conzept P118
Nighthawk Diner P119
Helgesens gate
Sø's gate
17
P119 Tim Wendelboe
OLAF RYES PLASS
SOFIENBERG
Akersveien
Vår Frelsers
Gravlund
古蘭盧卡
GRÜNERLØKKA
2
ELHAVENS
GATE
FRYDENLUND
Ullevålsveien
Markveien
Thorvald Meyers gate
SCHOUS PLASS
LAKKEGATA SKOLE
R2
Søs gate
植物園
Botanisk Hage
托耶恩
TØYEN
P119 Mitt Lille Hjem
Haugchanns gate
Storgata
Vahls gate
Jens Bjelkes gate
Finnmark gata
P117 孟克博物館
Munch Museet
NATIONAL
THEATRET
卡爾約翰斯大道
Karl Johans gate
Kristian IV's gate
Frederiks gt.
Pilestredet
STORTINGET
國會大廈
奧斯陸大教堂
JERNBANETORGET
Nylandsveien
grønland
GRØNLAND
TØYEN
3
諾貝爾和平中心
奧斯陸市政廳
T-BANE
地鐵
Akebergveien
Kjølbergsgata
OSLO SENTRALSTASJON
奧斯陸中央車站
Rådhusgata
Schweigaards gate
MUNKEGATA
國家歌劇院&
芭蕾劇場
阿克修斯城堡
ST. HALVARDS PLASS
Bispegata
軍事博物館
18
19
往奧斯陸加勒穆恩國際機場
DFDS、Stena Line
渡輪碼頭
OSLO HOSPITAL
Kongsveien
P144
C
D
4

Oscars gate
Inkognitogata
Riddervolds gate
Parkveien
Wergelandsveien

A
B

HOLBERGS PLASS

Radisson Blu Scandinavia

Thon Hotel Europa

皇宮公園
Slottsparken

St. Olavsgate

Pilestredet

R1

P120 Fjord

P125 Fuglen

Kristian Augusts gate

P117 皇宮
Slottet

歷史博物館
Historisk Museum

Clarion Collection
Hotel Savoy

TULLINLØKKA

Kristian IV's gate

國立美術館 P116
Nationalgalleriet

INKOGNITOGATA

Frederiks gate

Thon Hotel Stefan

1

19

亨利克易卜生大道
Henrik Ibsens Gate

NATIONAL THEATRET

ABELHAUGEN

奧斯陸大學
Oslo Universitet

P126 Hotel Bristol

13

SLOTTSPARKEN

易卜生博物館
Ibsen Museet

13 19

NATIONALTHEATRET

Karl Johans gate

P125
Den Norske Husfliden

P124 Norway Designs

國家劇院
Nationaltheatret

Paléet

P124 Freia

Løkkeveien

Ruseløkkveien

P126 Hotel Continental

Theatercaféen

Stortingsgate

Karl Johan

P126 Grand Hotel

P124 Grand Café

2

奧斯陸音樂廳
Konserthuset

國會大廈
Stortinget

Cort Adelers gate

12

RUSSELØKKA

弗里喬夫南森廣場
Fridtjof Nansens plass

P125 Oro

Rica Victoria

Munkedamsveien

P117 奧斯陸市政廳
Rådhuset

WESSELS PLASS

P121 Cafe Christiania

P122 諾貝爾和平中心
Nobels Fredssenter

CHRISTIANIA TORV

Akersgata

Øvre Slott

市政廳廣場
Rådhusplassen

KONTRASKJÆRET

Rådhusgata

12

3

R1

AKER BRYGGE

AKER BRYGGE

Rådhusbrygge

4

3

2

P121 Det Gamle Raadhus

劇院博物館
Teatermuseet

P123 阿克布里格商業區
Aker Brygge

1

Myntgate

皮佩灣
Pipervika

往比格迪

Solsiden Restaurant

挪威抗戰博物館
Hjemmefrontmuseet

Akershusstranda

Kongens gate

4

阿克修斯城堡 P122
Akershus Slott

A
B

區域
Navi

2015年4月時資訊，由於奧斯陸中央車站附近正進行大規模的施工，
路線經常會有變動，請於當地確認最新的資訊。

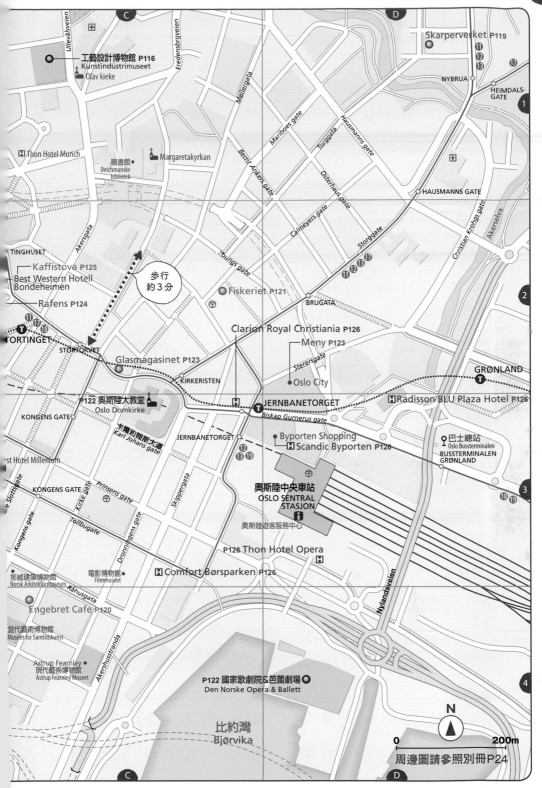

Skarperverket P119

NYBRUA

HEIMDALS-GATE

工藝設計博物館 P116
Kunstindustrimuseet
Olav kieke

HAUSMANNS GATE

Thon Hotel Munch

圖書館
Deichmanske
bibliotek

Margaretakyrkan

步行
約3分

Fiskeriet P121

TINGHUSET

Kaffistova P125
Best Western Hotell
Bondeheimen

Rafens P124

BRUGATA

Clarion Royal Christiania P126

Meny P123

STORTINGET

STORTORVET

Glasmagasinet P123

GRØNLAND

KIRKERISTEN

Oslo City

Radisson BLU Plaza Hotel P126

P122 奧斯陸大教堂
Oslo Domkirke

JERNBANETORGET

KONGENS GATE

Biskap Gurnerus gate

卡爾約翰斯大道
Karl Johans gate

JERNBANETORGET

巴士總站
Oslo Bussterminalen
BUSSTERMINALEN
GRØNLAND

Byporten Shopping
Scandic Byporten P126

First Hotel Millennium

KONGENS GATE

奧斯陸中央車站
OSLO SENTRAL
STASJON

奧斯陸遊客服務中心

挪威建築博物館
Norsk Arkitekturmuseum

電影博物館
Filmmuseet

P126 Thon Hotel Opera

Comfort Børsparken P126

Engebret Cafe P120

當代藝術博物館
Museet for Samtidskunst

Astrup Fearnley
現代藝術博物館
Astrup Fearnley Museet

P122 國家歌劇院&芭蕾劇場
Den Norske Opera & Ballett

比約灣
Bjørvika

N

0   200m

周邊圖請參照別冊P24

● 觀光景點   ● 餐廳·咖啡廳   ● 商店   ● 夜間娛樂   H 飯店   27

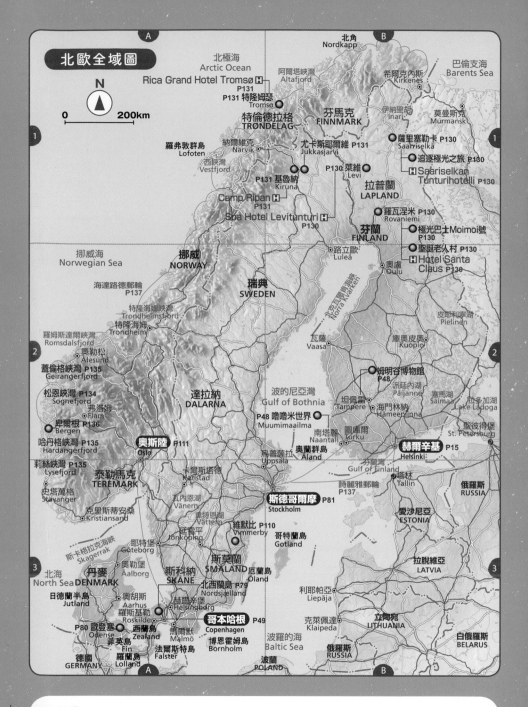

北歐全域圖

N

0 ——— 200km

北極海
Arctic Ocean

北角
Nordkapp

阿爾塔峽灣
Altafjord

希爾克內斯
Kirkenes

巴倫支海
Barents Sea

Rica Grand Hotel Tromsø H P131
P131 特隆姆瑟 Tromsø

芬馬克
FINNMARK

伊納里
Inari

莫曼斯克
Murmansk

特倫德拉格
TRØNDELAG

羅弗敦群島
Lofoten

納爾維克
Narvik

尤卡斯耶爾維 P131
Jukkasjarvi

P130 萊維
Levi

薩里塞勒卡 P130
Saariselkä

追逐極光之旅 P130

西峽灣
Vestfjord

P131 基魯納
Kiruna

P130

H Saariselan
Tunturihotelli P130

拉普蘭
LAPLAND

Camp Ripan H
P131

羅瓦涅米 P130
Rovaniemi

Spa Hotel Levituturi H
P130

芬蘭
FINLAND

極光巴士Moimoi號
P130

聖誕老人村 P130

挪威海
Norwegian Sea

挪威
NORWAY

路立歐
Luleå

奧盧
Oulu

H Hotel Santa
Claus P138

海達路德郵輪
P137

瑞典
SWEDEN

特隆海姆峽灣
Trondheimsfjord

北波的尼亞峽灣
Norra Varken

皮耶利寧湖
Pielinen

羅姆斯達爾峽灣
Romsdalsfjord

特隆海姆
Trondheim

奧勒松
Alesund

瓦薩
Vaasa

庫奧皮奧
Kuopio

蓋倫格峽灣 P135
Geirangerfjord

達拉納
DALARNA

波的尼亞灣
Gulf of Bothnia

姆明谷博物館
P48

派亞內湖
Paijanne

松恩峽灣 P134
Sognefjord

弗洛姆
Flåm

嚕嚕米世界 P48
Muumimaailma

坦佩雷
Tampere

海門林納
Hämeenlinna

塞馬湖
Saimaa

拉多加湖
Lake Ladoga

卑爾根 P136
Bergen

圖庫爾
Turku

哈丹格峽灣 P135
Hardangerfjord

南塔麗
Naantali

聖彼得堡
St. Petersburg

莉絲峽灣 P135
Lysefjord

奧斯陸 P111
Oslo

烏普薩拉
Uppsala

奧蘭群島
Aland

赫爾辛基 P15
Helsinki

泰勒馬克
TEREMARK

芬蘭灣
Gulf of Finland

俄羅斯
RUSSIA

史塔萬格
Stavanger

卡爾斯塔德
Karlstad

塔林
Tallin

詩麗雅郵輪 P137

克里斯蒂安桑
Kristiansand

五內恩湖
Vänern

斯德哥爾摩 P81
Stockholm

愛沙尼亞
ESTONIA

耶特堡
Göteborg

延雪平
Jönköping

奧特恩湖
Vättern

維默比 P110
Vimmerby

哥特蘭島
Gotland

北海
North Sea

丹麥
DENMARK

奧勒堡
Aalborg

斯科納
SKANE

斯莫蘭
SMALAND

厄蘭島
Oland

拉脫維亞
LATVIA

日德蘭半島
Jutland

奧胡斯
Aarhus

北西蘭島 P79
Nordsjælland

利耶帕亞
Liepāja

羅斯基勒
Roskilde

赫爾辛堡
Helsingborg

歐登塞 P80
Odense

西蘭島
Zealand

馬爾默
Malmö

克萊佩達
Klaipeda

立陶宛
LITHUANIA

菲英島
Fin

哥本哈根 P49
Copenhagen

德國
GERMANY

羅蘭島
Lolland

法爾斯特島
Falster

博恩霍姆島
Bornholm

波羅的海
Baltic Sea

俄羅斯
RUSSIA

白俄羅斯
BELARUS

波蘭
POLAND

🏷 **匯率**

芬蘭	€1 = 約34台幣	丹麥	1DKK = 約4.5台幣
瑞典	1SEK = 約3.3台幣	挪威	1NOK = 約3.3台幣

（2019年12月時）